A teia de aranha alimentar

DR. MÁXIMO RAVENNA

A teia de aranha alimentar

QUEM COME QUEM?

TRADUÇÃO
ELIANA AGUIAR

1ª EDIÇÃO

RIO DE JANEIRO • 2011

GUARDA-CHUVA

Título original: *La telaraña adictiva: ¿quién come a quién?*

Coordenação editorial: Luiza Vilela
Revisão: Karine Fajardo
Capa e projeto gráfico: Folio Design
Diagramação: Trio Studio
Impressão: RR Donnelley

CIP-BRASIL. CATALOGAÇÃO-NA-FONTE
SINDICATO NACIONAL DOS EDITORES DE LIVROS, RJ

R199t

Ravenna, Máximo, 1947-
A teia de aranha alimentar : quem come quem? / Máximo Ravenna ; tradução Eliana Aguiar. - 1.ed. - Rio de Janeiro : Guarda-Chuva, 2011.
il. - (Método Ravenna ; 1)

Tradução de: La telaraña : ¿quién come a quén?
Anexos
ISBN 978-85-99537-17-6

1. Emagrecimento - Aspectos psicológicos. 2. Autodominio. 3. Obesidade. 3. Hábitos alimentares. 4. Hábitos de saúde. I. Título. II. Série.

11-5648.

CDD: 613.25
CDU: 613.24

01.09.11 08.09.11
029342

Rua Jardim Botânico, 674 – Jardim Botâncio
CEP: 22461-000 – Rio de Janeiro – RJ
Tel: (21) 2239-4023 – E-mail: versal@versal.com.br
www.versal.com.br

Sumário

QUARTA PARTE

Tecendo uma nova rede

QUINTA PARTE

O canto do obeso ilustrado

Dedicatória

A minha esposa, Maria Gilda.
A meus filhos, Pablo, Luciano, Lila e Sofia,
companheiros de estrada, amor e apoio constante.
A meus pais, que fizeram de mim quem sou.
A meus irmãos, Paula, Piero e Marina,
sempre atentos aos meus passos.
A meus amigos.
À vida, por me dar muito mais que jamais imaginei.
Obrigado.

Algumas palavras antes de começar

Se o padrão atual de comportamento diante da mesa fosse o de alimentar-se de forma apenas a nutrir-se, este livro certamente não haveria conquistado a visibilidade e a importância que conquistou desde que foi publicado em Buenos Aires, em 2006. Ele trata exatamente do desnecessário, do excesso, do não saudável e da má qualidade que imperam quando o assunto é alimentação nos dias de hoje.

Esta é a mais emblemática entre as obras já publicadas por mim, uma vez que resume um método integral, incisivo, eficaz e saudável para combater o crescimento da obesidade no mundo, que tem como pano de fundo a questão de que estamos comendo mal e em excesso.

Hoje podemos ver mais claramente o efeito que os alimentos processados e industrializados – disponíveis cada vez em maior quantidade – têm em nossos corpos, e por isso ensinamos aqui um Método que emagrece, educa, sustenta e cura, pois leva em consideração as questões da vida cotidiana, incluindo a incidência crescente de dependências dos mais diversos tipos (química, alcoólica, ao fumo, à comida, aos jogos de azar, à Internet) na sociedade contemporânea. O método é um recurso simples, contínuo e estimulante

A intenção desta obra é transmitir o quanto de bom se conquista ao entender a obesidade como um problema relacionado ao comer em excesso, e entender o comer em excesso como um vínculo automático descontrolado, que pode também ser traduzido pela dependência aos carboidratos refinados (açúcares e farinhas). Segundo trabalhos científicos, e também a partir de nossa experiência, tal dependência age de maneira muito semelhante à dependência à cocaína, às anfetaminas e aos antidepressivos, uma vez que esses carboidratos atuam sobre neurotransmissores como a dopamina e a serotonina, assim como fazem as drogas citadas acima.

Este livro não pretende substituir um tratamento médico. Trata-se apenas de um complemento e de uma porta de entrada para novos conhecimentos e para um caminho possível. Portanto, para que este livro, *que não é de autoajuda*, ganhe trasncendência em sua vida, você terá que complementar a leitura (se decidir aplicar as ideias propostas) com um estudo cuidadoso de seu estado atual, considerando os danos que a obesidade pode ter gerado. Todo tratamento parcial pode ocasionar complicações não desejadas e evitáveis. As contraindicações e os benefícios devem ser avaliados, sempre, por um profissional responsável. Também aqueles que não sofrem de excesso de peso e buscam apenas informação, seja para aprender, seja para entender os que padecem das consequências dos excessos, encontrarão nestas linhas uma abordagem integral de um dos "grandes" temas do mundo atual.

Talvez não consigamos curar a sua obesidade com esta leitura, mas ela pode sim funcionar como um alerta. A ideia é que esta obra possa alertar as pessoas a não adoecerem diante do perigo. Buscamos, sobretudo, a prevenção, evitando assim que crianças adoeçam por comer inadvertidamente.

Espero que este seja só o primeiro passo concreto de comunicação com vocês leitores. Este livro é parte de um conjunto de outras obras que tratam da obesidade e das desordens alimentares, as quais serão traduzidas também para o português.

Fica muito por dizer, descobrir e fazer. Simplesmente lhes agradeço por se interessarem por esta obra. Queremos, acima de tudo, contribuir para que o mundo possa resgatar o seu ponto equilíbrio.

Dr. Máximo Ravenna

Prólogo

CARTA DE UM LEITOR A OUTRO LEITOR

Para começar, quero explicar a liberdade que tomei ao dar a este prólogo a forma de uma “Carta de um leitor a outro leitor”.

O prólogo é uma mensagem no plural, a todos os leitores. No entanto, a ideia aqui é que cada leitor de *A teia de aranha alimentar* sinta que é a ele a quem estou me dirigindo para contar que, na condição de colega de profissão, especialista em adições (“master”, para ser mais preciso), amigo há muitos anos e paciente “inconstante” de Máximo Ravenna, foi nesta obra e na forma de trabalhar de seu autor que encontrei uma identidade de critério em relação às adições – em especial à obesidade. Esta identidade nos irmanou através dos anos, mesmo quando cada um de nós seguiu seu caminho, e culmina agora com o convite para prefaciar este “substancioso” livro, o que demonstra sua humanidade e seu respeito pela minha pessoa, apesar de ser, eu mesmo, um assumido “caso-problema”, que nos preocupa a ambos e sobre o qual comecei a “re-pensar”, após a leitura desta obra, pois a vida que levamos nessa sociedade pós-moderna conspira notoriamente contra a liberdade de pensamento e, por outro lado, estimula todos os tipos de **escravidão**, como, por exemplo, “o comer” não saudável além dos requisitos “nutricionais e emocionais” de que necessitamos como seres biológicos.

Colega leitor, quando Ravenna diz: “A verdadeira fonte da mentira da adição está dentro de nós mesmos”, ele está nos indicando o caminho – não só aos componentes psicológicos profundos de nossa personalidade, mas também aos biológicos –, pois somos uma realidade integrada por todos esses componentes e influenciada pelo social, mas a **vulnerabilidade** é de cada um e é com base nela que temos a maior chance de encontrar soluções.

A sociedade, ou seja, o exterior, nos bombardeia constantemente com tentações, mas o caminho para a solução pessoal, para **a mudança**, deve vir de nós mesmos.

Esta é a principal verdade que Ravenna nos oferece, em um campo de trabalho no qual abundam os vendedores de "milagres-mentiras" de todo tipo. Identifico-me plenamente com sua posição, já que há muitos anos minha forma de pensar o tratamento das adições está formulada nos seguintes termos: "*Desdrogar-se é transformar um projeto de morte em um projeto de vida*", ou seja, um convite a **mudar**.

Devo dizer também, meu coleitor, que me identifico com Ravenna porque sempre fomos **da prática para a teoria** e, neste livro, vocês encontrarão uma transmissão de experiências pessoais, teorizadas com os dados científicos que respaldam muitos anos de **aprendizagem com a experiência**, que o consultório permite e que é o equivalente aos que muitos chamam de **universidade das ruas**. Por isso, também agradeço ao autor por sua generosidade ao oferecer o produto de tantos anos de trabalho elaborado de maneira tal que nos estimula não apenas a ler esta obra, mas também a **pensá-la** e a **pensar** – atividade que chega a parecer subversiva para a ideologia consumista da sociedade atual que nos impõe – de todas as formas e sob vários tipos de invólucro, a "incorporação" compulsiva de todo tipo de objeto – a comida é um deles –, independentemente das **consequências** que venham a ter para a saúde integral do ser humano.

Em resumo, caro leitor, após a leitura de *A teia de aranha aditiva* e se você se animar a **pensar**, poderá encontrar um estímulo **substancioso** para o **processo de mudança** e um reencontro com a **Vida** – assim mesmo com maiúscula –, pois assim como Ravenna, pretendemos lhe dar um sentido muito mais amplo que o simples fato de existir.

Dr. Eduardo Kalina

Introdução

"No centro pontual
da maranha:
Deus, a aranha."

Alejandra Pizarnik

Há muitos anos, pressenti que a voracidade iria tornar-se o grande mal de nossa era. Hoje, já posso afirmar que não estava enganado: as adições estão entre os principais protagonistas do século em que vivemos. Cada vez mais gente sucumbe diante das manobras de inúmeros dispositivos que garantem a obtenção do prazer – leia-se imediato –, independentemente das consequências que isso venha a ter em sua "Vida" – assim mesmo, com maiúscula –, para dar à palavra um sentido integral, que vai além do fato de existir. Tal como defendi à época, o desejo atualmente é gerado, dirigido, manipulado e até comercializado: joga-se com a superestimulação para anular qualquer incentivo individual e criar novos desejos artificiais. Por isso, se tudo já está dado, se os ideais são fantasmas do passado, se você se sente perdido diante de tanta certeza imposta de fora, é lógico que procure algum pilar em que se apoiar, tal como a comida, por exemplo.

A adição é, na essência, um comportamento enigmático, um fenômeno que ultrapassou barreiras múltiplas e se instalou entre os homens como sintoma de que algo anda mal... muito mal.

Então, por que a imagem da teia de aranha para representar a adição? A teia de aranha é uma rede pegajosa, habilmente tecida, de fácil acesso, à qual se chega por engano, por descuido, por soberba ou "só para ver como é"; mas uma vez lá, os caminhos que pareciam servir para escapar de seus fios tênues, sutis, fortes e perfeitamente organizados, em vez de abrir portas de fuga, nos prendem cada vez mais, mergulhando-nos em um poço profundo, cíclico e aparentemente sem saída. Vista assim, a teia de aranha é a reprodução dos estímulos, das tentações e dos objetos do mundo que se emaranham em uma teia muito sedutora. E nós, seja por negação, distração, cegueira, ignorância, angústia, compulsão ou simplesmente por acaso, ficamos presos nela, emaranhados entre seus fios imperceptíveis. A rede da teia de aranha é a trama aditiva, e cada fio que a sustenta reproduz comportamentos recorrentes. A pessoa que cai nessa rede, embora se veja indefesa e debilitada, deve escolher entre dois caminhos: cortar a rede e se libertar ou ser devorada pela aranha que, escondida, só espera o momento oportuno para atacar.

Traçarei a estrutura de *A teia de aranha alimentar* com base na figura da teia de aranha. Para começar, discutiremos "O discreto encanto da teia de aranha" que, como uma rede aditiva, nos arrasta quase sem que percebamos para um lugar de dependência, no qual ficamos presos e do qual é muito difícil escapar, embora não seja impossível. Ou seja: não nos damos conta da prisão ao entrar, mas somente quando não podemos mais sair.

Nessa primeira parte, analisaremos as diversas classes de adição, desde aquelas vinculadas ao comportamento até às que se relacionam com a ingestão, para, em seguida, penetrarmos no terreno da obesidade em si, tomada como a expressão palpável da adição à comida.

Na segunda parte, veremos como a aranha faz sua aproximação depois de estender a rede. Apresentarei, então, com base em dados atuais provenientes da pesquisa, os diversos mecanismos, tanto biológicos, quanto comportamentais, que intervêm na conformação da obesidade. Falaremos, portanto, de temas tão variados quanto a genética, as dinâmicas hormonal e cerebral e os efeitos aditivos de certos alimentos processados, que geram ao mesmo tempo uma dependência imediata e uma predisposição a comer demais no futuro. Faremos também uma abordagem aprofundada das distintas metodologias aplicadas ao tratamento da obesidade, tais como: fármacos e cirurgias e, por fim, vamos nos deter em certas tramas vinculadas aos comportamentos dependentes que fazem as pessoas comerem demais.

As diversas artimanhas que teremos de usar para nos defender da aranha serão o tema da terceira parte. E aqui, a ação será interdisciplinar, ou seja, o problema será atacado em várias frentes: o método do Corte, Medida e Distância, a dieta alimentar, os enfoques terapêuticos e a atividade física adaptada.

A essa altura, teremos nos libertado dessa rede daninha e paralisante e estaremos em condições de tecer outro tipo de rede, uma rede própria, genuína, que nos contenha e nos estabilize, e que, ao mesmo tempo, funcione como um alerta permanente.

Por último, para quem deseja aprofundar certos aspectos associados à obesidade e aos vínculos aditivos, abordo, na quinta parte, o tema dos transtornos da alimentação, tais como a bulimia e a anorexia.

Entretanto, antes que você, caro leitor, mergulhe nas redes de *A teia de aranha alimentar*, eu, o autor, em primeira pessoa, quero esclarecer que o sistema que nelas se esboça surge fundamentalmente da observação do paciente e das diversas estratégias que implementamos (com base no nosso trabalho diário) para ajudá-lo a se recuperar, ou melhor, a encontrar o caminho da magreza. Por esse motivo, prefiro reproduzir nesta obra o estilo da confrontação, da contenção, da informação e do acompanhamento que aplicamos no dia a dia e que gera uma dinâmica de intercâmbio muito singular e positiva. Portanto, o tratamento direto que darei ao leitor tem como objetivo transmitir o mecanismo subjacente a essa dinâmica. Eu, Máximo Ravenna, contarei a você, leitor individual e ao mesmo tempo coletivo, os resultados de uma filosofia e de um método que podem ajudá-lo – assim como me ajudam – a compreender melhor sua relação consigo mesmo e com o ambiente que o cerca e, somente após essa compreensão, que envolve esforço, constância e convicção, poderemos, você e eu, melhorar nossa qualidade de vida ao nos vincularmos, de forma saudável, ao nosso mundo interior e ao exterior.

Os temas tratados em *A teia de aranha alimentar* provêm, em grande parte, da riqueza própria e assombrosa do trabalho em grupo. Definitivamente, nossa ideia é captar a pluralidade com base na singularidade.

Assim, incorporamos às páginas deste livro nossa ideia da direção, que deve orientar o papel dos profissionais da saúde. Por quê? Porque consideramos que hoje em dia os especialistas não sabem que, além de conhecer os melhores métodos e possuir uma perfeita cultura intelectual, eles também necessitam dessa eloquência que sabe se adaptar a cada indivíduo e permite reforçar a vontade dos pacientes, fortalecer o ânimo e dissipar a timidez. Nas palavras de Nietzsche, eles devem recorrer a "uma certa flexibilidade diplomática nas relações com os que precisam de alegria para se curar e com os que devem (e podem) encontrar um gozo nas causas da saúde; toda a engenhosidade de um agente de polícia e de um procurador para averiguar os segredos de uma alma sem revelá-los. Em suma: hoje, o médico perfeito deve usar todos os procedimentos e todas as artes das outras profissões",[1] não cair no simplismo.

Esta é a minha intenção, meu espírito, meu desafio. Espero que estas páginas possam demonstrá-lo.

[1] *Aforismos.* Santiago Rueda Editor: Buenos Aires, 1978

PRIMEIRA PARTE

O discreto encanto da teia de aranha

Capítulo 1

PRESOS SEM SAÍDA?

"A aranha é a artesã da teia do mundo e dona do destino, que ela tece e conhece."

Dando sequência à ideia esboçada na Introdução, é possível estabelecer um paralelo singular entre a figura da aranha – sua teia e as diferentes manobras que ela utiliza – e os comportamentos aditivos dos seres humanos. A analogia não é absolutamente forçada, ao contrário, é mais que ilustrativa, no que diz respeito ao fenômeno que tratamos aqui.

Embora seja óbvio que o estudo das aranhas não é de forma alguma o objetivo deste livro, investigar algumas características de seu comportamento pode enriquecer a analogia entre tais insetos e os diversos comportamentos aditivos das pessoas e, ao mesmo tempo, revelar dados muito interessantes e úteis.

Para começar, é preciso esclarecer que, além da aura de mistério ou mesmo de repugnância que cerca as aranhas na percepção popular, este inseto tem uma presença intensa e representa uma categoria fundadora dentro do conjunto das crenças humanas primitivas. Através de todos os continentes e durante um período que compreende milhares de anos, a aranha tem sido associada a importantes divindades que tanto manifestam poderes criadores, quanto, simultaneamente, poderes de destruição. Por um lado, ela é símbolo de vida (criação, fertilidade, sexo), dada a sua capacidade para a construção de teias que surgem de si mesma; por outro, é signo de morte (guerra e destruição) por sua atitude predadora e pela toxicidade de seu veneno.

A tradição islâmica sintetiza o que há de favorável e de nefasto em sua significação para outras religiões e culturas. Assim, a aranha branca é capaz de salvar a vida do profeta com seus fios, mas a aranha negra pode inflamar o olho de uma pessoa adormecida ao passar por cima dele. Da mesma forma, na África, atribui-se à aranha-caranguejeira o poder da adivinhação e, consequentemente, existe uma técnica que serve para decifrar os signos que ela revela em sua teia.[1]

Assim, portanto, a aranha conecta-se ao simbolismo do tecer, na medida em que representa a possibilidade da criação quando produz novas formas decorrentes de sua própria substância, simbolismo que faz alusão ao labirinto, à introversão e ao narcisismo.

Passemos, agora, à presença da aranha na mitologia. Ao percorrer a trajetória dos diversos mitos associados às aranhas e aos seus afazeres, não podemos deixar de recordar o mito grego de Aracné. O texto que se segue é uma adaptação desse relato e sua inclusão neste livro tem como objetivo estabelecer "laços" entre a história de Aracné e a sensação de estar "preso sem saída", que sentem os que se veem emaranhados nos sutis e enigmáticos fios de rede aditiva:

Existia na antiga Grécia uma bela jovem nascida na Lídia, chamada Aracné, famosa por sua habilidade na arte de tecer. Artífice sem par, Aracné se exibia como a mais hábil tecelã da Terra e do Céu. Suas mãos velozes percorriam a trama urdindo tecidos de uma beleza incomparável, a tal ponto que sua destreza lhe valeu a fama de ser discípula de Palas Atena, deusa da sabedoria e protetora das artesãs. No entanto, a jovem rejeitou, orgulhosa, qualquer vínculo com a deusa e, mais ainda, desafiou Atena a competir com ela pelo posto de melhor tecelã.

Atena compareceu diante de Aracné disfarçada como uma anciã e tentou convencê-la a desistir do propósito de competir com os deuses, mas a jovem, olhando-a ferozmente, advertiu que não tinha intenção de mudar de ideia e que, caso a deusa se apresentasse pessoalmente, não hesitaria em desafiá-la. Diante disso, a anciã se transfigurou na resplandecente Atena e deu início à competição.

---

[1] Chevelier, Jean e Gheerbrandt, Alain, Dicionário de símbolos. Rio de Janeiro: José Olympio, 2009. Tradução: Raul S. Barbosa, Vera da Costa e Silva, Angela Melin e Lucia Melin.

Colocadas frente a frente em teares distintos, foram elaborando as mais finas tramas, entrecendo púrpura, ouro e todos os delicados matizes da transição das cores. Palas Atena criou um tecido em que os deuses, soberbos, apareciam bem no centro em sua augusta majestade e cercou a tela com os ramos de oliveira da paz. Por sua vez, Aracné desenhou um friso que representava os excessos, as intemperanças e as paixões dos deuses, num trabalho tão brilhante e delicado que Atena, fora de si, rasgou a tecelagem e agrediu a rival.

A jovem não resistiu ao espetáculo de ver sua obra destruída e tentou se enforcar com um laço. Palas a sustentou no ar, impedindo o suicídio. No entanto, aspergindo sobre ela a poção de uma erva de Hécate, submeteu Aracné a uma cruel metamorfose: sua cabeça diminuiu, seus dedos se alongaram e foram se cobrindo com uma delicada penugem e seu ventre se tornou imenso.

Depois de transformá-la numa aranha, Atena condenou a artista e todos os seus descendentes a tecer durante toda a eternidade.[2]

Aracné não é mais a admirável tecelã, criadora de uma arte sem igual. Seus fios são apenas sombras daquele dourado esplendor, porque estão embebidos em rancor. Assim como caiu por arrogância na armadilha da deusa, agora ela mesma tece armadilhas e transmite para sua teia pegajosa toda a sua arte e a sua vingança. Agora é uma aranha e tece pontes de seda em sua memória. É provável que se pergunte, como muitos de nós: "Quem sou eu? Em que me transformei?", enquanto suas patas não param de dar forma à sua condenação. E volta a tecer excessos, intemperanças e paixões, porém não se atreve mais a investir contra os deuses, mas apenas contra os homens. De seu fio apenas perceptível, pendem peças que reproduzem a vulnerabilidade e a instabilidade que submetem o Homem desses nossos tempos marcados por valores efêmeros e pelo consumo obsessivo.

Enfim, Aracné tece hoje uma obra que também é magnífica e delicada, embora seja portadora de uma aura sinistra: tece uma rede que gera dependência e cujos fios podem ser vistos como metáforas de comportamentos humanos concretos. Trama uma rede e trata de banhá-la (sim, exatamente como Atena fez com ela mesma) em uma erva chamada viscosidade. Engana e seduz suas presas até que, por fim, elas aderem aos fios enganadores de sua teia.

---

[2] Grimal, Pierre, *Dicionário de mitologia grega e romana.* Rio de Janeiro: Bertrand Brasil, 1996.

1.1 Construção da rede aditiva

A confecção dessa teia constitui verdadeira obra de engenharia, que, às vezes, obriga a aranha a desenvolver uma infinidade de artimanhas que, talvez, assemelhe-se àquelas que você usa para desviar dos obstáculos que se apresentam em sua vida ou, ainda, para não sucumbir diante das inúmeras tentações que o mundo lhe oferece. Ou, ao contrário, artimanhas para justificar o fato de estar grudado a uma pizza, a um cigarro, a uma bebida ou a qualquer atividade reiterativa e sem controle.

Como a aranha constrói a trama básica da rede?

Primeiro, ela escolhe o lugar apropriado para preparar sua armadilha. Em seguida, fixa a extremidade dos fios que constituem a armação externa da rede. Depois de verificar a resistência dessa armação, estende uma série de raios que cruzam as linhas transversais.No ato seguinte, para dar maior firmeza à obra iniciada, preenche o vazio traçando, desde o centro até a periferia, uma ampla espiral. Por último, para que as vítimas não consigam se desgrudar da rede, segrega um fio pegajoso com o qual forma uma segunda espiral, mais apertada que a primeira, e assim é difícil que o incauto que caiu na armadilha consiga escapar.

Concluído esse trabalho, a aranha se retira para um esconderijo e fica lá, vigilante e em contato com a rede por meio de um fio ligado ao centro da teia, que permite também que chegue até lá rapidamente, caso uma nova presa caia na armadilha, para poder capturá-la em seguida.[3]

Agora a aranha está escondida, esperando que o fio balance para atacar. É nesse momento, quando ela está à espreita, que nós entramos em cena. Como? Sem perceber, atraídos pelo encanto da rede, dessa rede que reproduz nossas debilidades (como fazia a tecelagem de Aracné), que ostenta inúmeras situações e objetos com os quais muitas vezes nos enredamos. Mas por quê? O que acontece para que esses fios nos capturem e nossa existência se transforme em uma sucessão de mecanismos que tendem a proporcionar prazeres momentâneos e dores permanentes? A resposta é simples: caímos na armadilha da adição, da dependência. No entanto, muitas vezes negamos o fato ou preferimos não perceber. Como aconteceu com um de meus pacientes, que só notou que algo estranho estava acontecendo quando, no primeiro aniversário

[3] Bas Peired, Carlos, La vida maravillosa de los animales, Instituto Gallach de Librería y Ediciones, S.L., Barcelona, 1971, t. II, Invertebrados

de seu filho, só pensava em beber e comer: mais que aproveitar a comemoração, ele só se relacionava com o vinho, os salgadinhos e os sanduíches. E quando chegou a hora do bolo, queria comê-lo todo sozinho! Essa é a atitude de um adicto: fica completamente obcecado por algo e se descuida completamente do resto.

Nós, que trabalhamos no terreno das adições e das dependências, sabemos que um paciente com dependência extrema é alguém que se rendeu ou sucumbiu diante da realização de alguma atividade ou do consumo nocivo de alguma substância, nem sempre nociva em si. No entanto, o que tentamos explicar, para podermos criar estratégias de luta, é fundamentalmente como e porquê algumas pessoas se tornam adictas e outras não.

Vivemos mergulhados em um emaranhado de coisas, e isso é sintoma de um mundo em que nada nos atinge, nada nos parece suficiente, e permanecemos presos em uma rede na qual o imperativo dominante parece ser: "quero mais, seja do que for, e já!". A sociedade é uma das principais construtoras da rede aditiva. A essa altura, somos quase todos adictos, vorazes, em uma ou outra área, e é importante reconhecê-lo, mais além de saber se "nos transformaram em" ou se "somos" adictos. No entanto, algumas pessoas conseguem ficar longe da rede e é nelas que temos de focar nossa atenção, pois elas comprovam, de forma palpável, que é possível encontrar uma solução.

A rede aditiva é complexa e simples ao mesmo tempo; seus protagonistas têm nome e sua intenção é muito clara: prender. E assim como uma estrela que surge em Hollywood tem vários disfarces e dublês, a adição também se apresenta sob as mais variadas aparências. Ela se aproveita dos momentos de "fraqueza", das distrações, genéticas e biológicas e, sobretudo, do vazio espiritual característico da sociedade atual. Para o bem ou para o mal, hoje em dia, a adição, potencial ou realizada, atravessa todas as áreas da vida.

Esse "nada pode me atingir" torna-se real e concreto quando nosso corpo sente carências nos níveis de glicose no sangue e quando pede, aos gritos, os níveis habituais de nicotina. É real na medida em que estabelece comparações sociais e nossa autoestima sofre um ataque impiedoso e constante. Torna-se real quando a angústia que sentimos diariamente precisa ser apaziguada por algum método que nos devolva sensação de prazer... Quem nunca teve a sensação de angústia indescritível, um vazio, uma insatisfação constante que leva quase automaticamente a procurar algum tipo de prazer que compense esse estado?

É aí que reside o problema: essa busca pelo prazer, muitas vezes pré-fabricada, nos conduz veladamente para uma rede aditiva altamente perigosa, nos leva a fazer parte dela e nos obriga a satisfazer seus pedidos desmedidos como súditos fiéis. Pensamos que estamos procurando prazer e alívio e só nos damos conta de quanto essa trama é artificial, quando as consequências indesejadas atingem nosso corpo e nossa alma. A rede vai lhe oferecer tanto a solução imediata para o seu mal-estar, quanto a sensação de vazio e angústia posterior que vai, inevitavalmente, levá-lo de volta à rede, em busca de uma nova dose de alívio. E assim, sucumbimos ao discreto encanto de teia de aranha.

1.2 A trama viscosa

Provavelmente, você está em um ponto em que seus próprios pensamentos o envolvem, as refeições escorrem por sua boca sem pedir permissão, a comida vence... É inexplicável, o sofrimento é enorme... E a teia de aranha que o envolve é imensa. De onde se tece? Quem a tece? Seria possível desfazê-la? Seria possível sair desse emaranhado? Você não sabe, não tem as respostas, embora, na realidade, a questão talvez não seja encontrar respostas, mas formular as perguntas certas para chegar ao cerne do que está ocorrendo.

Mas, afinal, o que está acontecendo? Você está gordo e não consegue parar de comer. Tudo o que emagrece de segunda a sexta, engorda de sexta a segunda; você se sente inseguro, ressentido e descrente; de tanto não saber como se vestir, se cobre com mantos negros ou cinzentos; conhece todas as dietas, mas nenhuma emagrece; vive especulando e calculando em vão, porque recai em comportamentos imoderados que o fazem perder a linha e acaba desistindo de sair de casa. Enfim, vive flutuando entre o controle e o excesso, entre a responsabilidade e a impunidade.

Não se sente esgotado? Foi você mesmo quem teceu essa rede, assim como a aranha, para que sua presa, que é a comida, não escape. Primeiro teceu a trama básica, arranjou todas as situações para poder comer mais. Em seguida, começou a estender as redes transversais, com base em desculpas variadas, permissões tais como: "só um pedacinho de chocolate não vai fazer mal", e assim foi somando pedacinho após pedacinho até comer a barra inteira. Por último, traçou uma espiral partindo do centro para a periferia, banhando-a em ações compulsivas, irrefletidas e descontroladas e, então, observando o tamanho de sua própria obra, começou a esperar pelo próximo petisco.

As consequências de qualquer processo aditivo a longo prazo são conhecidas. No entanto, não quero me dedicar a elas, mas, sim, destacar as semelhanças entre as várias adições. Por outro lado, a experiência e o estudo demonstram que o medo não é efetivo para combater a adição. Embora seja correto dizer que toda adição pode matar – alterando a química cerebral e os esquemas de pensamento –, o importante para conseguir se desgrudar da rede é concentrar-se na essência do vínculo nocivo e procurar estratégias capazes de fortalecê-lo para que possa dizer: "Basta! Cheguei a meu limite!".

Não encontramos semelhanças apenas nas consequências da adição, mas também nas causas. Perguntar o que têm em comum um alcoolista, um fumante, um jogador compulsivo, um obeso, um obcecado por sexo, um viciado em trabalho ou em exercícios é o primeiro passo para comprovar isso. O lugar comum, o ponto de encontro entre as diversas adições parece ser a fuga de uma realidade "dolorosa" e estressante e, em contrapartida, a busca pelo prazer imediato. Esse "falso prazer", essa euforia efêmera será a grande protagonista que, como a aranha com sua teia e suas múltiplas formas, nos tenta e nos guia mais uma vez pelo falso caminho da satisfação imediata, ou seja, por um trajeto que não nos deixa sair de seu próprio rastro ou, o que é pior, uma direção que nos obriga a girar cíclica e cronicamente até o mesmo ponto de partida.

Quando comecei minha atividade nos grupos Gama, muitos anos atrás, pratiquei uma metodologia de tratamento dia a dia e cara a cara com o paciente que sofre com o excesso de peso. Já nessa época, chamava minha atenção a semelhança entre a conduta de uma pessoa obesa e os comportamentos característicos dos adictos a diversas substâncias ou atividades. Observei que os pacientes desenvolviam, quase sem se dar conta, duas estratégias opostas, já que, por um lado queriam perder peso, mas, por outro, não conseguiam parar de pensar em comida e ficavam muito ansiosos, sem saber em que descarregar a energia que sempre investiram em comer. Sabiam que poucas vezes comiam porque tinham fome, tinham consciência de que viviam de comilança em comilança porque a comida tinha se transformado em uma espécie de fio terra em suas vidas. No entanto, continuavam sem conseguir dominar esse impulso e só tentavam parar quando o corpo dava sinais de alarme, quando se movimentar começava a ficar difícil ou não tinham mais o que vestir e não havia mais lugar para o autoengano.

A gordura é progressiva, parece que fica escondida e vai aparecendo aos poucos. Ninguém chega a pesar cem quilos de um dia para outro; as medidas aumentam gradualmente, dia após dia. E, então, em um belo dia, nos vemos no espelho e não nos reconhecemos naquela imagem; os números da balança chegaram ao máximo e não dá mais para dizer que o espelho engorda ou que a balança funciona mal. Não podemos mais culpar o cozido da noite anterior, mas todos os cozidos, assados, bolos e doces que colocamos para dentro desse corpo que agora diz "Chega!", porque está a ponto de explodir. A essa altura, descobrimos que a obesidade não é um sintoma isolado ou um desequilíbrio físico, mas obedece a um comportamento de base que a sustenta e está ligado ao descontrole, ao autoengano, à falta de limites e à dependência, ou seja, a todos os mecanismos subjacentes a qualquer outra adição. Esse fator comum que preexiste em todo comportamento aditivo desemboca em uma ideia-chave: assumir que a obesidade é o sintoma de uma adição, que é uma parte importantíssima da grande rede de adições que nos bombardeiam e têm sua origem no mundo exterior.

Nesse ponto, talvez você pense que se equivocou de livro. Provavelmente, estava atrás de mais uma obra que o ajudasse a emagrecer e acabou topando com a novidade de que, agora, além de gordo, também é acusado de ser adicto! Não se assuste. Nem todas as pessoas com problemas de peso são adictas. Também não se assuste por se ver comparado a um alcoólico ou a um jogador compulsivo. A questão aditiva surge quando você chega ao ponto em que quer se livrar do problema, mas não consegue. E, se pensar um pouco, vai constatar que a única coisa que fez até agora foi desenvolver um conjunto de pretextos para continuar comendo; pretextos estes, aliás, muito parecidos com os artifícios usados por um adicto que não consegue abandonar a droga, o álcool ou o tabaco.

É comum as pessoas negarem ou ignorarem suas características aditivas e não reconhecerem os sinais de alarme. Em linhas gerais, a essência aditiva revela-se com atitudes tais como: frustrar-se com facilidade, mostrar-se inconstante, ansioso, impulsivo e intolerante, além de adaptar e organizar seu entorno em razão da busca irrefreável pelo prazer imediato. É isso que acontece com você? Sente que deseja emagrecer, mas não consegue, apesar de toda a força de vontade que empregue? Dá voltas, mas retorna sempre ao mesmo ponto de partida: gordo, permanentemente em dieta, frustrado e acumulando anos de impotência diante de um problema que se instalou em sua vida para ficar e que o impede de renovar as esperanças e de imaginar que pode ficar melhor, muito melhor?

É compreensível que não acredite mais em nada, que esteja desanimado. No entanto, peço-lhe um pouco de tranquilidade, pois sei que você quer tudo para já. Sua ansiedade é tal que provavelmente já transferiu sua frequência mastigatória para a leitura deste livro e deseja devorá-lo, conhecer o final agora mesmo. Portanto, peço calma: diminua a voltagem, comece a controlar a ansiedade, a impulsividade, nem que seja, pelo menos por enquanto, para ler este livro.

O mundo está inundado de teorias e princípios científicos relacionados à adição. No entanto, além da adição biológica, o que existe em todos os casos é uma *atitude-comportamento-aditivo* de alguém em relação a um *objeto-calmante*. Isso porque, se começamos a nos distanciar daquilo que nos atormenta e experimentamos, depois de um certo tempo, uma sensação interna de indiferença diante desse mesmo objeto, que não é produto de uma estrutura elaborada. Isso indica que há um problema com o vínculo, ou seja, além de uma determinada substância, existe um comportamento aditivo, uma conduta que pode se extrapolar ou se transferir para outros vínculos, seja com pessoas, seja com objetos.

Cabe agora perguntar como alguém como você ou qualquer outra pessoa comum pode ficar preso na rede aditiva. Em princípio, não é necessário reunir muitas das características de uma personalidade aditiva ou estar emocionalmente perturbado para ficar preso nesse lugar. O que acontece é que a memória grava em seu cérebro uma experiência ligada a uma determinada uma atividade ou substância que foi prazerosa ou confortável. Em seguida, ao se deparar com uma situação altamente estressante, você vai procurar essa mesma atividade ou substância que lhe proporcionou satisfação. Nasce, então, a ideia (quase obsessiva) do alívio, da muleta ou do fio terra, que não resolve, mas *acalma*. E, assim, se fecha o círculo vicioso, pois tais elementos se convertem paulatinamente em seus inimigos, causando sua queda.

Certamente, muita gente pensa que os adictos são aqueles que consomem desesperadamente, 24 horas por dia, mas a realidade revela que seu traço característico é não conseguir parar depois de entrar em contato com a substância ou recair diante de situações frustrantes. De fato, a maioria dos adictos não consome diariamente, mas esporadicamente, alternando o uso diário com períodos de abstinência ou de uso controlado. E essa é uma das chaves para que os adictos se assumam como tais, dado que a maioria nega a adição dizendo: "Se não bebo todo dia, qual é o problema?" ou "Só uso cocaína nos fins de semana, se fosse adicto usaria a semana inteira". [4]

---

[4] Washton, A. e Boundy, D., *Willpower's Not Enough. Recovering from Addictions of Every Kind.* Harper Collins: Nova York, 1989.

No entanto, a frequência do consumo não é tão importante quanto a maneira como esse consumo afeta a vida. A rigor, uma droga ou uma atividade é uma adição, na medida em que causa problemas em sua vida e, apesar disso, você continua a usá-la ou praticá-la de qualquer forma.

Outro fator a considerar é o motivo pelo qual uma pessoa usa aquela droga ou pratica aquela atividade. Basicamente, se alguém usa uma substância ou reitera um comportamento com o objetivo de mudar seu estado de espírito é porque seu próprio humor é intolerável, e é nesse ponto que podemos dizer que ela está gravitando em direção à adição.

Onde reside, então, a fonte da adição? O que leva uma pessoa a cair repetidamente nas redes da teia de aranha? Muitas vezes, ingressamos na rede usando várias máscaras diferentes: nosso espectro aditivo se amplia até nos transformar em poliadictos. De fato, existem adições que parecem caminhar de mãos dadas. Por exemplo, a adição ao sexo é associada frequentemente com o abuso de álcool e das drogas. De forma similar, muitos anoréxicos ou bulímicos são praticantes compulsivos com exercícios físicos, assim como vários jogadores de cartas são fumantes inveterados. Muitos obesos também são alcoolistas... Mais uma vez, a realidade das adições combinadas ou interadições revela que a manifestação do comportamento aditivo, embora assuma uma forma singular, própria e pessoal – tabaco, álcool, comida, droga, sexo, trabalho –, nasce de uma mesma origem comum: a insatisfação e a busca do prazer imediato, capaz de diluir rápida e vorazmente aquilo que nos incomoda, angustia, enfurece ou tiraniza. Curiosamente, é como tentar frear a dor com uma nova dor, desapegar-se de alguém ligando-se a outro alguém, atenuar os quilos incômodos com mais alguns quilos disfarçados de alívio. Pode se tratar apenas de não mastigar as dores, nem as angústias, nem os desamores... Talvez a chave, a primeira chave para chegar a si mesmo, seja fazer os problemas circularem pelos trilhos que lhes cabem, sem descarrilá-los para a compulsão e o excesso...

É assim que uma adição se alimenta de outra e, consequentemente, produz um mecanismo muito complexo, pois quando se consegue interromper uma adição, em geral se cria uma nova ou surge alguma outra que estava dissimulada sob a anterior. Essa é uma das chaves para a compreensão do comportamento compulsivo, pois, ainda que durante muitos anos as drogas tenham levado a culpa pela adição que geram, observamos que elimina-las não resolve o problema, já que o mais provável é que acabemos virando adictos de atividades que não envolvam substâncias químicas, como as compras compulsivas, o trabalho, a televisão, a internet etc. etc., ou seja, uma "transferência de adições".

Portanto, frear um determinado comportamento é apenas uma parte do processo de recuperação de uma adição. Há muito mais coisas que precisam ser feitas, além da eliminação da substância ou a supressão da atividade. A mudança necessária para a autêntica recuperação deve acontecer em nossos sistemas de crenças, pensamentos e ideias, o que mudará definitivamente o estilo de vida e as atitudes, o modo de enfrentar os problemas, redundando em um conhecimento profundo de nossas necessidades físicas, emocionais, sociais e espirituais. Em outras palavras: se não mudarmos o modo como vivemos e as crenças que nos sustentam, quando abandonarmos uma adição, é bastante provável que uma outra desperte dentro de nós para substituir a anterior.

Qual é o denominador comum a todas as instâncias da adição? Não é uma substância química em particular ou aquilo que ela produz em nossa alma ou em nosso cérebro: isso depende e varia de acordo com uma adição ou outra. O que está presente em todos os casos de adição é *o adicto*. É o nosso desequilíbrio interior que nos torna tão vulneráveis, não uma substância ou uma atividade em si. *A verdadeira fonte da mentira da adição está dentro de nós.*

Sendo assim, a rede vai nos seduzir com suas falsas imagens de estados inigualáveis, com suas maravilhas entretecidas na alteração dos sentidos. Todavia, o que ela vai nos propiciar, na verdade, é aquilo que esconde, aquilo que há por trás dela. Ela não irá revelar que, por trás desse paraíso fugaz, se estende um deserto feroz no qual os fios ilusórios que ofereciam sustentação sumiram, onde só se encontra a aranha com sua avidez desmedida, pronta para nos devorar. Como afirma, Deepack Chopra:

> A adição se apodera dos homens e mulheres cuja vida cotidiana parece uma perambulação pelo deserto, despojada de qualquer prazer e de qualquer alimento espiritual. Quando algo transporta as pessoas para uma realidade completamente diferente, a maioria aceita a oferta simplesmente porque nenhuma outra coisa lhe promete nada. Porém, tal como acontece, por exemplo, com o álcool, o que começa como uma busca do prazer, logo se transforma em uma luta constante para evitar a dor. Na maioria das adições às drogas em estado avançado, os efeitos debilitantes da abstinência são mais duradouros do que qualquer voo eufórico e, em qualquer caso, esse voo se torna quase impossível à medida que o corpo desenvolve uma tolerância à substância aditiva. Em pouco tempo, o hábito de se drogar

persiste apenas para controlar a síndrome de abstinência e não deixa lugar para dúvidas: aquilo que parecia ser a entrada para o paraíso se abriu para um deserto bem diferente.[5]

E esse deserto diferente é o nada, o sem sentido, a desproteção. É, definitivamente, o preâmbulo do fim.

1.3 O que é a adição?

O dicionário da Real Academia Española define a palavra adição como "hábito daqueles que se deixam dominar pelo uso de alguma ou de várias drogas tóxicas".[6]

A Organização Mundial da Saúde (OMS) sustenta que a adição é: "um estado de intoxicação crônica e periódica originada pelo consumo repetido de uma droga, natural ou sintética, caracterizada por: a) uma compulsão a continuar consumindo de qualquer maneira; b) uma tendência ao aumento da dose; c) uma dependência psíquica e geralmente física dos efeitos, e d) um comportamento com consequências prejudiciais para o indivíduo e a sociedade".

Etimologicamente, a palavra *adição* provém do verbo latino *addicere*, que significa "entregar-se ou render-se", e *adicto*, por sua vez, procede do termo *addictus* que quer dizer "escravo por dívida" e também "sem palavras" ou "aquele que fica sem palavras".

É interessante analisar tais definições para entender, por um lado, uma das crenças mais equivocadas que existem a respeito das adições e para explicar, por outro, como eu entendo a dependência, com base no meu tratamento. Tal como manifesta a definição exposta no dicionário da Real Academia Española, a sociedade insiste em cultivar certas crenças falsas sobre a adição. Assim, é bastante frequente associar a adição a uma falha moral ou a uma personalidade defeituosa: o adicto é, portanto, imoral, "mal" e defeituoso; é alguém que se entregou, que se rendeu. Diante dessa condenação social, é normal que a primeira reação seja

---

[5] Chopra, Deepack. *Vencer las adicciones*. Ediciones B.:Buenos Aires, 2006.

[6] O Dicionário Houaiss da Língua Portuguesa define adição como: "consumo persistente de drogas, de medicamentos ou de substâncias psicoativas, de origem psíquica ou física; dependência" e "propensão a ter hábitos compulsivos, a se comportar de maneira singular e invariável qualquer que seja a situação". (N.do T.)

a negação da adição e que seja difícil ou penoso pensar em nosso problema de dependência com base na perspectiva das adições.

A etimologia da palavra é, por sua vez, bastante eloquente a esse respeito: um adicto é quem se entrega ou se rende, quem se torna escravo de suas próprias tendências compulsivas, quem fica sem palavras para se comunicar com o ambiente que o cerca e se isola. Por acaso, essa sensação de escravidão não lhe parece familiar?

De maneira semelhante, a definição da OMS se refere a uma "intoxicação" que se transforma em compulsão, tendência, dependência, as quais, por sua vez, geram comportamentos prejudiciais. Entretanto, na verdade, o que está por trás, o que é anterior à intoxicação também é um comportamento prejudicial.

É por isso que a adição é enigmática em si: porque para algumas pessoas é consequência de um excesso e, para outras, é o próprio excesso. Na realidade, são formas distintas de designar um estado que, embora se apresente em atividade, deriva de uma grande paralisia, semelhante àquela que o veneno da aranha produz quando ataca sua vítima. Dito isso, essa atividade-paralisia reúne uma série de características que conformam a base da trama aditiva. São elas a compulsão, a dependência, a regularidade e a deterioração. No entanto, um elemento essencial que deve ser resgatado nesse conjunto de atributos que conformam o comportamento aditivo é o fato de que a adição não é uma questão de tudo ou nada... Em termos gerais, vir a ser adicto é um processo gradual, medido pela intensidade e pela regularidade da compulsão, pela profundidade da dependência e pelo grau de deterioração.

1.3.1 A personalidade aditiva

Nos últimos tempos, ouvimos falar muito da personalidade aditiva e é verdade que ela existe, como também é verdade que aumentaram as possibilidades de sofrer uma adição a alguma coisa.

É fácil pensar que as características da personalidade causam a adição, mas hoje em dia o problema vai muito além. Existe um sistema estabelecido de crenças que contribui para a adição, e talvez você se identifique com algumas delas. O esquema a seguir reflete, em linhas gerais, os diversos elementos que formam a personalidade aditiva, como a droga é utilizada para bloqueá-los, potencializá-los, dissimulá-los ou, então, esquecê-los, e de que forma essa personalidade é favorecida por um ambiente tóxico que lhe oferece, ao mesmo tempo, CALMA, ESTRESSE, CONSUMO e IMEDIATISMO.

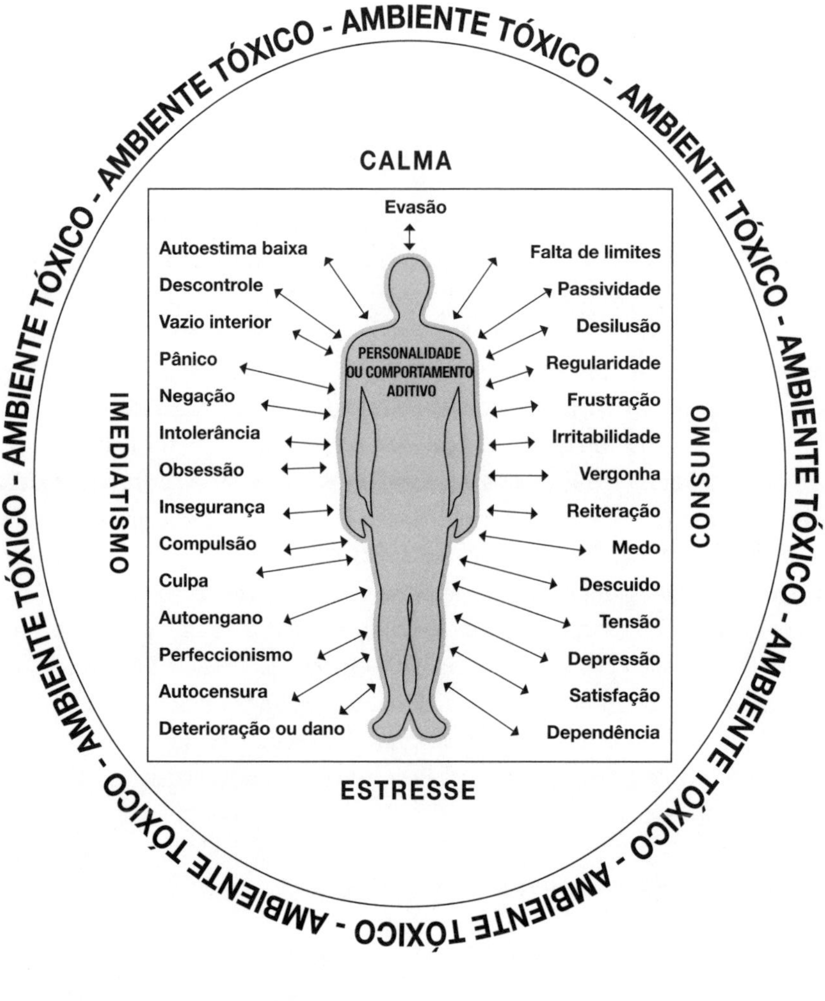

1.3.2 Substâncias *versus* atividades

É possível falar de adição ou de dependência psicológica quando não há nenhuma substância nociva envolvida (como é o caso dos alimentos) ou nem mesmo uma substância, mas um comportamento (como trabalho, esporte ou televisão)?

Existe uma certa controvérsia na literatura específica no que diz respeito a designar como adição atividades que não implicam substâncias químicas intrinsecamente nocivas ou drogas (i)legais desnecessárias à sobrevivência (cocaína, heroína, álcool, tabaco, abuso de medicamentos). Ora, a adição produz uma mudança na química cerebral e o abuso de substâncias mencionadas também faz isso de maneira intensa e evidente. Há estudos que demonstram que determinados comportamentos afetam a química do cérebro da mesma forma que uma substância química, ou seja, com base em determinado comportamento com motivação psicossocial (e com características precisas) pode-se produzir alteração da química cerebral, exatamente como acontece nas adições clássicas.

Partindo dessa premissa, vejamos quais as adições reconhecidas em um inventário básico. Para começar, usaremos o termo Síndrome Aditiva, a fim de evitar certos rótulos que nos levem a perder de vista a gradualidade e complexidade do fenômeno que estamos tentando entender. Essa síndrome (cujas quatro características fundamentais listamos previamente) pode se manifestar em *Adições comportamentais* e *Adições de ingestão*. Esses dois tipos de adição se relacionam com uma *Patologia Vincular*. Não se trata tanto da coisa em si, atividade ou substância, mas antes da relação das pessoas com tais elementos. Talvez as substâncias não sejam nem aditivas *per se* e nem as "causadoras" da relação aditiva; pode ser que se trate apenas de "inocentes úteis" manipulados por todos aqueles que, em algum momento, precisamos de "mais" (de "muito mais, e já!")

1.3.2.1 Classificação das adições

ADIÇÕES COMPORTAMENTAIS
Adição à comida Adição ao jogo Adição ao sexo Adição às relações - Aos outros - Aos romances - Co-dependência Adição à religião[7] - Às seitas Adição ao trabalho Adição às compras Adição à televisão, à internet, à telefonia celular.

[7] Nota do Autor: Quero deixar claro que quando falo de adição à religião, não estou me referindo aos fiéis. Refiro-me àqueles que usam a religião como um método de autocontrole extremamente rígido, de suspensão da vida; um veículo que justifique qualquer preconceito e um sinal inequívoco de culpa e vergonha autodestrutiva.

ADIÇÕES DE INGESTÃO
À comida (em geral e a determinados alimentos) Ao álcool À cocaína Ao tabaco Aos sedativos e hipnóticos Às anfetaminas Ao Ecstasy À heroína Ao ópio

Todas as gorduras são filhas da adição: à comida, ao excesso, ao comer...? Há na obesidade graus distintos que não existem nas drogas. Se a adição provoca muita gordura, pode apresentar um nível de gravidade clínica. Se a adição não gera muita gordura e se sustenta no tempo, pode apresentar um nível de gravidade psicológica: querer e não poder. Se, além disso, o corpo responde suscetivelmente ao excesso, a adição é mais perigosa porque provoca danos colaterais (e aqui intervêm os genes: gordos "saudáveis"). Não dramatize sua gordura. Você quer se livrar e não consegue. É chegado o momento de dizer "Basta, acabou!" ou de procurar tratamento para encontrar em seu interior os recursos e as ferramentas capazes de livrá-lo do problema.

1.3.2.2 O circuito aditivo

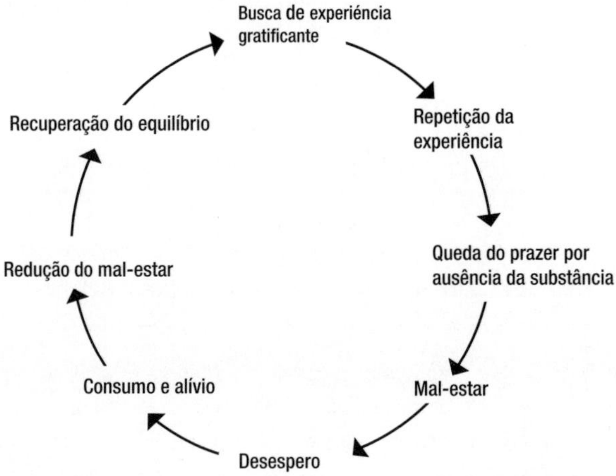

Se, como disse Marilyn Manson (ícone andrógino de nosso tempo): “Há em nossa alma um buraco que preenchemos com droga e nos sentimos bem”, então, podemos perguntar: de onde vem esse buraco? Talvez tenha a ver com o pouco tempo destinado a pensar por que todo o prazer só é obtido por meio de intermediários: um cigarro, a geladeira ou um rápido *flash*. Tenho uma dinâmica de ação, mas não uma filosofia de vida. *Sei como ir, mas não para aonde estou indo*. No fundo, com tanto excesso, tudo é ausência, pois o que falta é o mais importante: o que falta é conhecer minha alma, meu espírito. O que falta é, definitivamente, aprender a criar de dentro para fora. Não apenas ousar e enfrentar riscos, assim como Aracné fez com Atena, mas também poder, como ela, antes da metamorfose, tecer, do interior, uma obra delicada, cheia de redes sábias e de palavras que nos permitam sair do buraco, escapar do casulo, construir um novo universo.

O destino de Aracné foi determinado pela vontade divina. Ela nada pôde fazer, além de aceitar o castigo. No entanto, quem cai na rede aditiva tem uma saída, não está condenado; ainda pode sofrer uma metamorfose e, finalmente, desgrudar-se dessa teia nociva.

No próximo capítulo, trataremos de certos vínculos aditivos que denominamos “Relações pegajosas”. Apresentaremos os distintos mecanismos que levam uma pessoa a se transformar em adicta de atividades tais como o jogo, o sexo, o trabalho, a televisão ou a internet e analisaremos as características de cada tipo de adição.

Respostas concretas para perguntas possíveis

- A adição é comum?

A adição é mais comum que se acredita e é bastante provável que você também seja um adicto. Diria antes que, atualmente, todos somos vorazes, invasivos ou obsessivos em relação a alguma atividade, substância ou relacionamento. Possuímos uma predisposição que parte tanto do ambiente em que vivemos, quanto das substâncias que ingerimos habitualmente, para deslizar em direção a algum tipo de excesso. *A adição é filha da quantidade e mãe do vazio, é consolo para a solidão e arquétipo do consumo*. Também tem suas raízes químicas e genéticas. É regida por uma velocidade vertiginosa, tanto na influência aleatória que tem sobre nossos estados de espírito, quanto em sua capacidade de nos prender quase que imediatamente em suas redes. Muitas vezes, é tão comum quanto invisível, enigmática, fugidia e polifacetada. Ela também nos faz distorcer a realidade e nos afeta tanto espiritual quanto vincularmente.

- Sou gordo ou sou adicto?

A adição consiste basicamente em querer e não poder. A questão reside em identificar o problema. Pode parecer que se alguém é gordo e é feliz, não é adicto; se é alcoolista e feliz, não é adicto. Entretanto, é possível ser obeso mórbido e ser feliz ou ser adicto de heroína e ser feliz? Creio que a ausência de autonomia própria em nossas vidas é a chave para tomar consciência das limitações que um excesso impõe. Começam a existir atividades que não podemos mais realizar e projetos que têm de ser riscados da agenda.

Não é pejorativo ser adicto de alguma coisa: é um estado, não uma concepção do ser. É uma doença, primordialmente social, e que está nos afetando com tanta gravidade que nos leva para um lugar onde mora o sofrimento.

Estudos recentes com imagens do cérebro de indivíduos obesos evidenciam – assim como ocorre com os dependentes de drogas – alterações similares na produção excessiva ou insuficiente de vários agentes metabólicos e neuronais que regulam o sistema de recompensa.

TESTEMUNHO

O aquário

Estou num imenso oceano
mas dentro de um aquário.
Olhando ao redor, percebi
que o aquário não tem tampa.

Comecei a mexer um pouco
as nadadeiras que não usava há tempos.
Sabia que ia doer no começo,
mas que logo ia poder curtir...
Quero descobrir esse oceano,
o oceano da minha vida.

Um imenso oceano desconhecido,
um aquário muito conhecido.

Prefiro ser o aprendiz
mais lerdo das ondas,
a ser o ignorante
mais sábio do aquário.

Um imenso oceano desconhecido,
Um aquário muito conhecido.

Juanchi Quaranta
(Inspirado em uma ideia de Héctor Shwartz)

Capítulo 2

RELAÇÕES PEGAJOSAS

Até agora, temos falado das adições em geral, do momento em que um hábito se transforma em adição e das características da personalidade aditiva. Sendo assim, indicamos que existem tipos distintos de adição e estabelecemos dois grandes grupos: as adições comportamentais (de vínculo) e as adições de ingestão (de objeto mais vínculo).

Neste capítulo, vamos falar das "relações pegajosas" ou reiterativas de determinados comportamentos que, embora não estejam ligadas à ingestão de substâncias, produzem quase os mesmos efeitos devastadores de uma droga na vida dos que vivenciam essa situação.

Na ansiedade de encontrar soluções para seu problema de obesidade e, à medida que avançar na leitura deste livro, você vai se surpreender ao descobrir uma quantidade de elementos em comum com outras pessoas adictas – a comportamentos ou a substâncias – e, pouco a pouco, se dará conta de algo que é fundamental para o tratamento de sua adição: o problema não está na comida, mas nos comportamentos que o levam a transformá-la nesse objeto que o domina: *enquanto a comida ganha corpo, você vai se transformando em objeto.*

2.1 Adições comportamentais

É difícil falar das adições sem cair em uma classificação até certo ponto tediosa de todas elas. Portanto, abordarei o tema com base em algumas situações que têm a ver com a nossa vida cotidiana, para tentarmos, juntos, enxergar os pontos de contato e de identificação que nos são familiares. Em seguida, reproduziremos alguns momentos na vida de uma família com determinadas tendências aditivas. Vejamos quais são:

Juan se levanta bem cedo, cansado porque não pregou o olho a noite inteira. Ficou girando na cama, obcecado pela ideia do que fazer para produzir mais dinheiro. Está nervoso porque no dia seguinte terá de enfrentar reuniões cruciais para o futuro de sua empresa. Enquanto muda de roupa, algumas sacolas amontoadas em um canto do quarto chamam sua atenção. Vai olhar e descobre que estão fechadas, tal como sua mulher as deixou depois de voltar do shopping, cerca de um mês atrás. Pensa que é impossível que ela tenha esquecido o que comprou, que tenha chegado ao extremo de comprar por comprar.

Por seu vez, Ana, sua mulher, está na cozinha preparando o café da manhã. Sentiu o nervosismo do marido e quer saber o que houve. Entretanto, ela não tem tempo de perguntar nada, pois ele já entra na cozinha visivelmente furioso, com algumas sacolas na mão. Atira uma delas em cima de mesa, dizendo:

Juan: – Pode me dizer o que significa isso? Por que essas sacolas ainda não foram nem abertas? Supostamente, eram compras que não podiam esperar, como você mesma disse; "não tenho nada para vestir". E, no final, nem se deu ao trabalho de abri-las, e nem por isso ficou nua... É óbvio que não precisava dessa roupa, senão já teria usado. O que está acontecendo, Ana? Para mim, comprar roupa não é um problema, mas isso me espanta. Já faz tempo que você compra sem parar e isso me deixa furioso porque, afinal, sou eu quem se mata de tanto trabalhar, você só faz gastar, sem nenhum controle.

Ana: – Como acabou de dizer, você se mata de tanto trabalhar e nunca está em casa. E quando está, não para de pensar no trabalho. Essa noite, por exemplo, o que o deixou tão preocupado que não conseguiu dormir? Além do mais, está sendo injusto, nunca compro nada...

Juan: – Nada? Tem sempre uma saída, um aniversário, uma comemoração ou um evento qualquer para servir de pretexto para gastar dinheiro; do contrário, você não consegue viver.

Ana: – Está fazendo todo esse escândalo por conta de duas besteirinhas?

Juan: – E você precisa dessas besteiras? Quando não é roupa, são porcarias de decoração. Será que não é porque não consegue ficar sem comprar?

Ana: – É melhor ir acordar as crianças, porque isso está ficando insuportável.

Juan: – Claro, vai, fuja, como sempre faz.

Ouve-se um grito de Ana, vindo do corredor: – Martín! O que está fazendo falando no celular às sete de manhã?

Martín: – Não estou falando, mamãe, estou enviando mensagens de texto.

Ana: – Não entendo mais nada... Não é capaz de perder um minuto de sono para estudar, mas pode acordar mais cedo para mandar essas mensagens idiotas! É isso? Desligue, por favor, e trate de se vestir que está na hora da escola. Já estou voltando para ver, só vou acordar sua irmã.

Ana: – Cecília, levante que está na hora de ir para escola. Mas o que é isso? Com o computador ligado a essa hora?

Cecília: – Ahhhh!!! Ficou ligado à noite, fiquei batendo papo com Miri até as quatro da manhã. O namorado dela...

Ana: – O quê?! Não pode passar dias e noites no chat *com as amigas ou com estranhos. Da próxima vez, o computador vai sair desse quarto voando e fim de papo.*

Juan (gritando da cozinha): – Tchau todo mundo, vou trabalhar! Vou chegar muito tarde, não precisam me esperar.

Cecília: – Tchau, pai. Por que não veio me dar um beijo?

Juan: – Estou atrasado, falo com vocês depois. Tchau, tchau!

Cecília: – Maldito trabalho. É sempre ele, nunca tem tempo. Tem reunião, entrevista e sei lá mais o que, até no fim de semana!

Ana: – Tem razão, mas ele precisa trabalhar, senão, como é que a gente ia viver?

Cecília: – Mas precisa trabalhar tanto? Os pais das minhas amigas também trabalham, só que ficam mais em casa e, às vezes, saem para passear com os filhos. O papai, nunca!

Martín (aparecendo na porta): – É verdade, não me leva nem ao futebol. Quando eu era menor, até levava, mas agora passa o tempo todo trabalhando, não sei o que houve.

Ana: – Bem, apressem-se e vão tomar logo esse café, que já está tarde.

Cecília: – Vai sair, mamãe?

Ana: – Vou, tenho um encontro com Nora às nove, para um café, e depois vamos ao shopping, fazer umas comprinhas...

É provável que esta família seja muito parecida com a sua, a minha ou tantas outras famílias de hoje. Seus membros adotaram diversas estratégias escapistas que perturbam inevitalvelmente a vida cotidiana. O pai é, sem dúvida, um adicto ao trabalho; a mãe, adicta às compras e os filhos também já entraram no caminho da adição, com o uso abusivo ou exagerado do *chat* e da telefonia celular. Da teia de aranha de estímulos que o mundo lhes oferece, eles se ligaram a certas atividades: trabalhar, comprar e comunicar-se. Quer dizer, não conseguem se afastar das redes que, pouco a pouco e talvez inocentemente, eles mesmos foram tecendo. Provavelmente, o processo foi semelhante ao que você foi criando paulatinamente em sua relação com a comida, pois no princípio cria-se um circuito que em seguida vai se tornando crônico e finalmente vicioso: DE UM COSTUME SE FAZ UM HÁBITO; DE UM HÁBITO SE FAZ UMA DEPENDÊNCIA e, por último, DE UMA DEPENDÊNCIA, UMA ADIÇÃO.

Vejamos, então, o que acontece com cada um dos protagonistas dessa história.

Em primeiro lugar, podemos dizer que Juan caiu nas armadilhas da extrema laboriosidade, que foi se transformando progressivamente em compulsão. Trabalha em excesso, acima de seus próprios limites e necessidades pessoais e, para obter o efeito estimulante da atividade sobre o estado de espírito, acrescenta cada vez mais tempo à sua rotina diária de trabalho. Como muitos pais, é provável que Juan acredite que seu único e excludente papel na família é dedicar-se completamente ao trabalho para proporcionar a sua mulher e seus filhos um estilo de vida confortável. No entanto, quanto mais horas investe no trabalho, menos horas tem para se dedicar a si mesmo e a eles. E assim, seus filhos são os que mais sofrem com sua obsessão. A tendência a trabalhar em excesso, a dependência psicológica do trabalho também foi chamada de "a dor que os outros aplaudem",[1] porque o trabalho em si tem um valor muito positivo no intercâmbio social. No entanto, em algum momento, o corpo, a psique e o ambiente familiar dizem "Chega!". Surgem transtornos digestivos, úlceras, doenças cardiovasculares ao mesmo tempo em que as relações pessoais começam a se desgastar, pois não é nada simples conviver com alguém que faz de sua própria casa uma continuação do escritório, assim como também não é fácil lidar com quem transforma seu lar ou seu escritório em restaurante.

No entanto, nos dediquemos agora ao caso de Ana. Embora perceba os excessos nos comportamentos dos outros, ela, a mãe, nega ter problemas com as compras. A realidade é que ela compra demais, a ponto de esquecer algumas

[1] Disponível em: http://www.latinsalud.com/articulos/005.

sacolas em um canto do quarto, um sintoma claro de que compra por comprar e não consegue controlar o impulso de fazê-lo. É bastante provável que, uma vez no *shopping*, perca o autocontrole e adquira uma série de produtos desnecessários, gastando mais dinheiro que havia previsto ou até mesmo que possui. Podemos dizer, em linhas gerais, que o que está por trás dessa atitude de comprar sem pensar é um percurso que talvez tenha começado com a identificação da felicidade com a posse de bens materiais – o clássico e pouco original "Quanto mais tens, mais vales", fomentado pela publicidade e adotado mecanicamente pelas sociedades – e desaguou na compra compulsiva, sem sentido, irrefreável. Essa atitude lhe parece familiar? Pense um pouco no seu comportamento em um restaurante rodízio ou, sem chegar a esse extremo das tentações, em um coquetel de trabalho. A dupla mensagem é evidente, já que essa mesma publicidade não promove a gordura, mas a magreza extrema e escultural de corpos magros e perfeitos que consomem mais e mais produtos de todo tipo e cujo destino é se consumir no consumo desmedido, embora a publicidade trate de omitir essa parte da história. Ainda assim, você come do mesmo jeito e não para de comer.

O que se produz, então, são comportamentos cíclicos, incessantes, de se encher, se encher e se encher; comportamentos estes que se retroalimentam até colocar o adicto em um círculo interminável que se aprofunda gradualmente. Além de afastá-lo do centro de seu ser, esse círculo também vai desligá-lo da realidade que o cerca, fabricando em sua mente uma realidade paralela e fantasmática que vai acabar por jogá-lo no isolamento e na incomunicação. Nesse estado, só resta ao adicto aproximar-se do objeto de prazer, como única manifestação do seu desejo e único vínculo possível com o exterior distorcido. Assim, instaura-se um processo de compensação que consiste em empanturrar-se com o que é fácil de obter, que pode ser comida ou os mais variados objetos, em substituição às coisas que não pode ter, porque exigem um esforço maior ou porque você não quer vê-las e não estão nas geladeiras ou nas lojas, mas dentro de cada um de nós.

Passemos aos filhos. O que se destaca nos comportamentos dos filhos? Talvez não sejam tão marcados quanto os dos pais, mas convenhamos que enviar mensagens de texto às sete da manhã e bater papo em uma sala de *chat* às quatro são sintomas de algo estranho. Com relação ao celular, os estudos indicam que seu uso se transforma em adição, quando o sujeito experimenta uma sensação muito forte de dependência do aparelho e chega a ponto de realizar ligações e enviar mensagens sem nenhuma razão específica (e esse parece ser o caminho trilhado por Martín, não?).[2]

Por exemplo: observando-se atentamente um grupo de adolescentes, percebe-se que, em geral, todos estão sempre com um celular na mão (e uma garrafa de cerveja na outra) e quem não está falando, está enviando uma mensagenzinha, provavelmente para o amigo que está sentado a seu lado. O fato de existirem tantas ferramentas tecnológicas a serviço da comunicação coexistindo com uma sociedade marcada pela incomunicação e pelo narcisismo, mais interessada em falar do que em ouvir, é com certeza um paradoxo. As transformações tecnológicas também produzem situações tais como: gritar detalhes íntimos dentro de um coletivo ou qualquer outro lugar cheio de gente desconhecida. Tem gente que não consegue se controlar...

O caso da filha, Cecilia, coloca em cena um tema bastante polêmico, que é a adição à internet ou mais especificamente aos *chats*. Embora seja verdade que a rede mundial de computadores transformou-se em um recurso (de importância indiscutível) útil para o trabalho, para a pesquisa e para as comunicações, muita gente acaba presa a ela, atingindo níveis patológicos. São os "net-dependentes" ou indivíduos que usam a internet de maneira excessiva. Identificamos dois tipos de "net-dependentes": de um lado, os que utilizam a internet para reunir informação, jogar sozinho, baixar novos programas etc., sem estabelecer nenhum tipo de contato interpessoal, além do necessário para suas buscas; do outro, os que frequentam as salas de *chat*, os jogos online e as listas de e-mails.[3]

Se compararmos com a comida, notamos que acontece algo semelhante: há os que comem sozinhos, atacando a geladeira a qualquer hora, e os que vão de restaurante em restaurante, provando todos os tipos de comidas em excesso. Contudo, o uso da internet se torna perigoso quando interfere de forma significativa nas atividades habituais das pessoas (sociais, profissionais ou de lazer). E, como é o caso de Cecilia, os sintomas mais frequentes dos que sofrem dessa adição são a privação de sono para "se ligar" na rede, o descuido das outras atividades importantes e o fato de pensar constantemente na internet quando não está conectado. A adição se configura quando existe uma perda de controle contrapondo-se ao uso racional da rede. A adição à internet está ganhando tamanha dimensão que, nos Estados Unidos, já

[2] Disponível em: http://www.infobae.com/notas/nota.php?Idx=210830&IdxSeccion=100541.

[3] Disponível em: http://www.mujeractual.com/ocio/internet/adiccion.html.

existem grupos de apoio para os adictos, que são oferecidos, curiosamente, dentro da própria rede. Vamos continuar, entretanto, a história dessa família singular.

Juan chega ao escritório e encontra um de seus empregados esperando por ele do lado de fora de sua sala. O homem parece muito nervoso e dá para perceber que não dormiu. A secretária tentou detê-lo, mas foi inútil, ele se plantou na porta da sala do chefe para pegá-lo de qualquer jeito. Juan o vê e diz: – O que houve, homem? Está precisando de alguma coisa? Por que não esperou na sala?

Empregado: – Porque não conseguia falar com o senhor, chefe. Estou tentando há dias, mas como está sempre em reunião, resolvi esperá-lo aqui. Desculpe a impertinência, mas não posso mais.

Juan entra com ele em sua sala e pede que se sente. O homem começa a falar: – Preciso de sua ajuda, sr. Juan. Acabei de perder tudo o que tinha, minha família, minha casa, meu carro. Preciso que me empreste dinheiro para começar de novo, para ver se consigo recuperar alguma coisa.

Juan: – E o que fez para perder tudo isso?

Empregado: – É... foi aos pouquinhos. Comecei há anos, jogando por diversão e acabei apostando tudo o que tinha no cassino. Não consigo me controlar. Mas se o senhor me ajudar...

Juan fica pensativo; lembra da reunião absolutamente decisiva que começará em poucos minutos. Ao mesmo tempo, não sabe o que pode fazer pelo pobre homem... Se emprestar dinheiro, ele vai jogar de novo, com certeza.

Enquanto isso, em outra parte da cidade, Ana já se encontrou com Nora. Estão tomando um café enquanto esperam que o shopping *abra as portas para assaltar todas as vitrines. Ana ficou espantada com a reação de Juan naquela manhã e conta a cena da cozinha para a amiga.*

Nora: – Que estranho! Pensar que era tão generoso quando eram namorados, não?

Ana: – Era, mas agora está tão obcecado pelo trabalho que entra em surto com qualquer gasto meu. Com a idade, virou pão-duro.

Nora: – É provável. Se não ficam sovinas com o dinheiro, ficam com o amor. É o que está acontecendo com Mario: sinto que já não me ama mais. Faz tempo que estamos mal, mas, sem ele, eu morro.

Ana: – Mas se está sofrendo, existem muitos homens no mundo, não vai demorar para achar alguém que a ame.

Nora: – Não posso, não sei viver sem ele... Ele é tudo para mim, é o ar que respiro, a minha energia...

Ana ouve a amiga, mas sua cabeça já está pensando nas compras: uma cortina para o box, toalhas, uma camisa para Martín... Ah!, um livro para Juan, um desses sobre o sucesso nos negócios. Vamos ver se ele fica satisfeito e para de acusá-la injustamente.

Vamos à análise: o que esses quatro personagens têm em comum? Em princípio, podemos dizer que, cada um tem um comportamento compulsivo diferente e todos sentem que, sem aquele fio terra, estarão perdidos, sem ar. Juan, sem o excesso de trabalho; Ana, sem as compras desmedidas. Entretanto, o que acontece com o empregado e com Nora? O empregado sofre de um problema chamado "ludopatia" ou adição ao jogo.[4]

Existe uma série de constantes na personalidade dos adictos ao jogo: seja como for, tentam recuperar as perdas até ficar sem dinheiro. Jogam quase todos os dias da semana e gastam tudo o que recebem. Em princípio, escondem sua compulsão da família e dos amigos e, ao mesmo tempo, evitam o contato com as pessoas como consequência das dívidas acumuladas e não fazem outra coisa, senão, pensar no jogo. Tal como acontece com o empregado em questão, pedem dinheiro emprestado ou chegam ao extremo de vender seus bens pessoais e familiares e até de roubar para manter o hábito. Geralmente, o verdadeiro adicto ao jogo não se entusiasma com a vitória, mas com o jogo em si. O dinheiro é um mero intermediário, não é um fim, já que a emoção passa por outro lado, pela tensão do jogo, pela espera, pela perda e pela revanche. O jogador precisa da emoção de mostrar a carta, lançar os dados ou ouvir a voz de quem canta as pedras do bingo, do mesmo modo que o heroinômano necessita do "pico". Embora o valor do dinheiro se dilua, a aposta possibilita a emoção aditiva e desperta a voracidade compulsiva. Da mesma forma, é a incerteza do resultado que torna a vivência do jogador tão atraente e o fato de envolver um interesse econômico faz com que a possibilidade de sair ganhador ou perdedor se torne absolutamente excitante.[5]

---

[4] Também chamada de "ludoapostopatia" ou adição à atividade de jogar apostando dinheiro.

[5] Bava, Liliana, *Cuando jugar enferma. Um camino de tratamiento terapéutico del jugar compulsivo. Ludo-apuestopatía e Ludo-apuestoterapia*, Lumière: Buenos Aires, 2004.

É um círculo vicioso tremendamente nocivo, que serve para acalmar uma ansiedade ou depressão momentânea, mas repercute cruelmente no ambiente laboral, social e familiar.

Vejamos o caso de Nora. Ela está envolvida em um relacionamento do qual não consegue se livrar porque criou uma relação aditiva com ele. Por que aditiva? Porque mesmo tendo consciência de que aquele casamento só lhe faz mal, ela não consegue se desgrudar. E, seguramente, não é a primeira vez que algo assim lhe acontece. Investigando seus vínculos anteriores, encontraríamos o mesmo tipo de dependência que existe em seu relacionamento atual. Por quê? Porque Nora é adicta às relações, cria laços extremos com as pessoas: a união é a vida; a separação, a morte. O outro nada mais é que um instrumento que lhe permite preencher o vazio afetivo sustentado por grande imaturidade emocional. Nora inventa desculpas para explicar porque continua ligada àquela pessoa e só consegue ver o que ela oferece de bom. Continua atolada nessa história graças a fantasias que só fazem encobrir sua necessidade de continuar doente. Para se curar, precisa, portanto, se afastar de quem lhe faz mal, sair dessa instância masoquista.

Voltando ao nosso tema, o comer, você dirá que é mais fácil se afastar de uma pessoa que da comida. E tem razão em um ponto, pois mesmo que alguém corte seu vínculo com a comida, vai continuar se correspondendo com ela, uma vez que precisa dela para viver. Mesmo assim, depois de se instalar no circuito aditivo, as duas situações são igualmente perturbadoras, pois o bem-estar só é alcançado por meio de uma relação pegajosa com outro alguém ou com a comida. Ambas são respostas exageradas diante de situações de dor, desejo ou fome, como quem agita os braços no ar em vez de dar pequenos passos para buscar determinada coisa e resolver, em seguida, se aquilo lhe convém.

Todas essas atitudes refletem uma tendência compensatória diante de um mal-estar ou estresse que irrompe em nossa vida cotidiana. Assim, a oferta desmedida cria necessidades que não existiam e as pessoas sem outros recursos (deprimidos ou ansiosos, por exemplo) sentem que só conseguem alcançar a felicidade consumindo. Provavelmente, nunca lhes ensinaram a fazer uma pausa.

Por acaso, não se sente irmanado a todos esses seres que tendem permanentemente para o descontrole? Você já chegou a um estado em que, se colocar na balança os quilos e os anos, obteria o seguinte resultado: de um lado, quilos de anos com pouco peso; do outro, quilos de gordura com poucos anos. Os anos pesam pouco em sensações, mas seu corpo pesa muitos quilos, não?

Dito isso, a classificação das adições é, de certa forma, apenas ilustrativa, porque se formos falar de vínculos nocivos com objetos ou atividades, o leque de possibilidades torna-se infinito. Assim como os protagonistas de nossa história ficaram presos em determinados fios da rede, veremos o espectro aditivo se ampliar, se observarmos o seu ambiente familiar e social. Temos, por exemplo, o caso da avó das crianças. Embora Ana insista em que a visitem, elas resistem. Por quê? Porque quando vão à casa da avó sempre se deparam com a onipresença da televisão. É que a velha senhora não deixa de olhar a tela por um instante, nem quando oferece um lanche ou pergunta como estão. Eles são testemunhas de como a avó devora telenovela atrás de telenovela, maneja o controle remoto com admirável destreza e para nos canais que repetem insistentemente "a notícia" do dia. Diante disso, a conversação gira em torno da idade que o protagonista da novela tinha quando sua mãe o abandonou, ou da insegurança que ronda a cidade, cheia de ladrões, estupradores e assassinos à solta. A vida da avó gira em torno da ficção, ou melhor, de uma ficcionalização da realidade. Assim como você não consegue parar de comer enquanto não deixar o prato ou a panela vazios, ela esvazia a mente de preocupações reais enchendo-a de experiências irreais: chora, ri, se emociona, sofre ou se aborrece com situações absolutamente alheias à sua vida. Tem uma necessidade compulsiva de evasão da realidade com base nos estímulos oferecidos pelo aparelho de TV. Portanto, podemos incluí-la também em nosso grupo de adictos. E, talvez, você também, que come para escamotear problemas ou festejar sucessos. Todos os pretextos são bons quando se trata de comer. Não é isso?

Se continuarmos percorrendo o ambiente dessa família, vamos encontrar outro curioso expoente de comportamentos compulsivos: o melhor amigo de Juan. Se quiser saber onde ele está, é só passar pela academia de ginástica ou ir até o parque mais próximo de sua casa e irá encontrá-lo entretido em um galope sem fim. Esse homem corre, corre, corre sem parar, apesar de o médico ter dito, várias vezes, que o excesso de exercícios não é bom para um homem da sua idade, e ainda mais hipertenso. No entanto, ele faz ouvidos de mercador e continua a correr e a praticar exercícios. Não faz isso porque é "limitado ou desobediente", mas porque descobriu nessa atividade um estado de bem-estar tão profundo que ficou grudado nela, a tal ponto que o exercício passou a ser o centro de seus pensamentos e hábitos. Por isso, busca sem cessar essa sensação de bem-estar, sem medir as consequências.

Tire a máscara por um momento e pense se não é o mesmo processo que você sofre diante da comida: come cada vez mais, sem parar, e não se dá conta do tamanho que seu corpo vai ganhando e do aumento de sua pressão arterial. Sabe o que acontece? Tanto esse atleta compulsivo quanto você sofrem da mesma doença: são como paralíticos hipercinéticos, ou seja, escondem com ações reiterativas a paralisia interna em que vivem presos. E, então, se excedem. Querem fazer algo, mas não podem, porque estão enredados em um emaranhado sem fim e é praticamente impossível encontrar a ponta do novelo, quando alguém corre sem parar ou vive com uma mão ocupada com um chocolate e a outra com um sanduíche.

Entretanto, a rede não termina por aqui, continua crescendo: adictos ao sexo, às seitas... Ou "adictos aos adictos". Sim! Não se surpreenda! Vamos tratar desse tema mais adiante: por enquanto, só posso dizer que esse tipo de adição se enquadra dentro de um comportamento chamado "codependência", com base no qual se gera uma relação muito singular entre o adicto e aqueles que se tornam dependentes do vaivém de seus comportamentos aditivos.

Todos os casos apresentados anteriormente pertencem ao grupo das chamadas "adições psicológicas ou comportamentais". Embora o comportamento seja, nesse grupo, o eixo da dependência, não podemos esquecer que toda adição implica mudança na química cerebral, já que quanto mais se repete uma sensação, mais o cérebro se acostuma com a recompensa e busca aquele prazer. A química do cérebro se modifica e aumenta a produção de dopamina (neurotransmissor euforizante) e, portanto, quando o cérebro se habitua a um nível alto de dopamina, começa a sofrer com sua carência, o que o leva à busca de uma nova experiência igualmente prazerosa: um comportamento que produz bem-estar e desperta forte tendência a se reproduzir. Quando o desejo e a exposição são constantes, estamos diante de um comportamento aditivo.

Assim, nossa aranha vai crescendo em redes e em tamanho. O número de vítimas que ficam presas em sua rede é cada vez maior. Conseguirão encontrar um jeito de se soltar? Talvez sim, mas para tentar é fundamental que cada um reconheça que tem um problema.

Chegamos agora ao momento de "ABRIR O JOGO": você sente que a comida é um problema de "toda a vida" em sua vida? Se a resposta é "sim", não hesite em continuar a leitura deste livro, pois encontrará aqui as chaves para se libertar. Se for "não" (e seu corpo diz o contrário), meu conselho é que recomece a leitura, liberte-se de todos os mecanismos de autoengano que incorporou tão bem, olhe-se no espelho e assuma de uma vez por todas que algo anda mal. Porque se estivesse realmente feliz ostentando seus quilos a mais, não estaria agora com este livro nas mãos. Por que o comprou? Por que gostou da capa, por acaso?

Retomemos a nossa história. Qual será o destino dos personagens? Como será o próximo encontro de Juan e Ana? Os filhos continuarão abusando freneticamente do celular e do computador? A avó vai se dar conta do motivo por que ninguém a visita mais? Nora vai finalmente se separar? O que fará o empregado se Juan lhe emprestar dinheiro? E Forrest Gump, chegará ao fim de sua interminável corrida?

Convido todos vocês a tecer destinos possíveis para esses personagens. É provável que, ao projetar um futuro para cada um deles, consigam criar um para vocês também. É só imaginar uma vida melhor e, em seguida, mãos à obra. No entanto, o trabalho está apenas começando e devo adiantar que ainda há muitos personagens nos bastidores, esperando para desfilar sobre esse palco tão especial, no qual é tão difícil se equilibrar e não cair, pois é composto de fios delgados, frágeis e quebradiços.

Em alguns casos, porém, a aranha é ainda mais impiedosa e não se detém facilmente. São os que apresentaremos no próximo capítulo: eles dizem respeito às adições de ingestão.

Respostas Concretas para Perguntas Possíveis

- Um comportamento aditivo gera os mesmos efeitos químicos em nosso cérebro que uma substância aditiva?

Está demonstrado que, quando praticamos determinadas atividades que nos proporcionam prazer, os circuitos neuronais são afetados da mesma forma que ocorre quando estão sob o efeito de uma droga psicoativa. Nosso comportamento manifesta as mesmas características que distinguem a síndrome aditiva: excesso, excitação, abstinência e repetição do excesso. Em suma, um comportamento aditivo atua da mesma maneira que uma substância que produz dependência. Muitos comportamentos aditivos estão, inclusive, associados a substâncias aditivas, como é o caso, entre outros, dos adictos ao sexo e ao álcool ou dos jogadores compulsivos que são fumantes.

- Por que os comportamentos aditivos se escondem, muitas vezes, sob o espectro do "socialmente aceito"?

Em primeiro lugar, justamente porque alguns deles são comportamentos tão difíceis de detectar que passam totalmente despercebidos; portanto, sua aceitação vai depender tanto da maneira como afeta o comportamento e o desenvolvimento normal do indivíduo, quanto das consequências dessa maneira de agir no ambiente que o cerca. Se partirmos desses parâmetros, não podemos atribuir o mesmo nível de gravidade aos comportamentos de um alcoólico e aos de um jogador compulsivo. Este último pode dissimular mais facilmente a sua patologia, enquanto o alcoólico não consegue fazer isso por causa do desequilíbrio orgânico que se manifesta necessariamente no estado de embriaguez.

A contraposição se produz, portanto, entre tóxicos e comportamentos aditivos. Estes últimos são mais facilmente dissimuláveis e aceitos porque seus efeitos são, em certo sentido, menos impactantes para o ambiente social. No entanto, o núcleo mais íntimo (familiares e amigos) sofre as consequências da adição da mesma forma que o ambiente mais próximo dos tóxicodependentes.

TESTEMUNHO

As armadilhas

Não podemos vê-las
Nem mesmo imaginá-las
Não colocamos sentinelas diante de nossas casas
E permitimos que entrem
Ou saímos descalços
Para cair nelas
Uma e outra vez.

As piores?
As que avançam em silêncio
As que nos consomem aos poucos
As que roubam milímetros de felicidade.

Porém, a mais daninha
É a que nós mesmos fabricamos
Sem perceber
Ao nos abandonarmos,
Ao nos afastarmos,
Ao entregarmos aos outros o timão do nosso barco

Cristina

Capítulo 3

TENTAÇÕES PERIGOSAS

"Não nos une o amor, mas o espanto...
... será por isso que a quero tanto."

Jorge Luis Borges

3.1 Adições de ingestão (objeto mais vínculo)

Aracné continua tecendo sua rede em busca de vítimas. Segrega sem parar uma substância viscosa que precisa ter grande aderência para que as vítimas não consigam se desgrudar. Essa substância é composta por várias substâncias químicas ou drogas, que serão os protagonistas deste capítulo.

Embora não seja minha intenção tingir essas páginas de exemplos que, ao contrário dos citados no capítulo anterior, nos façam reconsiderar questões como a doença e a morte, não posso deixar de abordar, ainda que em linhas gerais, os diversos mecanismos, tanto psíquicos quanto químicos, que transformam as pessoas em adictas a certas substâncias e as consequências que sua ingestão provoca.

Se entre os leitores existe alguém que pode se gabar de nunca ter sucumbido ao poder do tabaco, do álcool, dos tranquilizantes, dos antidepressivos, dos euforizantes ou da comida em excesso, que levante a mão e receba minhas mais sinceras felicitações. No entanto, devo dizer que, no mundo de hoje, é quase impossível encontrar pessoas que não cederam a alguma tentação e que, mesmo aquelas que conseguiram essa proeza, não estão isentas de ainda serem pegas pela rede. Por isso, se pretendem detectar os sinais de alerta para poder refletir e parar a tempo, caso sintam-se fragilizados e resolvam procurar uma substância qualquer como via de escape, aconselho a todos que continuem a leitura deste livro.

Há viagens que são de ida e volta, não geram complicações e são ricas em experiências e sensações. Outras, no entanto, são apenas de ida, já que, às vezes, por diversas razões, ficamos presos a situações das quais não conseguimos escapar. E, de repente, percebemos que construímos nossa própria prisão, transformando nossa vida em uma escravidão permanente.

Tal como foi dito anteriormente, a adição em si é um estado de escravidão e dependência, seja em relação a comportamentos, seja em relação a substâncias. Há uma frase que repito sempre nos grupos que coordeno: "Entramos na adição sorrindo (porque é novidade, dá prazer etc.) e não saímos nem chorando". Por quê? O que nos deixa tão paralisados que não conseguimos descobrir uma saída possível? O que nos torna tão vulneráveis aos estímulos externos que não encontramos recursos para enfrentá-los, para dizer "Não" e seguir em frente na vida? Enquanto consumimos, acreditamos que podemos controlar esse consumo, mas chega o momento em que não podemos, pois é a droga que acaba nos controlando: vivemos para consumir e consumimos para viver.

Em minha experiência, tive vários pacientes que eram adictos à cocaína. Um deles me disse uma vez: "Não posso parar de cheirar; na realidade, não quero parar. Estou nessa porque sei que posso largar quando quiser. Estou em uma etapa de consumidor forte e quem fica me dizendo para largar não entende nada. Não percebem que rendo muito mais assim". Contudo, em um dado momento, este mesmo homem começou a apresentar problemas mentais e físicos e tentou dar o tal passo atrás. Não conseguiu. Não encontrava respostas e continuava a andar em círculos. Na realidade, as respostas só aparecem quando a pessoa é capaz de suportar um longo período de sofrimento diante do "não" e aprende a conviver com a frustração.

Então, por que esse homem não consegue largar a cocaína? Porque não tem capacidade egoica suficiente e não suporta a ideia de viver sem essa satisfação instantânea que a droga proporciona. Para citar Robert Johnson, ele não percebe que "a adição não é mais que um substituto muito degradado de uma verdadeira experiência de gozo".

O que acontece com o vínculo com a comida? Em princípio, a história é parecida. Como é que você já fez trinta ou quarenta dietas em sua vida, se cada vez que começava cada uma delas dizia que era a definitiva? Foi seduzido pela comida ou estava de joelhos, só esperando que ela lhe caísse em cima? Talvez sentisse, enquanto mastigava sem parar, que tinha um desempenho melhor (como o cocainômano) e, agora, a balança lhe diz que, na realidade, fazia de conta que rendia, mas estava sendo anulado.

Existem muitas teorias que tentam dar respostas às perguntas anteriores. Em *O mal-estar na cultura*,[1] Freud aborda aquilo que identifica como a origem da toxicomania e fala de um caminho: a busca da felicidade. Observa que essa busca não está contemplada na natureza do ser humano: ao contrário, as exigências da vida vão contra a tão desejada felicidade. Diante disso, o que faz o Homem para mitigar o sofrimento que a renúncia lhe impõe? Busca satisfações substitutas ou distrações poderosas capazes de fazê-lo esquecer sua miséria ou, então, recorre aos narcóticos. Sobre estes últimos, Freud afirma que são os mais poderosos e efetivos, pois geram uma reação imediata e não somente evitam a dor, mas também proporcionam prazer e produzem a ilusão de independência em relação ao mundo exterior, à cultura em geral. Portanto, para Freud, o tóxico tem uma localização precisa: é o mais poderoso instrumento para evitar o encontro com a verdade do ser falante, que é o sofrimento da vida, marcado pelo encontro do sujeito com a cultura.

No entanto, a independência absoluta é ilusória, já que quando a pessoa tenta se libertar da cultura, passa a depender de um produto: a droga. E continua escravo, imerso em um estado ainda mais angustiante e menos controlável que aquele que quis evitar.

Quando alguém é dependente de um objeto, costuma humanizá-lo, e necessita dele como se fosse uma pessoa ou algo muito transcendente. (Nunca ouviram alguém dizer que o cigarro era seu "companheiro inseparável" ou viram alguém dando "muitos beijos" em uma garrafa de vinho?) Esse processos de personificação dos objetos são chamativos e significativos, pois, graças a eles, entra em jogo uma espécie de vínculo afetivo com a substância, que, por sua vez, fortalece a dependência. Assim, e pela mão desses "queridos amigos", ingressamos nas redes mais fortes e aderentes da teia de aranha e, uma vez lá, confusos, sem saber o que fazer, percebemos que caímos em uma armadilha: o amigo se transforma em carrasco e, lentamente, mas sem piedade, vai nos aniquilando.

Já havia dito antes que não era minha intenção fazer com que ficássemos todos deprimidos, chorando em uníssono. Minha ideia, ao incorporar tais conceitos é que, juntos, possamos refletir e entender o que está acontecendo conosco. Às

[1] Freud, Sigmund. *O mal-estar na cultura*. Tradução de Renato Zwick. R&PM: Porto Alegre, 2010.

vezes, é necessário enfrentar logo de cara as causas do estado que nos aflige para vislumbrar, em seguida, os outros caminhos possíveis para a felicidade. A tolerância à frustração é um dos pontos de partida para colocar um freio no processo aditivo. Em que consiste? Em assumir que nem sempre se pode estar bem, que se sentir bem não é uma obrigação. Na realidade, é uma elaboração dos maus momentos para aceitá-los e resolvê-los, não para evitá-los. O adicto tem uma tendência a procurar sempre o prazer, a ficar bem. E, na vida, há muitos momentos que não são divertidos, e que, sem necessidade de serem trágicos, são simplesmente chatos, tediosos. No entanto, embora o tédio seja muitas vezes o estado mais propício para o desenvolvimento aditivo, também pode ser a plataforma de lançamento para o desenvolvimento da criatividade ou para dar um tom inesperado ao ócio. Nas palavras de Blaise Pascal: "A grande maioria dos problemas da humanidade provêm da incapacidade do Homem de sentar-se tranquilamente, sozinho, em um aposento".[2]

É certo que circulam na sociedade milhares de discursos que pretendem amenizar o tédio por meio do consumo. Uma paciente comentou, certa vez, em um grupo, que ficou indignada ao ver um cartaz na rua dizendo: "Combata o tédio, Mantecol". Como estava comprometida com o tratamento, ficou indignada, mas, em outro momento, certamente teria corrido para o quiosque mais próximo e se empanturrado com o famoso doce.

Não podemos estar alegres ou confiantes o tempo todo; também não devemos ser sempre céticos e desconfiados. A ideia é encontrar uma medida, pois não se pode gozar constantemente. É preciso definir o que é o prazer puro do gozo puro e o que é a felicidade.

Quando os pacientes dizem que engordaram porque pararam de fumar não se dão conta de que, na realidade, apenas mudaram o nome da adição e, agora, em vez de se encherem de fumo, se enchem de comida. Que vida é essa, não? Não posso fumar, não posso beber, não posso comer... E se experimentasse, por exemplo, o sexo? No entanto, para comer, fumar ou beber, não é preciso de ninguém, uma vez que são atos bastante mastubartórios. Já para fazer sexo é necessário um parceiro. E, muitas vezes, é aí que reside o problema: quem não encontra alguém fica vazio do conteúdo da vida e vai buscar preencher esse espaço justamente nos objetos, dedicando-se a afanar coisas de fora, em vez de procurar um pouco do lado de dentro, para descobrir quem é e como é. Então, eu me deixo levar pelo

---

[2] Pascal, Blaise. *Pensamentos*, coleção Os Pensadores. São Paulo: Abril Cultural, 1973.

mundo e sucumbo diante do ambiente tóxico que me oferece *junk-food*, tabaco, heroína, cocaína... Deepak Chopra resume, da seguinte maneira, este conceito:

> Todos sentimos o efeito desse vazio espiritual e podemos responder de várias maneiras, segundo quem somos e as circunstâncias em que nos encontramos. Mas é importante reconhecer que, em nossa sociedade, muitas vezes as respostas diante das aspirações espirituais assumem formas materiais.

No caso dos toxicômanos, o caminho para os terapeutas seria tratar o paciente com uma forma particular de prazer, sugerida pelo próprio doente, além de trabalhar com aquilo que eles acham que sabem (mas no fundo não sabem) e com aquilo que há de concreto em seu discurso, ao invés dar ouvidos a sua fala eufórica. Assim, quando o adicto toma a palavra para contar seu sofrimento, ele impõe uma barreira que o distancia desta dimensão de realidade que parece ter a adição.[3]

Entretanto, existe uma figura que condensa o processo de queda na rede aditiva de um modo bastante esclarecedor: o jogo de relações. É paradigmático o caso de um mau casamento que atravessa as seguintes fases:[4]

- **Paixão**: Nossas experiências anteriores com a droga ou a atividade em questão deixaram uma impressão prazerosa em nós, o que proporciona um "efeito de boas-vindas".

- **Lua de mel**: Sob estresse, buscamos externamente a experiência recordada como prazerosa e aliviadora. Só vemos os aspectos positivos, que experimentamos até o final.

- **Traição**: A droga ou atividade que nos serviu, agora nos engana, nos enfrenta.

- **Queda**: Ignorando a montanha de evidências sobre as consequências negativas, tentamos recapturar a lua de mel e aumentamos nossa prisão.

---

[3] Altomare, Daniel, *Las sombras del goce. Para uma clínica de las adicciones*. Letra Viva: Buenos Aires, 2006.

[4] Washton, A. e Boundy, D. *Willpower's not Enough. Recovering from Addiction of Every Kind* Harper Collins: Nova York, 1989.

- **Prisão**: Quanto mais queremos romper a adição só com a força de vontade, mais presos a ela ficamos.

Como vemos, a dependência psicológica é um elemento-chave nesse tipo de patologia, pois constitui o fator desencadeante da adição, já que sem os comportamentos compulsivos de busca do prazer, a substância não penetra no organismo. Trata-se, então, de reconhecer, de aceitar nosso lado vulnerável que, no caso da obesidade, expressa-se no excesso de comida e de peso, e que em outros âmbitos se evidencia no excesso de álcool, de drogas, de tabaco, de trabalho, de gastos etc. Uma vez detectado o nosso lado vulnerável, é preciso cuidar dele, não questioná-lo. Temos de saber que ele é estrutural em nossa vida e que não vai desaparecer, sempre estará lá, esperando o nosso "Sim". Um adicto vive constantemente em recuperação, em distintas fases desse processo, mas nunca perde sua condição de adicto: mesmo que não desenvolva ativamente a condição, ela estará sempre latente. No entanto, com treinamento pessoal e grupal, a afecção pode passar a fazer parte de minha vida, com base em uma revinculação saudável, e não no padecimento culpado.

Contudo, é preciso manter o instinto primário sob vigilância e, para isso, é necessário conhecê-lo, observá-lo, saber que situações conduzem à sua explosão. Isso requer treinamento, que se obtém com o exercício continuado de hábitos não aditivos – um processo que leva tempo: não se acaba em poucos dias com o que foi construído em mais de vinte anos de gordura.

Entendemos, então, que as sensações físicas, os aromas, os sabores, as consistências e o prazer sexual se conectam e exigem repetição uma e outra vez. Essa "exigência", respondida de maneira indiscriminada e imediata, encontra-se na base dos comportamentos de dependência e adição. É muito provável que, em um mundo caracterizado pelo *distresse*, a ativação imediata do centro de prazer represente um poderoso mecanismo *antiestresse*; mecanismo este que compensa o que o intelecto ou a razão não pode obter ou, pelo menos, não com o imediatismo e a velocidade que pensamos precisar.

No entanto, o que o centro de prazer não discrimina, o que não pode prever são as possíveis consequências negativas do prazer imediato a longo prazo. O imediato é prazenteiro, mas..., o que acontece, se essa busca do prazer imediato não for controlada? A ausência de controle, de limites e de saciedade, o encadeamento reiterado de "gozos" ilimitados ("Quero mais, quero tudo para mim e quero já!") provocam consequências não previstas ou negativas. E, mesmo no caso em que os possíveis riscos futuros sejam previsíveis, *já não importa*. O automático e a repetição compulsiva trazem consigo um querer e não poder; só que agora se trata de querer parar e já não poder.

O sujeito sente o aperto da teia de aranha e começa a viver como alguém preso sem saída. É o começo do circuito do sofrimento, da culpa, da impotência, da resignação, do mau humor e da queda da autoestima.

3.1.1 Sistemas de recompensa

No caso das adições de ingestão, todos os processos psíquicos desembocam e convivem com o consumo de substâncias que, por sua vez, geram um processo químico que estabelece as bases da dependência física. Convido-os, agora, a dar boas-vindas a um dos principais atores dessa história: o cérebro humano. Por que tanta importância? Porque cada sentimento, pensamento ou ação das pessoas envolve milhões de células nervosas que se intercomunicam por meio de complexos agentes químicos chamados NEUROTRANSMISSORES. Se, como já foi dito no capítulo anterior, os impulsos psicológicos são suficientemente poderosos para provocar um desequilíbrio químico no cérebro, sem necessidade de utilizar nenhuma outra substância, imagine o que acontece sob a ação delas.

A sensação de bem-estar que o consumo de determinadas substâncias produz é fruto de transformações bioquímicas no cérebro, pois estas agem diretamente nos neurotransmissores e, por conseguinte, produzem transtornos na comunicação entre os neurônios.

O que são os neurotransmissores? São substâncias químicas cerebrais responsáveis pela transmissão de estímulos, tais como: a motivação, as emoções e os instintos. Eles intervêm no estado de ânimo e provocam entusiasmo ou desânimo, segundo um conjunto complexo de estímulos e aprendizagens que cada sujeito acumula durante a sua vida. Os principais neurotransmissores são:

ACETILCOLINA: Foi o primeiro a ser descoberto.[5] Suas funções são múltiplas. É responsável por grande parte da estimulação dos músculos, inclusive os que compõem o sistema gastrointestinal, e participa também da regulação do sono.

---

[5] A descoberta se deve ao alemão Otto Loewi que, mais tarde, ganhou o Prêmio Nobel por seus estudos sobre a química do cérebro.

NOREPINEFRINA: É um neurotransmissor fortemente associado com a colocação de nosso sistema nervoso em "alerta máximo". É responsável, junto com outros fatores, pelo aumento da frequência cardíaca e da pressão sanguínea. A norepinefrina, também conhecida como (nor)adrenalina, é o grande neurotransmissor da excitação, da aceleração, do estado de alerta e de ataque. Esse neurotransmissor pode ser facilmente associado a afirmações como: "Vamos, adrenalina a mil!"; "Estou ótimo, com a adrenalina lá em cima..." Considera-se, inclusive, que certos sujeitos não apresentam adição a substâncias externas, mas a seus próprios neurotransmissores e, principalmente, à adrenalina: são os adictos ao perigo, "vivendo no limite, à beira do abismo" e desafiando a morte.

DOPAMINA: Fortemente associada aos mecanimos de recompensa do cérebro e às energias. Todo um conjunto de substâncias, que vão desde a nicotina até as farinhas, passando pelo álcool e pela cocaína, aumentam sua produção e, por isso, a vivência imediata e fugaz de euforia e energia.

ENDORFINAS: São um "anestésico natural" contra a dor; um estimulante e gratificante gerado, entre outros fatores, pelo riso, pelo sexo e pela atividade física.

SEROTONINA: É associada à calma, à paz, a sensação de alívio, à serenidade de espírito, ao sorriso. Em níveis excessivamente baixos, relaciona-se com a depressão e com o comportamento obsessivo-compulsivo. Seus níveis baixos também estão intimamente associados ao aumento do desejo de ingerir carboidratos.

ÁCIDO GAMA AMINO BUTÍRICO (GABA): Associado com o freio ou controle dos estímulos excitantes que levam à ansiedade. Sua ausência ou deficiência – que se verifica nos obesos, embora sem explicação clara – gera ansiedade, inquietude, voracidade e, novamente, necessidade de ingerir carboidratos.

Assim como anunciam essas definições, fica muito claro que várias substâncias externas ao organismo e de diversos tipos (nicotina, carboidratos, álcool, entre outras), tal como determinadas situações ou comportamentos, afetam os neurotransmissores de forma que o cérebro os produz de maneira excessiva e/ou insuficiente. Essas mudanças, somadas a outros fatores como estrutura de personalidade, modo de vida e herança genética, produzem um comportamento particular, aditivo, que é reflexo de um desequilíbrio químico persistente.

3.1.2 Atrações fatais

A categoria da toxicomania como doença psicopatológica é moderna.[6] Sabemos que o consumo de diferentes tipos de drogas ocorreu durante toda a História da humanidade. Conhecemos, inclusive, o seu valor como experiência mística e sagrada em vários povos, sem que isso comporte qualquer valor patológico determinado.

A toxicomania pertence às chamadas "doenças sociais" e, quando uma enfermidade ganha o rótulo de mal social, as consequências se verificam na quantidade de instâncias que intervêm sobre ela. Toda a trama social tenta abordar essa questão das mais diversas perspectivas: o sistema jurídico, o sistema policial, o sistema sanitário, o sistema educativo etc.

Os cérebros e os comportamentos dos adictos a substâncias não são iguais aos das pessoas não adictas, já que o abuso de uma droga altera de forma radical os circuitos neuronais que regulam as sensações de prazer, criando progressivamente uma forte dependência fisiológica da droga em questão. Quando a dopamina, neurotransmissor básico do prazer e da energia, é ativada, ela proporciona com frequência "mais prazer que o esperado". A dopamina é o eixo de cada uma das coisas que provocam bem-estar: ela penetra nas células cerebrais e constrói uma memória permanente relacionada ao fator que gerou essa sensação e à sua procedência. Nos casos mais graves, esse processo converte o adicto em uma marionete absoluta de seu cérebro, que o obriga a desejar mais droga de forma compulsiva.

Ao mesmo tempo, embora a adição esteja indiscutivelmente ligada a certos fatores biológicos, isso não quer dizer que os aspectos ambientais do problema possam ou devam ser deixados de lado. Não há dúvida de que continua a ser muito importante compreender os contextos sociais em que as toxicodependências surgem para chegar ao tratamento mais efetivo.

Vários personagens foram colocados na seguinte rede. Quem são eles? São algumas das substâncias que geram adição:

---

[6] Sillita, *Alcoholismo y adicciones*. CEP: Buenos Aires, 1993.

COMIDA
CAFÉ
ÁLCOOL
HEROÍNA
MACONHA
FÁRMACOS
COCAÍNA
NICOTINA

ÁLCOOL:
Seu componente, o etanol, diminui as funções cerebrais superiores.

NICOTINA:
Alcaloide extremamente aditivo que atua como estimulante e sedativo do sistema nervoso central.

MACONHA:
Seu princípio químico ativo (THC) aciona a dopamina e altera as funções mentais.

HEROÍNA:
Produz uma liberação excessiva de endorfinas.

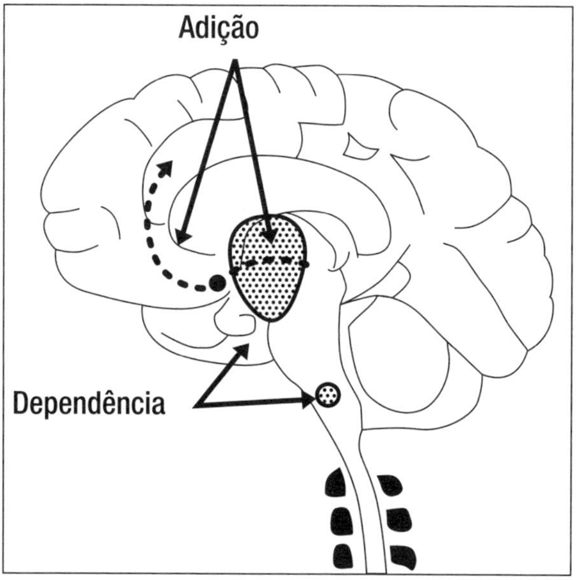

COCAÍNA E ANFETAMINAS:
Aumentam os níveis de dopamina, serotonina e norepinefrina.

ANTIDEPRESSIVOS:
Aumentam os níveis de serotonina.

FARINHAS, AÇÚCARES, CHOCOLATE, GORDURAS E SAL:
Aumentam os níveis de dopamina, serotonina e norepinefrina.

ANALGÉSICOS:
Aumentam a presença do GABA.

Embora a análise de cada uma das adições supere os objetivos deste livro, uma breve ampliação do que foi esboçado no esquema anterior permitirá melhor compreensão dos processos aditivos.

No caso dos fumantes, a estimulação é muito breve, pois a cortisona que inibe os efeitos da nicotina atua imediatamente, produzindo depressão e fadiga, o que induz a buscar mais droga e a consumir cada vez em maior quantidade para manter o efeito.

Sob os efeitos da maconha, o indivíduo apresenta alterações da função mental, pois são ativadas as respostas cerebrais de recompensa, o que facilita a desconexão da realidade e proporciona uma sensação de calma e tranquilidade.

Nos alcoólicos, o etanol diminui as funções cerebrais superiores, como o raciocínio, a percepção e o controle. Em altas doses, afeta a respiração e a consciência.

O efeito estimulante da cocaína, por sua vez, produz no consumidor um estado de hiperatividade e, portanto, ela é utilizada também para combater a fome e o cansaço.

A heroína é uma droga altamente aditiva, que atua como suporífero e tranquilizante, ao mesmo tempo em que proporciona uma agradável sensação de bem-estar.

Sob a ação das anfetaminas, a atividade dos centros emocionais do cérebro é incrementada. Misturadas com substâncias químicas alucinógenas, dão origem ao Ecstasy, droga que produz aumento de energia, sentimentos de euforia e sensação de plenitude.

Os consumidores de antidepressivos não experimentam apenas alterações do humor, mas também do apetite e dos padrões de sono.

Por último, sabe-se que o consumo abusivo de analgésicos gera diminuição das reações cerebrais, pois a droga diminui os níveis de comunicação entre os neurônios.

Em todos os casos anteriores, o denominador comum é a busca de um estado diferente, de uma solução momentânea.

3.2 Quem come quem?

Se analisarmos o quadro das adições por ingestão, veremos que as que se relacionam com a comida estão em uma coluna "única", separada das adições a diversas substâncias químicas que não são nem necessárias, nem vitais. Nas adições químicas, a maioria dos tratamentos implica a suspensão absoluta de ingestão tóxica: nada de álcool, cocaína, heroína, é o comportamento a ser mantido. Claro que isso não vale para a comida: a substância "comida" é vital e necessária. Entretanto, vamos por etapas e comecemos nos perguntando: por que se come?

Comemos por tentação, por causa do aroma e de todos os sentidos: o sentido da visão (tentador), o sentido do olfato (que faz com que se vá atrás), o sentido do gosto (induz à repetição), o sentido da audição (ruídos e palavras que representam imagens). Mas, quando se começa a comer, tudo depende de que tipo de comida está sendo ingerido e da estrutura da personalidade de quem come. Se nessa estrutura, o comer é gratificante, mas não é tudo, ele chega até um limite e para, pois o sistema leptina-grelina-exina é bem organizado, assim como tudo que se relaciona com o equilíbrio do sistema hormonal. Contudo, em outros casos, esse equilíbrio se rompe pela ingestão constante decorrente da ansiedade ou de um hábito repetido, por tédio ou por intolerância à frustração. Pouco a pouco, a quantidade aumenta até gerar uma relação de dependência patológica com a comida. Muita gente entra na engorda paulatina por estresse, o que faz com que a necessidade de uma dose seja veemente e voraz. Depois de engordar e de incorporar esse comer compulsivo ao funcionamento do organismo, a gordura já desestabilizou o equilíbrio corporal e o comportamento já funciona de forma imediata, automática e mecânica. Consequentemente, quando a pessoa quer parar de comer, ela não consegue mais.

Em todo o circuito anterior, os chamados "desejos" e "tentações" têm grande relevância. Os primeiros são mentalizações de determinadas vontades que se transformam em momentos obsessivos, em desejo de comer algo. As tentações são externas, pois há pessoas que, se não veem, não comem, não cheiram e não ouvem: esquecem a comida. Se vivem em um ambiente ascético de alimentos, não ficam ligadas à comida. Entretanto, basta um estímulo para que embarquem: isso é a tentação.

Geralmente, o início do processo de comer demais acontece em situações de estresse aliviadas de imediato por um sabor agradável. Como afirma Daniel Goleman: "A comida pode ter uma influência notável no estado de espírito e pode, inclusive, atuar como automedicação, como acontece com os remédios".[7]

---

[7] Goleman, Daniel, *Inteligência emociona: a teoria revolucionária que redefine o que é ser inteligente*. Tradução: Marcos Santarrita. Objetiva: Rio de Janeiro, 1996.

Entretanto, quem começa a comer desse modo, provavelmente faz isso porque não enxerga risco algum, pois não é gordo, e, na verdade, não sabe que todas as comidas têm capacidade de entrar e pouca vontade de ir embora.

Para concluir essa primeira parte de nossa teia de aranha, quero compartilhar com você a seguinte reflexão de Dante em sua *Divina comédia*: "a única forma de saber como sair do Inferno é colocar-se em seu próprio centro, em sua parte mais incandescente".

No próximo capítulo, analisaremos, de maneira mais exaustiva, a geração do fenômeno aditivo com base na comida. Mergulharemos nos genes, nos hormônios e nos neurotransmissores e desentranharemos os mecanismos que produzem o desequilíbrio desses elementos.

Respostas concretas para perguntas possíveis

- O mistério de quem come quem será revelado?

Isso equivale a dizer: comemos a comida ou é a comida que nos consome? Ou ainda: ingerimos o tóxico ou o tóxico acaba nos consumindo? Parece que a resposta é óbvia. E os tóxicos vão sobreviver à pessoa, mas nós não sobreviveremos aos tóxicos. Enfim, se não fizermos algo para deter seu avanço, eles acabarão nos consumindo e nos matando.

Por si mesmos, os tóxicos seguem muito bem o seu caminho e não há nada que pareça capaz de detê-los. Não quero ser fatalista, mas essa é a realidade. Você deve ter 30 ou 40 anos e já está mais que na hora de ficar sabendo de um monte de coisas que talvez não conheça. O que não quer dizer que os adultos ou velhos não melhoram notavelmente sua qualidade e duração de vida, quando fazem um tratamento de sucesso. Nascemos em um ambiente tóxico que consome tóxicos. O difícil é lutar contra mecanismos de gratificação que antes não existiam.

- A indústria da alimentação pode ser regulamentada?

Os produtores de alimentos já são obrigados a informar os níveis nutricionais de alguns alimentos que se proclamam benéficos para a saúde. A realidade revela que são poucos os que exibem tal informação e que ela ainda é inadequada. Na Europa, qualquer modificação das leis exigirá tempo, pois necessita de um consenso dentro da União Europeia. Parece que as grandes corporações da indústria alimentícia não prestaram – muita ou pelo menos – a atenção devida aos recordes atuais de obesidade, de modo a dar início à mudança por si mesmas e sem necessidade de legislação alguma. A sentença de um processo legal contra a cadeia de *fast-food* McDonald's concluiu que a empresa era responsável por deixar as pessoas mais obesas. A primeira ação legal contra essa "aprazível" cadeia de alimentação dizia que eles erravam, de maneira clara e conspícua, no conceito que faziam dos efeitos e ingredientes de sua comida (muitas delas com altos teores de gorduras, sal, açúcar e colesterol). Em julho de 2003, diante da possibilidade de iminentes ações legais, a Kraft Foods anunciou a redução do tamanho das porções, do teor de gordura, açúcar e sal contidos na maioria de suas marcas. No Reino Unido, o McDonald's anunciou que diminuiu, desde o início de 2005, o tamanho de suas porções e incorporou pratos e opções dietéticas e/ou *lights*.

SEGUNDA PARTE

O beijo da cruel aranha

Capítulo 4

A EMBOSCADA

Segunda-feira, sete e meia da manhã. Silvia se levanta e começa sua rotina diária. Vai para o banheiro tomar banho, mas, antes, como todo dia, sobe na balança... Não pode ser! Dois quilos a mais?! Se pesava 90 quilos na sexta-feira, como é que essa balança está marcando 92 agora? Irritada, começa o banho e pensa como é que pode ter engordado tanto. É verdade que não fez a dieta ao pé da letra, que na sexta à noite foi à casa de Marta e não conseguiu resistir aos canelones caseiros que a amiga ofereceu. É que... estavam tão deliciosos...! No entanto, três canelonezinhos não podem engordar dois quilos! Talvez tenha sido o vinho, pois, embora só tenha tomado dois copos, dizem que o vinho fixa as gorduras. Ou a sobremesa... mas era torta de maçã, e maçã não engorda...

Continua a recordar... O que comeu no sábado? Ah! É verdade que teve um churrasco no almoço, na casa da filha... Mas, acontece que se cuidou, só comeu carne com salada... e um sanduíche de linguiça. Senão, que sentido tem um churrasco? E também era um sanduichinho, não pode ter engordado tanto. Além do mais, não comeu mais nada até à noite. Foi ao cinema com Mario, seu marido, e apesar de ver todo mundo comendo pipoca sem parar, não comprou. Depois do cinema, foram comer uma pizza, mas ela se cuidou: só comeu duas porções e antes da dieta sempre comia quatro ou cinco. Na verdade, não entende o que aconteceu. E, no domingo... De manhã fez ginástica, depois se cuidou, comeu frango com tomates e só transgrediu um pouquinho no lanche, comeu uns biscoitinhos. O jantar foi leve, mas talvez tenha comido muito pão...

Sai do chuveiro e se olha no espelho. Tenta encontrar alguma forma harmônica em seu corpo, mas não consegue, a imagem lhe devolve um par de seios gigantes, um ventre protuberante, pernas que há muito deixaram de ser excitantes. Antes, costumava se gabar de ter lindas pernas, agora nem isso. Contempla seu rosto e reconhece um lampejo de beleza em seus olhos, olhos que eram tão expressivos e que agora se perdem como duas luzinhas no fundo de sua cara inchada. O que houve? Como chegou a esse estado?

Posso dizer que o caso de Silvia é um exemplo claro do que acontece com uma pessoa que quer e não consegue. *Quer* porque quando se olha, não se reconhece naquelas formas redondas que a cobrem, mas, por outro lado, *não consegue* parar de comer. Está enredada em seus próprios pensamentos, cálculos e especulações. Mente para si mesma e se autoengana sem parar. Sabe perfeitamente que transgrediu, que comeu demais, porque do contrário não teria acrescentado aqueles dois quilos à sua silhueta já tão degradada. No entanto, tenta se libertar da culpa minimizando o tamanho das porções: três canelonezinhos, um sanduichezinho de linguiça, duas porções de pizza... Empilhou calorias sobre calorias e, embora minta para si mesma, seu corpo revela a verdade.

Pois bem, é preciso perguntar porque a vontade de Silvia sucumbe em determinadas situações e diante de certos alimentos. O componente psicológico é, sem dúvida, crucial no processo de engorda, pois a pessoa chega a um ponto em que já incorporou tantos mecanismos compulsivos, evasivos, transgressores e, ao mesmo tempo, de culpa e autoenganadores, que já não sabe mais para que lado atirar. Está tão grudada à comida e a esse mecanismo que não pode mais escolher. Porque para escolher a forma como quer viver (magra, linda, ágil, saudável) precisa, em primeiro lugar, desestruturar o estado em que está e treinar uma nova escolha. E não se trata de uma tarefa fácil quanto a mente da pessoa está obscurecida pela presença da substância aditiva. Dissemos que o corpo de Silvia falava a verdade. E qual é essa verdade? Muito simples: Silvia mede 1,65m e pesa 92 quilos. Calculando seu Índice de Massa Corporal (IMC), veremos que é de 33,8, cifra que confirma a obesidade. A obesidade é: "O excesso de gordura corporal que afeta a saúde psicofísica do indivíduo". Existem diversos métodos para medir esse excesso de gordura. O que se aplica ao caso de Silvia é conhecido como Índice de Massa Corporal.[1]

Como se calcula o IMC? Dividindo o peso da pessoa por sua altura ao quadrado:

$$\text{IMC} = \frac{\text{peso}}{h^2}.$$

[1] Método desenvolvido pelo matemático belga L. A. Quetelet, em meados do século XX.

Proponho que calcule agora mesmo o seu IMC. A tabela seguinte pode ajudá-lo a determinar se apresenta um sobrepeso ou é obeso e em que grau.

IMC	Tipo de peso	
Menos de 18,5	Menos que o normal	
18,5 – 24,9	Normal	
25,0 – 29,9	Sobrepeso	
30,0 ou maior	Obesidade →	30,0 – 34,9 . Tipo I
	→	35,0 – 39,9 . Tipo II
	→	Mais que 40, 0. Tipo III (mórbida)

Pois bem, se Silvia tivesse vivido dez mil anos atrás, teria sido uma esbelta caçadora que colhia os frutos da terra, como quase todos os seres humanos daquela época. Na realidade, os gordos começaram a existir quando surgiram a agricultura e a pecuária e paramos de correr atrás de comida. A quantidade de gente com excesso de peso foi aumentando paulatinamente até chegar às cifras alarmantes da atualidade, que revelam que nunca houve tantos gordos no planeta. Mas por quê? Porque hoje, mais que nunca, temos um modo de vida para o qual nosso organismo não foi desenhado nem está preparado, ou seja: não fomos projetados para a vida de opulência, para encher carrinhos nos supermercados ou, mais ainda, fazer pedidos pelo telefone. Fomos criados, isso sim, para andar em busca de alimento e correr atrás da comida, como faziam os homens primitivos.

É que o Homem, na realidade, foi moldado por milhões de anos de fome e escassez de comida. Essa escassez teve um forte impacto em nossos genes, já que só sobreviviam os indivíduos que tiravam maior proveito energético da pouca comida que ingeriam. Surge daí a teoria do gene poupador, que me parece central para entender certos aspectos da epidemia atual de obesidade. O conceito é o seguinte: diante da carência de alimentos, as pessoas a quem a genética permitia armazenar melhor – em forma de gordura – a energia ingerida, eram as mais resistentes, as que sobreviviam. Portanto, se esse desenho genético foi muito útil em determinados momentos, na opulência atual ele torna-se inconveniente.

O dr. Enrique Campillo,[2] especialista espanhol em nutrição, sustenta que a obsesidade é uma doença da opulência, como o diabetes II, a hipertensão e a

---

[2] Campillo Alvarez, José Enrique. *O macaco obeso.* Dom Quixote: Alfragide, 2008.

arteriosclerose. Concordo plenamente com ele, pois considero que todas essas doenças são sintomas de uma desarmonia entre nosso desenho evolutivo e a vida opulenta. Portanto, a pressão do ambiente, a pressão das comidas, a pressão da calma fizeram com que o organismo acreditasse que está em um mundo onde não existe mais a possibilidade de andar ou em um mundo que parece estar se preparando para uma nova forma de vida e, por isso, está mudando a forma do Homem. O caçador ingeria alimento para poder correr atrás de sua presa; contudo, não acumulava gordura porque não podia ficar pesado (precisava se mover com rapidez), nem podia ser frágil ou de constituição débil. O que aconteceu para que o Homem ficasse gordo? Porque é evidente que ficou difícil para o corpo modelo século XXI abandonar o excesso e informar ao mecanismo de necessidade corporal que não deve continuar comendo, pois as calorias que acumulou já são suficientes.

O que aconteceu com o corpo durante todos esses anos? Foi mais comida que entrou ou menos movimento que ele fez? Para além do que aconteceu, é urgente encontrar novas formas capazes de fazer com que o comer provoque menos interesse. Uma das maneiras é: quanto menos como, menos necessito, menos fome tenho, menos me atrai a comida, embora o sistema imunitário antiengorda tenha se rompido, ou seja, houve uma conversão de um circuito nitidamente bioquímico de sobrevivência (com base na sua associação com prazeres respectivos) em um prazer independente da necessidade biológica. O ambiente tóxico, a estrutura alimentar, o consumismo, o desenvolvimento, o progresso e a globalização contribuem, sem dúvida, para aumentar o problema.

Por que, apesar do ambiente tóxico, o Homem não "emagreceu" sua fome e seu desejo de comer? A única explicação é o que antes não era tão cerebral, agora passou a ser. Fixou-se uma zona no cérebro, assim como a nicotina se fixa em um corpo. A nicotina não existia antes e não havia receptores nicotínicos. Criou-se uma falsa necessidade, adquirida. É como dizer: "Tenho dinheiro e quero consumir". Por que o habitante da capital, sem dinheiro, é um perigo? Porque é estimulado a consumir e não suporta não consumir. Entretanto, o habitante do campo, que não tem dinheiro, não consome e nem saberia o que fazer com ele.

Por isso, diante da mudança dos hábitos alimentares, o corpo humano se viu submetido a uma defasagem química que o desequilibrou. Assim, o organismo precisou recorrer a estratégias de compensação que se mostraram daninhas e acabaram por mergulhá-lo cada vez mais nas redes da teia de aranha aditiva. Nosso corpo caiu, portanto, em uma armadilha na qual os genes, os neurotransmissores e os hormônios estão envolvidos como atores principais. Certos ingredientes silenciosos, como os carboidratos, os açúcares, as gorduras e o sal também apareceram, de início inocentemente, para logo se transformerem nas principais causas daquilo que atualmente chamamos de "sindrome metabólica"... De que morre o Homem do nosso tempo? De obesidade, diabetes, hipertensão ou arteriosclerose.

4.1 Genes, hormônios e neurotransmissores

Com o objetivo de entender melhor o mecanismo da armadilha em que nossos corpos caíram, podemos perguntar, por exemplo:

- Um **gene herdado** pode condicionar a quantidade e a qualidade de comida a ser ingerida?
- Um **neurotransmissor deficiente** pode determinar meu humor? Serei obrigado a compensar esse estado de espírito ingerindo determinados alimentos?
- A relação entre os encarregados da regulagem de nosso estado anímico e físico é inseparável das **substâncias** que ingerimos?
- É provável que eu continue a comer porque um determinado **hormônio** falhou e não avisou ao cérebro que meu corpo já recebeu calorias suficientes?

Vamos por etapas. Como disse anteriormente, a regulação e a dinâmica do organismo se defasaram em razão da assimilação de determinadas substâncias, sobretudo neste último século – já que, nos anteriores, elas não existiam ou eram consumidas em quantidades moderadas. Pois bem, para uma abordagem mais compreensível dessa complexa trama, imaginemos várias autoestradas dentro do cérebro – que se conectam entre si em seus trajetos – que nos levam a dois únicos lugares, que poderíamos chamar de centro de prazer e centro de desprazer. Cada autoestrada transporta, de um centro a outro, grandes quantidades de automóveis que, no entanto, só têm três cores: hormônios, neurotransmissores e genes. Quando acontece um desequilíbrio na quantidade desses carros em circulação nas autoestradas, isso se reflete, desde o cérebro, em comportamentos que nos levam a aderir, além da nossa vontade, a determinadas substâncias ou a realizar atos intimamente ligados a tais hormônios e neurotransmissores carentes ou excessivos, para garantir um equilíbrio desses centros de prazer e desprazer que eles tentam regular.

O que causou esse desequilíbrio? A chegada dos "novos, silenciosos e atrevidos passageiros": os carboidratos refinados, o açúcar, o sal e certas gorduras. E eles estão nos destruindo. A mudança social do último século acompanhou toda essa explosão de produtos e acrescentou o estresse, acentuando nosso descontrole. Enfim, o emaranhado já estava armado e nós nascemos grudados nele.

Pois bem, em virtude do surgimento desses "novos passageiros", os carros ficaram enlouquecidos: às vezes, vão e vêm em alta velocidade e não respeitam sinais; estes últimos, por sua vez, já se renderam e, em geral, não funcionam direito. Então, os carros batem ou tomam caminhos imprevistos. Todas as possibilidades existem quando o cérebro está superestimulado, desestabilizado, intranquilo e maltratado.

A imagem a seguir ilustra como nosso organismo se comporta quando ingerimos algum alimento:

Os caminhos da fome e da saciedade

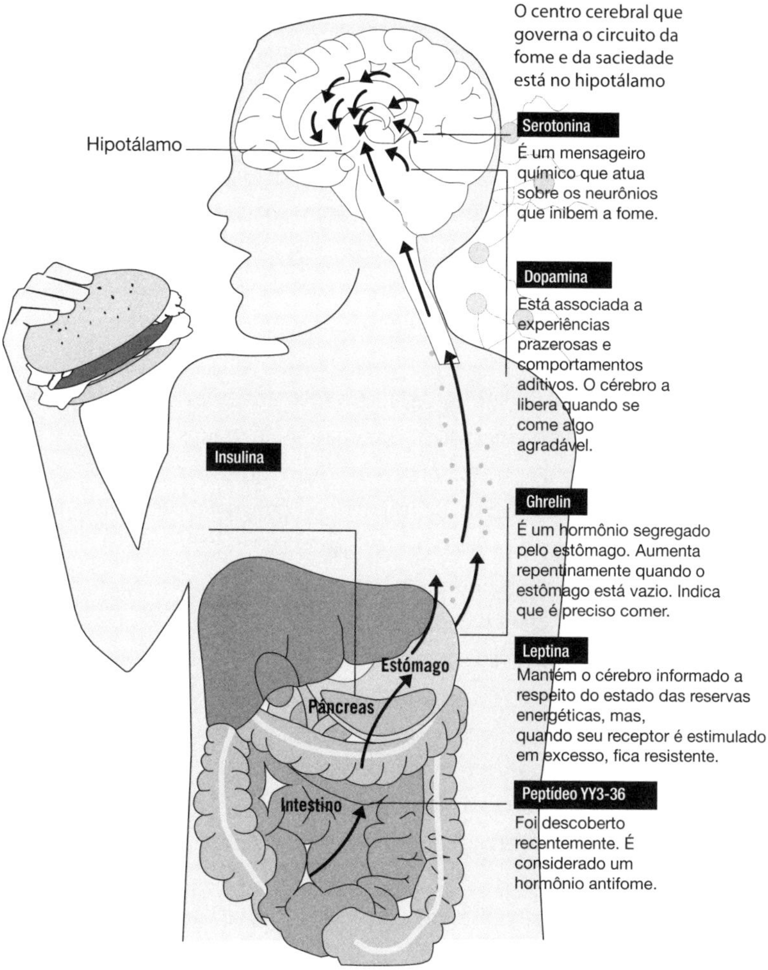

Fonte: Marcelo Rubinstein, AAAS. *La Nación*.

Conforme afirmam os especialistas Zieher e Guelman,[3] a alimentação nos seres humanos é modulada com base em processos cognitivos, sensório-perceptuais e afetivos, que participam tanto da recompensa quanto da decisão de se alimentar. Embora a necessidade homeostática, quando satisfeita, possa ser gratificante em si e a pessoa se sinta saciada, essa característica gratificante não é tão inocente assim. Por exemplo: por que existem pessoas que gastam muito dinheiro em alimentos caros de preparação sofisticada? Porque neles atuam outros instigadores do comportamento alimentar, além do apetite e de seu controle homeostático, ou seja, diante de alimentos altamente palatáveis, o Homem tende a comer além de suas necessidades homeostáticas.

Fome e saciedade são termos que refletem estados homeostáticos. A recompensa e o prazer são medições de preferência (desejo, pulsão, anseio) por um determinado alimento. A palatabilidade é uma condição importante para o desenvolvimento do comportamento de busca ou "*craving*" (desejo intenso de comer uma comida específica). Portanto, a motivação para comer não é regulada apenas por mecanismos fisiológicos que mantêm a homeostasia energética e as balanças nutricionais, mas também existem motivações, geradas pela palatabilidade de um alimento e pelo esforço exigido para obtê-lo, que influenciam a decisão de comer.

Assim, vários aspectos se colocam:

- **Alimentos gratificantes**, além de seu conteúdo metabólico;
- **Gostos e aromas** que são intrínsecamente gratificantes; e
- **Respostas do cérebro** que reforçam seu consumo.

A palatabilidade se define como o componente hedônico da recompensa do alimento e resulta de um processo integrador que incorpora tanto os aspectos do gosto quanto os do estado fisiológico. Por que preferimos as substâncias doces ou salgadas às ácidas ou amargas? Porque os sabores amargos são característicos de muitos alcaloides tóxicos e os ácidos se associam, por um lado, aos alimentos azedos ou estragados e, por outro, aos alimentos ainda verdes, ambos pouco

---

[3] Zieher, Luis M. e Guelman, Laura R., *Mecanismos hedónicos en la regulación de la alimentación y su interación con los reguladores homeostáticos* disponível em: http://www.apsa.org.ar/docs/sinopsis37.pdf.

adequados à necessidade homeostática. Os sabores doces e salgados, por sua vez, acompanham nutrientes de alta importância do ponto de vista da sobrevivência.

Voltemos, então, à ilustração anterior. O Homem em questão está comendo um hambúrguer. Vamos supor que ele tenha sido levado a comer por um estado prévio de fome ou de apetite, que se manifestou em seu organismo, com base em determinados sinais. A sensação de fome é regulada, em princípio, por um hormônio chamado leptina, secretado pelas células adiposas. A leptina controla o peso corporal, pois atua sobre o hipotálamo, passando informações ao cérebro sobre o estado dos estoques energéticos. Basicamente, ela informa se estamos bem ou ficando sem víveres. Portanto, quando se produz um aumento de gordura no organismo, a leptina atua sobre o hipotálamo para diminuir o apetite e aumentar o metabolismo basal.

Tanto antes quanto como após a ingestão, vários órgãos entram em ação. O primeiro sinal é dado pelo estômago e pela parte inicial do duodeno, ao secretar um hormônio chamado grelina, cujos níveis se elevam repentinamente antes da comida e indicam ao cérebro que é hora de comer. No entanto, em geral, além dessa sensação de fome, fazemos uma seleção prévia do que vamos ingerir, ou seja, nos governamos pelo princípio de palatabilidade, prevendo a gratificação que vamos obter ao comer um determinado alimento e não outro. Nesse momento, entra em jogo o elemento hedônico mencionado anteriormente, que começa como imagem e se concretiza na ingestão, com a consequente estimulação do centro de prazer cerebral. Assim, o cérebro libera dopamina e o sujeito sente alívio, satisfação. Depois de comer, os níveis de grelina descem, também rapidamente.

Uma vez ingerido o alimento, o pâncreas segrega insulina, hormônio que permite a captação de glicose (açúcar sanguíneo) por parte de uma variedade de tecidos. Em condições normais, 75% da glicose são aproveitados por tecidos independentes de insulina, ou seja, que não necessitam desse hormônio para absorvê-la (50% pelo cérebro e 25% pelo fígado e pelos intestinos). Os 25% restantes são utilizados por tecido insulino-dependentes, que são os que precisam desse hormônio para absorver a glicose. Entre tais tecidos, o mais importante é o músculo e, em menor medida, o tecido adiposo. Além disso, a insulina estimula a síntese e o armazenamento dos triglicerídeos e das proteínas e também é o mais importante regulador da presença de glicose no sangue. A alta porcentagem de glicose no sangue (como a que se apresenta logo depois de uma refeição) estimula a liberação de insulina, enquanto os níveis baixos de glicose no sangue inibem sua liberação. A insulina, junto com a leptina, atua lentamente para promover o equilíbrio, a longo prazo, das reservas de gordura do organismo. A grelina e o peptídeo YY3-36 trabalham rapidamente e influem nas refeições individuais.

Depois de comer, as células que forram o intestino delgado e o cólon secretam o chamado peptídeo YY3-36 em quantidade proporcional ao conteúdo calórico da ingestão. Os níveis de YY3-36 no sangue se mantêm altos entre as refeições e produzem efeito antifome.

Todo esse processo se realiza em condições normais de ingestão. Então, o que ocorre no caso das pessoas obesas, que ingerem alimentos em excesso durante um período prolongado? O mecanismo de segregação de hormônios se altera da seguinte forma:

- A secreção de leptina aumenta nos obesos e chega a atingir valores quatro vezes maiores que nas pessoas não obesas, o que reflete um estado de resistência à leptina. Isso se dá por causa do mecanismo de ação do receptor, que, quando estimulado permanentemente, funciona como uma maçaneta girada ao máximo: acaba travando e não adianta insistir em abri-la. Para isso, será necessário soltá-la e destravá-la.[4]
- A resistência à ação da insulina no músculo é a principal causa do aumento dos níveis plasmáticos de insulina (hiperinsulinemia) e esta, por sua vez, é o mais importante determinante da obesidade, particularmente de tronco (indivíduos barrigudos), da redução do colesterol HDL (bom), do aumento dos triglicerídeos, com o consequente desenvolvimento de doenças cardiovasculares e diabetes tipo II.
- Se os níveis de grelina são excessivamente elevados, a pessoa precisa comer mais que o normal.
- As pessoas obesas produzem menor quantidade de peptídeo YY3-36, que é ligado à sensação de saciedade. Nesses casos, a função do peptídeo se altera, pois ele não consegue informar ao hipotálamo os efeitos da última ingestão.

Pois bem, a regulação da fome e da saciedade convive com o processo de gratificação já mencionado. Quando o nosso Homem ingere seu hambúrguer, entram em ação os neurotransmissores que estimulam os centros do prazer.

Um dos mensageiros químicos envolvidos na alimentação é a dopamina, neurotransmissor que produz sensações de satisfação e prazer. Pesquisas recentes[5] revelaram que as pessoas obesas possuem menos receptores de dopamina no cérebro. É possível que elas comam mais para compensar essa deficiência,

[4] Disponível em: http://www.salud.bioetica.org/hambre.htm.

[5] Laboratório Nacional de Brookhaven, Departamento de Energia, Nova York, Estados Unidos.

procurando induzir concentrações cronicamente altas de dopamina que derivam do hábito de comer demais. Da mesma forma, todas as drogas de abuso funcionam por meio da antecipação *dopaminérgica* – a nicotina, a cocaína, as anfetaminas, os opiáceos – e produzem recaída, conforme mencionamos quando falamos de adições de ingestão.

Outro neurotransmissor que atua quando ingerimos alimentos é a serotonina, substância que exerce grande influência no sistema psiconervoso, sendo, por isso, denominada frequentemente "hormônio do humor" (as pessoas que têm baixos níveis de serotonina tendem a sofrer de estados depressivos, são impulsivas ou ainda violentas). Trata-se de um mensageiro químico que atua sobre os neurônios que secretam melanocortina, os mais potentes agentes anoréxicos que há no cérebro.

Tanto a dopamina quanto a serotonina regulam os circuitos de motivação e recompensa e, por conseguinte, a deficiência em sua ação pode originar e perpetuar comportamentos alimentares patológicos. Por exemplo: sabe-se claramente que a diminuição de serotonina tem relação com os atos compulsivos e com as adições. Portanto, ao detectar essa carência, nosso corpo recorre, às vezes, à compensação mediante ingestão de carboidratos, que estimulam a secreção serotonínica.

Os mecanismos de regulação fome-saciedade, prazer-recompensa se dão em todo o processo de alimentação. Contudo, existem casos em que incorporarmos, por meio da ingestão, substâncias que, a longo prazo, tornam-se aditivas e danosas para o organismo: são os ingredientes ou atores principais no cenário do desequilíbrio homeostático.

O próximo capítulo colocará em cena os "passageiros" silenciosos que, por trás de máscaras de aparente inocência e disfarçados como determinados alimentos, penetram em nosso corpo e despertam mecanismos muito nocivos, que colocam nossa saúde em risco. Continuando a leitura, você vai se surpreender ao descobrir as consequências do excesso do consumo de carboidratos, sal e gorduras. E, quando concluir a leitura do capítulo, provavelmente não ficará mais tão fascinado diante de uma enorme pizza ou uma torta de chocolate, porque conhecerá os inimigos que elas contêm. Elas já não vão pegá-lo desprevenido, mas armado e pronto para se defender.

- Quais são os efeitos metabólicos e neuroquímicos da obesidade?

As pessoas que ingerem alimentos em excesso, com o passar do tempo, alteram o mecanismo de secreção hormonal: a secreção de leptina aumenta quatro vezes mais que em pessoas não obesas. Observa-se, também, uma elevação dos níveis plasmáticos de insulina (hiperinsulinemia) que, por sua vez, é o mais importante determinante da obesidade, particularmente do tronco (indivíduos barrigudos), da hipertensão arterial, do aumento do colesterol LDL (mau), da redução do colesterol HDL (bom), do aumento de triglicerídeos, com o consequente desenvolvimento de doenças cardiovasculares e diabetes tipo II.

Quanto à química cerebral, pesquisas recentes revelaram que as pessoas obesas têm menos receptores de dopamina no cérebro e pode ser que comam mais para compensar tal deficiência, procurando induzir as concentrações de dopamina cronicamente altas que derivam do hábito de comer em excesso. Da mesma forma, todas as drogas de abuso funcionam por meio da antecipação *dopaminérgica* – a nicotina, a cocaína, as anfetaminas, os opiáceos –, e todas produzem recaída. Outro neurotransmissor que atua quando ingerimos alimentos é a serotonina. As pessoas que apresentam baixos níveis de serotonina tendem a sofrer estados de espírito depressivos, são impulsivas ou ainda violentas. A serotonina é um mensageiro químico que atua sobre os neurônios que secretam melanocortinas, os agentes anoréxicos mais poderosos que há no cérebro. Tanto a dopamina quanto a serotonina regulam os circuitos de motivação e recompensa e, por conseguinte, a deficiência em sua ação pode originar e perpetuar comportamentos alimentares patológicos. Por exemplo: sabe-se comprovadamente que a diminuição de serotonina tem relação com os atos compulsivos e com as adições. Portanto, ao detectar essa carência, nosso corpo recorre, às vezes, à compensação mediante ingestão de carboidratos, que estimulam a secreção serotonínica.

- Esses efeitos podem ser modificados sem terapias farmacológicas?

Durante muitos anos, a atenção se concentrou na regulação do organismo, uma vez produzida a defasagem. Existem medicamentos para regular a hipertensão, a quantidade de insulina no sangue e reduzir consideravelmente os níveis de colesterol. Contudo, não foi dada a devida atenção às causas que originam esses problemas, que podem ser encontradas principalmente nos alimentos que ingerimos de maneira excessiva. Se não atacarmos as causas, combatendo apenas os efeitos com medicamentos, produziremos um duplo dano: permitir que as pessoas continuem gordas e ter de medicar os efeitos nocivos dessa gordura. Tratar as causas implica modificar hábitos alimentares e, evidentemente, isso não requer algum fármaco.

TESTEMUNHO

Fique

Se tivesse a imensa oportunidade de conversar com cada um dos pacientes que comparecem a esta clínica, resumiria todos os meus sentimentos em uma única palavra:"Fique".

Há dez meses descobri que este é, sem sombra de dúvida, o meu lugar, e seria muito bom se vocês pudessem se apropriar desse espaço...

Lembro-me de ter tocado o fundo do poço, naquela madrugada em que uma descompensação no banheiro, anunciava vômitos acompanhados de diarreia, seguidos de um desmaio que me fez pensar que se aquilo não era a morte, tampouco era a vida...

Fui magra durante toda a minha vida, exceto nos últimos 15 ou 17 anos. O que não fiz, meu Deus, para reverter o estado de desespero em que estava! Só de lembrar tenho vontade de morrer. O que não dei a meu corpo para parar de passar recibo de obesidade? O que deixei de tomar ou fazer?

O certo é que o sonho de voltar a me encontrar com a magra que fui um dia estava escapando como água entre os dedos.

Sem saber como nem porquê, cheguei a ter um sobrepeso de oitenta quilos e meio. Para mim, que tinha conseguido tudo o que sempre quis na vida, que trabalhava no que gostava, que fazia o que queria e era uma profissional muito reconhecida e muito premiada, ano após ano, por meu trabalho social em benefício dos outros, era desesperante não conseguir fazer nada por mim para ficar magra. Creio que a impotência e a descrença tinham dado sua contribuição...

Sonhava todo dia com uma melhor qualidade de vida, no mínimo para tranquilizar minha família, que já não sabia mais como me pedir que fizesse algo por mim mesma. Mas onde? Como? ... A quem recorrer?...

Precisava encontrar alguém que me ajudasse. E esse alguém foi o dr. Máximo... Por sorte, Máximo existia...

Desde que entrei nesse bendito lugar, até hoje, não somente perdi 45kg, como também recuperei a esperança; todos os dias de minha vida aprendo algo novo, que aplico na dieta e em todos os aspectos da minha vida.

Normalizei meu colesterol, passei por duas intervenções cirúrgicas de sucesso graças à perda de peso e à confiança que voltei a ter. Quando comecei o tratamento, era insulino-resistente, hoje em dia meus exames exibem resultados normais. Também incorporei a educação física que esse "Combo" oferece e recuperei a alegria.

Agora estou escrevendo um livro à guisa de agradecimento por tudo o que recebi e que me deram, com seriedade, compromisso, profissionalismo, amor e respeito. Seu título será *Da paixão à ação* e, embora ainda me falte muito, muitíssimo para chegar à reta final da MA-NU-TEN-ÇÃO, sei que vou chegar lá.

Esse tratamento é feito um dia depois do outro, com alegria, com uma cota de confiança, com paixão e com resultados, mas, para que isso aconteça, você tem de estar atento, voltar sempre, entender que ainda não sabe absolutamente nada sobre isso e que, sozinho, por mais que queira ou que tente, não vai conseguir sair. Você precisa ter em mente que foram essa onipotência e esse mecanismo tipo "eu posso tudo" que colocaram você onde está agora.

O sistema é maravilhoso, funciona e, se você o segue no piloto automático, vai encontrar muitos sucessos e, o que é melhor ainda, vai se encontrar com você mesmo, vai se descobrir fazendo coisas impensáveis e vai delegar e perceber a vida de um outro ângulo.

Às vezes penso que tive o privilégio de descobrir esse lugar, pois quando cheguei, carregava a morte nas costas e pensava que somente as mães eram capazes de nos dar vida.

Por isso, é preciso aproveitar essa passagem de volta, colocar-se na primeira classe, priorizar-se e talvez logo se anime, como eu, a escrever um livro ou uma nova história.

Hoje a única coisa que me ocorre dizer a todo paciente com quem posso trocar algumas palavras é: "ser feliz é um direito e também uma obrigação".

Liliana Elisa García Mojardín

Capítulo 5

O SILÊNCIO DOS INGREDIENTES

O que faz com que a gente não seja capaz de resistir diante de um pedaço de torta, um hambúrguer com batata frita, um prato de talharim com creme de leite ou um sorvete? Por que não acontece o mesmo diante de uma cenoura, um tomate ou uma laranja? Acha que alguém diria: "sou capaz de matar por essa alface" ou "não consegui resistir a essa maçã"? E não é que não sejam ótimas, é que quando se trata de escolher alimentos, tendemos, em geral, a selecionar os que são, a princípio, mais chamativos e, portanto, mais calóricos.

Um pé de alface não nos diz nada, não nos estimula visualmente, seu cheiro e gosto não são tentadores. No entanto, uma fatia de torta decorada com creme e morangos, flores de açúcar e merengue produz uma espécie de arrebatamento, ativa nossas paixões mais primárias, detona uma orgia sensorial. Sussura em nossos ouvidos: "me olha, me cheira, me degusta". E caímos, enredados no emaranhado de creme e merengue quase sem perceber, grudados no doce de leite. Até a boca e o jeito de mastigar se transformam: a língua gira, saboreia, expressa seu êxtase.

Um dos grandes pensadores do nosso tempo, Roland Barthes,[1] afirma que por trás do ato de se alimentar existe uma autêntica linguagem, ou seja, a comida não deixa de ser um conjunto de elementos (os ingredientes) que são como palavras e se organizam segundo regras gramaticais (receitas, transformações, formação de pratos etc.), sintáticas (ordem de ingestão: entrada, prato principal e

[1] Barthes, Roland, "Pour une psycho-sociologie de l'alimentation contemporaine", em *Annales, Économies, Sociétés, Civilisation,* nº 5, Set.-Out., 1961.

sobremesa, composição de cardápios) e retórica (o que se pode ou não dizer sobre a comida que se ingere e o que se diz com a comida). Não é uma analogia surpreendente? Assim como adaptamos nossa linguagem a determinadas situações (cortesia, respeito, confiança etc.), adaptamos nosso paladar aos diversos estímulos. E isso se deve ao fato de que a alimentação, assim como a linguagem, transmite efeitos de sentido.

A comida abre e fecha as culturas; sua penetração pontual, ocasional ou parcial pode ser rápida, mas a mudança alimentar em seu conjunto é lentíssima. Os empréstimos alimentares são como os empréstimos linguísticos e acabam modificando o sistema sociocultural que os enquadra cotidianamente, conforme sustenta Barthes.[2]

Por exemplo: não muito tempo atrás, quem poderia dizer que nosso país estaria literalmente infestado de McDonald's? As cadeias de *fast-food* foram penetrando lentamente e acabaram impondo seus produtos. E ficaram, assim como ficam também as palavras. Um Big Mac tem a popularidade e equivale, em termos de uso e significação, à palavra *e-mail* ou a qualquer outro empréstimo linguístico. O fenômeno *fast-food* estendeu-se por todo o mundo e é, junto com o sedentarismo, uma das principais causas da atual epidemia de obesidade. No entanto, ele não engordou apenas os corpos, mas impôs um novo discurso social, que permite expressar comportamentos alimentares ao mesmo tempo em que os modifica. Por acaso o *fast-food* não modificou os protocolos tradicionais de uso? Por que nos parece natural ver alguém comendo um cachorro-quente enquanto anda pela cidade? Porque não foi só o tipo de alimentação que mudou, mas também o tempo e o modo como se come.

O que pretendo dizer com isso? Em princípio, que nada é espontâneo; nossos hábitos alimentares são adquiridos e governados por uma dinâmica na qual as atrações e repulsões, as combinações e eleições, são os protagonistas.

"Os homens ingerem alimentos culturalizados simbolicamente", diz Barthes e, com base nisso, postula a alimentação como um sistema de significação organizado segundo regras de exclusão/inclusão (tabus alimentares), regras de oposição (salgado/doce, quente/frio, nacional/exótico), regras de associação (um prato, um cardápio, uma dieta) e protocolos de uso. Como é pouco espontâneo o ato de comer! No entanto, ele se adapta às normas naturalmente, como a linguagem, mas

[2] Barthes, Roland, *op. cit.*

sempre com base em uma seleção prévia dos alimentos e de sua preparação. Por trás de cada alimento existe uma história evolutiva que adquire significados distintos de acordo com o contexto em que se insere. Nesse aspecto, a alimentação tem muitos pontos em comum com o processo de transformação da roupa, da moda como linguagem. E ambas conotam a pertinência de uma pessoa ou de um grupo a uma classe social.

Com relação a esse tema, confesso que me chamou muito a atenção, por sua lucidez e acerto, um artigo publicado no jornal *Página/12*, assinado por Pedro Lipcovich e intitulado "O corpo e a luta de classes". O artigo retoma uma pesquisa realizada pela antropóloga Patricia Aguirre[3] e aponta que "para os pobres, os alimentos devem ser *substanciosos*, para os setores médios devem ser *atraentes* e para os de alta renda, essencialmente *lights*". Em outras palavras, cada setor social come em razão de sua concepção prévia acerca do corpo ideal. Assim, para os pobres, o ideal do corpo é *forte* (não precisamente magro) e o do alimento é *substancioso*; para as classes médias, o ideal do corpo é *bonito* (e magro) e o da comida é *atraente.*Dessa forma, elas embarcam em uma missão impossível, pois seu alimento "atraente" é rico em gorduras e açúcares e, portanto, não vai produzir um corpo sedutor.

Da mesma forma, é surpreendente como a classe social condiciona o olhar. O artigo que se segue ilustra esse condicionamento com a reprodução da seguinte experiência:

Pedimos a pessoas pertencentes a diversas classes sociais que ordenassem por categorias (gordo, muito gordo, muito magro e normal) uma série de fotos de figuras conhecidas, desde Susana Jiménez até Araceli Gonzalez, passando por Gladys, "a bomba de Tucumán", e os resultados foram muito interessantes. Para as pessoas das classes baixas, Susana e Gladys entraram na categoria "normal", mas para pessoas das classes altas, elas eram "gordas". Os setores mais ricos e médios veem Araceli González ou Valeria Mazza como "normais"; mas os de renda mais baixa, por sua vez, colocaram as duas na categoria "muito magras" e um entrevistado chegou a dizer: "Não são mulheres!"

Quando Barthes afirma que "todo alimento é uma imagem e um texto que o ancora e o relaciona com uma cultura (no capitalismo é uma cultura da mercadoria),

[3] Pesquisadora do Instituto de Altos Estudios Sociales (IDAES), da Universidade de San Martín.

sempre com conotações ideológicas" e que "hoje em dia é impossível separar a alimentação de sua representação na cultura mercantil do consumo", o que ele quer dizer é que nos colocamos diante do alimento, com base em múltiplas noções que enquadram tanto o ideal de corpo quanto as dinâmicas trabalhista, familiar e social em que estamos inseridos.

Tal como afirma Luis Enrique Alonso em sua obra *La era del consumo*:

> O hedonismo pós-moderno se manifesta através de ritos, prazer, corpo, sexo, palavras-chave na fase pós-moderna de nossa cultura, onde justamente o renascimento de uma gastronomia especialmente sobressimbolizada (e individualizada) foi um dos signos de identidade mais característicos.[4]

E quando a gastronomia perde o rumo, ela desemboca na "gastro-anomia", ou seja, em não saber nada sobre o comer. A gordura é um dos resultados que emergem desse desconhecimento.

Portanto, podemos dizer que comemos por gosto, por tentação, por desejo, porque aderimos a um sistema simbólico que nos confunde, mas, fundamentalmente, comemos o que comemos por ignorância. Comemos os alimentos que circulam em nossa cultura sem nos perguntarmos o que contêm, sem examinarmos os ingredientes e todo o processo prévio de elaboração. Fazemos isso porque estamos enredados em um mecanismo compulsivo, voraz e imediatista.

Contudo, em outras questões que também são ligadas à vida e à saúde, somos mais cautelosos. Por exemplo: é difícil encontrar alguém que desconheça os efeitos nocivos dos raios solares sobre a pele, decorrentes do buraco na camada de ozônio, e que não use filtro solar, bem como fumantes que não tenham a menor noção dos danos causados pela nicotina. Entretanto, quando se trata de comer, em geral, somos totalmente negligentes, fazemos ouvidos de mercador às recomendações dos médicos e, paradoxalmente, amparados pela ideia de que é preciso comer para viver, comemos qualquer coisa, sem pensar que talvez aquilo nos faça mal. A realidade é que, hoje em dia, os alimentos estão muito longe de ser saudáveis. Até as frutas e verduras que são, em princípio, os alimentos naturais por excelência, são expostas a um sem-número de processos químicos (agrotóxicos, congelamento etc.) para que cheguem "frescos" à nossa mesa. As carnes

---

4 Alonso, Luis Enrique. *La era del consumo.* Siglo XXI:Madri, 2005.

atravessam um processo semelhante, mas o prêmio de toxicidade pertence, sem dúvida, aos alimentos elaborados. E quais são eles? O que contêm? Por que são tóxicos? Em princípio, trata-se de todos aqueles que contêm um ou vários dos seguintes ingredientes:

a) Carboidratos simples refinados: encontrados nos doces, no açúcar refinado (ou de mesa), nos xaropes, nas bebidas carbonatadas e nas farinhas muito refinadas;

b) Sal: encontrado nos embutidos, nas carnes defumadas, nos presuntos, nos patês, nos peixes salgados em conserva, nos defumados, nos mariscos e nas conservas (azeitonas, alcaparras), nos queijos curados e semicurados, nos pratos preparados, nos caldos concentrados, nas sopas liofilzadas, nos molhos comerciais (maionese, mostarda, *ketchup* etc.), nos salgadinhos (batatas fritas etc.), no pão, na água gaseificada e nas bebidas carbonatadas, entre outros.

c) Gorduras saturadas: encontradas nos alimentos de origem animal, lácteos, queijos, manteiga, cremes de leite e óleos vegetais (coco e palma).

Vamos analisá-los separadamente, a começar pelos carboidratos, mais especificamente, pelos doces.

5.1 Carboidratos

É muito comum, nos grupos de emagrecimento, ouvir as seguintes frases:

"Para mim, o mais difícil é parar de comer chocolate."
"Evito as reuniões sociais porque perco o controle diante dos doces."
"No inverno, não consigo ficar sem comer um doce."
"Até que me cuido com a comida, mas à tarde, preciso de um docinho.
"Se tem alguma coisa doce na geladeira, não sossego enquanto não acabo com ela".
"O lugar que mais me faz falta quando faço dieta é a loja de doces."
"Água não tem gosto de nada, preciso de algo doce: um refrigerante."

O que acontece? Por que é tão difícil para essas pessoas resistir à tentação de comer um doce? A resposta é simples: porque os doces contêm um dos muitos "ingredientes silenciosos" que, dissimulados entre formas e cores chamativas, penetram em nosso corpo e produzem (sim, novamente) alterações em nossa química cerebral. A qual deles me refiro? Ao açúcar, claro.

Para localizar o açúcar no universo dos elementos que compõem nossa comida, lembramos que ele pertence ao grupo dos carboidratos simples. Os alimentos doces são os que contêm porcentagens mais altas de açúcar.

Ora, são muitos os motivos que nos levam a comer doces e, como veremos em seguida, todos formam uma mesma rede, pois se entrecruzam e se geram mutuamente.

Vamos começar pelos estados emocionais: estar deprimido, triste ou estressado é, em muitos casos, o gatilho que dispara a vontade de comer algo doce. Por quê? Porque os doces têm um efeito anímico positivo quase imediato, pois contêm substâncias que melhoram o humor, são relaxantes e funcionam como gratificação. O açúcar penetra rapidamente na corrente sanguínea e restabelece o nível de glicose necessário.

Quando temos uma má alimentação, sem fibras e carboidratos provenientes de frutas, verduras e cereais, nosso corpo pede doces com urgência. O mesmo acontece quando ficamos muito tempo sem comer, porque o nível de glicose no sangue baixa e a hipoglicemia resultante informa ao cérebro que existe um déficit de glicose e que é urgente repô-la.

No entanto, ao contrário, se consumimos grandes quantidades de doces constantemente, os níveis normais de insulina (que, como vimos, é encarregada de distribuir a glicose pelos tecidos) não darão conta de sua tarefa e, portanto, o corpo terá de produzir mais insulina, o que provocará uma nova diminuição da glicose e uma nova hipoglicemia.

Em suma, se quisermos saber porque os doces engordam, encontraremos a resposta principalmente na porcentagem de açúcar que contêm, já que ele traz grande quantidade de calorias vazias, isto é, que não introduzem nenhum tipo de nutriente no organismo, mas ativam, isso sim, o centro do prazer, pois aumentam o nível de serotonina e geram um efeito de bem-estar momentâneo.

O mesmo processo se desenvolve com outros carboidratos refinados: quando comemos, por exemplo, pão, massas ou batatas fritas, a insulina é liberada na corrente sanguínea para levar glicose às células, produzir energia ou armazenar a energia não armazenada no tecido adiposo. Quando se completa o ciclo, os níveis de insulina no sangue caem e um segundo hormônio, chamado glucagônio, entra em ação para "gastar", nas necessidades do organismo, a energia depositada em forma de gordura. No entanto, quando esses dois hormônios não atuam de forma balanceada, ou seja, quando o excesso de insulina limita a secreção de glucagônio, os órgãos e músculos se defendem criando o que se chama de "resistência à insulina". Como consequência, a glicose não será distribuída de maneira adequada e seu excesso no sangue vai se transformar em gordura, ou seja, a pessoa vai ganhar peso.

Segundo afirmam os doutores Richard e Rachel Heller, especialistas no assunto, aproximadamente 75% das pessoas com excesso de peso e 40% das pessoas com peso normal são adictas aos carboidratos.[5] Eles garantem igualmente que essas pessoas não são culpadas pelo que acontece com elas, já que o excesso de insulina, produzido pelo elevado índice glicêmico dos carboidratos que consomem, não se deve à "falta de controle" do indivíduo, mas é simplesmente uma resposta fisiológica. Tanto é assim, que em um dos grupos que acompanhei, tivemos o caso de dois pacientes que incluíram um pouco de farinha na dieta por conta própria e ficaram novamente descontrolados. Hoje, não querem voltar ao grupo e isso deve ao fato de que o mecanismo da fome foi reativado novamente.

Agatson, Barry Sears e Atkins são os especialistas que mais bateram o pé a respeito do efeito tóxico dos carboidratos. E o tempo lhes deu razão, pois se trata de um fenômeno que observo diariamente e que tem se mostrado crucial para a perda de peso: quando não como farinhas, não ativo a insulina e, portanto, a fome diminui.

5.2 Gorduras saturadas

O organismo recebe as gorduras da dieta que, depois de decompostas em ácidos graxos, passam para o sangue, formando os chamados triglicerídeos. Estudos realizados com determinadas doenças cardíacas e vasculares revelaram que elas podem ser causadas por dietas ricas em gorduras, especialmemte as gorduras saturadas, pois elevam o nível de colesterol no sangue. Um alto nível de colesterol no sangue promove a obstrução das artérias, quando a gordura se deposita em suas paredes, sedimentando-se e endurecendo, produzindo rigidez e diminuindo o volume da irrigação sanguínea.

5.3 O sal

A Organização Mundial de Saúde (OMS) recomenda consumir até seis gramas de sal por dia, cifra que a maioria das pessoas dobra, já que acrescentam à

---

[5] Heller, Richard e Rachel. *The Carbohydrates Addict's Lifespan Program.* Plume:1998.

quantidade de sal que os alimentos contêm, aquele que é utilizado no processo de preparação ou cocção.

Por que é preciso restringir o consumo de sal? Que efeitos o sal produz em nosso organismo?

Uma pessoa adulta possui no corpo entre 250 e 300 gramas de sal. Dentro de limites aceitáveis, o que supera essa quantidade é expelido pelo organismo sem dificuldade. Entretanto, quando o excesso é grande e o corpo não consegue eliminá-lo, temos as seguintes consequências:

- O excesso de sal retém água, com o consequente aumento de peso, e obriga o coração, o fígado e os rins a trabalhar acima de suas possibilidades;
- O sal em excesso ocasiona problemas de hipertensão arterial, além de diversas doenças do coração, hepáticas e renais;
- Os problemas do excesso de sal não aparecem imediatamente, mas com o passar do tempo; portanto, é preciso tomar certas precauções desde a infância; e
- Qualquer disfunção no organismo dos fumantes, diabéticos e pessoas obesas é agravada pelo consumo excessivo de sal.

Em suma, os carboidratos, as gorduras e o sal são palavras-chave em nosso discurso alimentar. Em princípio, regem as normas do gosto, já que as papilas gustativas se acostumaram à gratificação que esses alimentos produzem. Escondidos nas mais diversas preparações, ele penetram em nosso organismo sigilosamente, em silêncio, até o dia em que o corpo grita, pede ajuda, pois está se afogando em um mar de glicose, sal e colesterol. Talvez alguém lhe estenda uma rede para que se agarre e, ao mesmo tempo, desmanche toda a trama de hábitos nocivos e consiga moderar extremamente o consumo desses ingredientes silenciosos ou até eliminá-los. Porque existem substitutos reais (dos alimentos) e mentais (dos comportamentos compulsivos) que permitem tecer uma nova rede e abandonar o papel de anfitrião desses hóspedes esganados, estranhos e intrometidos, para conseguir tecer um novo discurso.

Respostas concretas para perguntas possíveis

- Por que os ingredientes silenciosos causam uma adição quase imediata?

Por que atuam diretamente sobre os mecanismos neuronais de motivação e recompensa. Tanto o sal, quanto o açúcar, os carboidratos e certas gorduras produzem dependência a longo prazo, da mesma forma que uma droga psicoativa. E, quanto mais violento e estressante é o ambiente em que vivemos, mais esse mecanismo de recompensa é solicitado.

- Por que a palatabilidade é tão poderosa em certos alimentos?

Porque esses alimentos estão inundados de ingredientes silenciosos que despertam nossos mecanismos de repetição. Por exemplo: um "inocente" *croissant* contém farinha, açúcar, gordura e sal. Por isso é tão difícil comer um só.

Capítulo 6

AS REDES SECRETAS

6.1 Os fármacos

Em geral, a maioria das pessoas obesas convive com um nível enorme de ilusão e, ao mesmo tempo, com uma grande descrença nas possibilidades de conseguir perder peso. Depois de vários anos de uma busca infrutífera de soluções, estão esgotadas e com um medo muito arraigado de se desgastar novamente com fórmulas inoperantes para emagrecer. Entre elas, os que alcançaram maior popularidade nas últimas décadas são os fármacos.

Quando penso na utilização de fármacos para o tratamento da obesidade, a mais profunda ira explode em meu peito. Por quê? Porque apesar da "péssima publicidade" que geralmente têm, eles continuam no mercado farmacológico, oferecendo soluções mágicas a pessoas desprevenidas e crédulas. É sabido que quase todos os medicamentos para perder peso, além de ineficazes a longo prazo, são extremamente nocivos à saúde. Todos os medicamentos que, quando surgiram, se apresentaram como uma solução definitiva para banir a gordura, tiveram tantos efeitos secundários negativos que os benefícios emagrecedores prometidos foram anulados.

Embora alguns médicos garantam que as consequências da obesidade são piores que os efeitos não desejados dos comprimidos, posso afirmar que estão absolutamente equivocados. Se tivesse examinado os componentes químicos dessas drogas ou feito uma acompanhamento do paciente a longo prazo, teriam notado o quanto são perigosas.

Existe, inclusive, uma certa cumplicidade ou uma espécie de aliança entre a comunidade científica e a sociedade, que se transformou em um jogo do tipo "é dando que se recebe", com consequências catastróficas – e não apenas no caso da obesidade. Há cada vez mais gente tomando antidepressivos, ansiolíticos, reguladores do sono, diuréticos, relaxantes, ativadores etc., receitados ou por automedicação.

Esse é um outro fio da armadilha aditiva associada à obesidade. É a cilada farmacológica incluída no espectro aditivo. É bastante provável que quem cair nessa cilada acabe substituindo a adição à comida por uma novidade: a adição aos comprimidos.

É lógico que os cientistas estão interessados em encontrar uma fórmula química que ajude as pessoas a perder peso. No entanto, até o momento não há nenhuma solução definitiva para o problema. A chave do fracasso reside no fato de que a obesidade é uma doença policausal, na qual a regulação da fome e do mecanismo de saciedade constitui um elemento que, embora muito importante, não é único. O medicamento atua apenas na parte orgânica, não incidindo nos aspectos psicológico, comportamental e social dos indivíduos obesos.

Pois bem, assim que a gordura começou a ser um assunto preocupante, a ciência busca, frenética e tresloucadamente, uma espécie de antígeno. Foi-se criando, então, uma nova armadilha: a rede farmacológica. No tecido dessa rede estão dispostos todos os fármacos antiobesidade descobertos até hoje e aqueles que ainda estão sendo pesquisados. A disposição na rede responde a uma classificação prévia: anorexígenos, serotoninérgicos, inibidores da absorção e termogênicos.[1]

Não é estranho que tenha havido tantas descobertas e nenhum resultado bem-sucedido (diminuição dos índices de obesidade) até agora? Já não dá para deduzir que a essência do problema passa por outro lado? Talvez seja necessário

---

[1] *Adrenérgicos*: anfetamina, metanfetamina, dietilpropiona, fentermina, mazindol, fenilpropanolamina, fenproporex, clobenzorex.

Serotoninérgicos:

Agonistas serotoninérgicos: fenfluramina, desfenflurtamina;

Inibidores recaptação serotonina: fluoxetina, sertralina, paroxetina;

Inibidores recaptação serotonima e noradrenalina: sibutramina; e

Inibidores da absorção: Orlistat.

Termogênicos: efedrina.

retornar ao motivo que dá origem ao surgimento dos fármacos: nosso próprio descontrole químico, gerado, por sua vez, pelos alimentos que ingerimos.

Sei que é difícil para uma pessoa que não é especialista no tema conhecer a história que precede a problemática da obesidade, mas sempre tento explicar – domesticamente, diria eu – o que aconteceu antes. No entanto, talvez não lhe interesse saber porque está gordo. Quer emagrecer com urgência e ponto final. E muitas corporações farmacêuticas se aproveitam exatamente dessa súplica urgente para zombar de sua ingenuidade e desconhecimento, para oferecer um sem-fim de soluções rápidas, mágicas e, principalmente, nocivas.

Tais medicamentos afetam, em muitos casos, áreas diferentes daquela que pretendiam atacar originalmente. Por exemplo: certa vez, um paciente comentou que tinha começado a tomar um antidepressivo e estava se sentindo muito mais enérgico e vital e, inclusive, tinha perdido peso. No entanto, embora a droga melhorasse seu estado de espírito, afetava, por outro lado, sua vida sexual, pois quando tinha relações não conseguia chegar ao orgasmo ou isso só acontecia depois de um esforço interminável e, portanto, incômodo. Esse caso ilustra como é, na realidade, o mecanismo cerebral, porque quando "tocamos" os centros de carência e recompensa do cérebro com substâncias químicas, não sabemos com certeza quais são os outros centros de prazer que estaremos ativando ou inibindo.

Assim como nesse paciente o antidepressivo inibiu a resposta em outra área, o fato de consumir fármacos para emagrecer pode acarretar estados não desejados, tais como: extrema tensão nervosa, crispação, rigidez, excitação, anorgasmia, problemas gastrointestinais, palpitações e aumento da pulsação. A derivações são nefastas, desconcertantes e não gratas.

A verdade é que ainda estamos muito longe de conhecer o mecanismo exato da união do cérebro com o resto do corpo. Portanto, tratar a obesidade com medicamentos equivaleria a, por exemplo, manejar um avião cujos mecanismos desconhecemos, pois é extremamente complexo e, lamentavelmente, não possuímos a planta do aparelho.

Pois bem, se dia após dia tentamos decifrar essa maravilhosa matéria que é a nossa mente, que unifica, dirige, organiza e regula a dinâmica corporal, empreender essa busca com seriedade e respeito é fundamental para obter um bom diagnóstico. Portanto, diante da superoferta malsucedida de medicamentos para emagrecer, cabe perguntar porque as empresas farmacêuticas continuam a fazer testes de ensaio e erro e nos usam como cobaias. Entretanto, o discurso médico também é ambivalente: por um lado, dizem que quem está gordo deve tomar comprimidos e que eles são inócuos; por outro, dizem que não devemos usá-los porque podem causar muitos danos. Afinal, o que fazer?

Existem muitos casos semelhantes quando se fala de saúde. Por exemplo, sempre ocultaram os benefícios do consumo comedido do álcool para o coração ou promoveram um tipo de alimentação planejada com base em uma pirâmide incorreta, que colocava ênfase no consumo de farinha e dizia que devíamos nos afastar das gorduras. Também afirmavam que os tecidos neurônais não se regeneravam, mas acabaram descobrindo que, sim, eles podem se regenerar e assumir novos caminhos. Tais contradições são, em princípio, lógicas e explicáveis do ponto de vista da evolução das pesquisas científicas, mas, em muitos casos, certas práticas criam dúvidas e fazem pensar que estamos sendo manipulados em prol de interesses econômicos e narcisistas.

Até o momento, os únicos fármacos que demonstraram um certo grau de eficiência no tratamento da obesidade foram a sibutramina e o Orlistat. Chama atenção o fato de que o Orlistat seja o único medicamento desse tipo que não se conecta com os sistemas neuronais. Mesmo assim, seus efeitos são moderados, o prazo de testes foi breve e as consequências indesejáveis (não graves) são inúmeras.

Atualmente, foi lançado no mercado o Rimonabant, uma droga obtida após estudos sobre o efeito da maconha no cérebro. O segredo é que ela bloqueia um receptor cerebral que influi na regulação do apetite e nas adições: ao neutralizar esse receptor, fica mais simples obter saciedade. As pesquisas demonstraram que a maconha também podia contribuir para melhorar outros problemas como a diabetes e a adição ao tabaco. Segundo os pesquisadores, é o primeiro fármaco que atua diretamente sobre o centro que controla o apetite, o peso, o metabolismo e o uso da energia.

Minha posição a esse respeito é de expectativa e, ao mesmo tempo, de um certo ceticismo. Tal como disse anteriormente, é altamente perigoso brincar de mexer com determinados botões neuronais e metabólicos. Considero que a estrutura de nosso organismo é excessivamente complexa e, portanto, a manipulação direta com medicamentos é muito arriscada. Por isso, creio que a estratégia de solução para a obesidade consiste em puxar o fio do problema real: nossa relação direta com os alimentos, ou seja, com a ingestão.

Por outro lado, o segredo para emagrecer pode ser descoberto com a inteligência e a observação. Na realidade, as substâncias químicas que estão nos causando dano estão nos próprios alimentos. Precisamos saber o que comemos, quanto comemos, o que contém tais alimentos e quais aqueles que devemos evitar. Dessa forma, entenderemos qual é a conexão entre os alimentos e determinados circuitos neuronais.

Na realidade, o processo correto é o inverso de continuar comendo farinhas, sais e gorduras, para, em seguida, tomar um medicamento que tente equilibrar toda a defasagem produzida. Da mesma forma, se fizermos uma revisão da História do Homem desde as origens, veremos que o Homem primitivo era magro porque ingeria alimentos saudáveis e se movimentava muito. Essa era a sua medicação, sua cura natural. Ele não conhecia nem o sal, nem o açúcar, nem os carboidratos refinados... Tampouco o sedentarismo extremo...

Nunca me cansarei de repetir uma frase de Hipócrates, o pai da medicina ocidental, que disse: "Que seu alimento seja seu remédio". Poderia acrescentar que, nesse mundo tão convulsionado, é essencial dar uma pausa, conhecer e selecionar nossos próprios alimentos, para, em seguida, desfrutar de seus benefícios. Quando buscamos uma solução farmacológica desesperada, não apenas alteramos a nossa biologia, mas também, ao mesmo tempo, anulamos nossa própria força e determinação. Nossa inteligência se embaça na busca da opção mais rápida, passiva e fácil: um comprimido que permita comer vorazmente e ao mesmo tempo emagrecer. Essa atitude está de acordo com o lema da vida atual: "tudo, rápido e já", e os comprimidos surgem nesse cenário vertiginoso como outra possível solução. Aqueles que não têm paciência entregam os pontos e usam remédios para acelerar o processo de emagrecimento sem perceber que, na verdade, o que estão fazendo é prolongá-lo indefinidamente.

Às vezes, gosto de pensar a vida como uma instância em que se abrem vários caminhos entre os quais devemos escolher: um caminho conduz a resultados positivos, outro a lugares nocivos e outros ainda não conduzem a lugar nenhum. E o "lugar nenhum" é o pior que pode acontecer a uma pessoa, pior que o lado mau.

O lado mau é identificável, o "lugar nenhum" é uma nebulosa, é como estar mergulhado no abismo de consumir fármacos para emagrecer. Como disse anteriormente, é tão terrível como o caso das pessoas que vivem tomando comprimidos para a depressão, a insônia ou a ansiedade, porque os comprimidos decidem que estado de espírito elas devem ter.

O que vai acontecer se perderem esse arsenal de reguladores? Terão de lidar com tudo o que sentem, pois quando se tira a droga de um adicto, sua verdadeira personalidade aparece – depois da abstinência e da desabituação. No caso dos obesos, é o excesso de peso que cobre o verdadeiro ser, o magro interior que não consegue vir à tona.

Contudo, uma vez encaminhado o processo de desintoxicação, o adicto começa a ter pensamentos não viciados, atitudes mais tranquilas, mais serenidade e aprende a tomar distância, não apenas de seu objeto aditivo, mas também de tudo aquilo que gera um apego excessivo e nocivo: consequentemente, ele aprende a dizer "não" a um grande leque de excessos possíveis.

Por outro lado, os que permanecem presos a mecanismos de solução com base em agentes externos são incapazes de resolver os problemas diários por seus próprios meios. Quem chega ao ponto de poder finalmente dizer: "Consegui me desligar de minhas péssimas escolhas com as susbtâncias", é aquele que encontrou uma saída menos drástica para seus conflitos e, ao mesmo tempo, aprendeu com os erros que cometeu. É semelhante ao que acontece na relação entre pais e filhos: é preciso ficar independente dos pais, sem desprezar o que eles lhe deixaram. E isso ajuda no crescimento.

Em suma, os únicos "fármacos" que considero válidos para combater a obesidade são a inteligência, o conhecimento, o estudo do magro (seus hábitos, sua mobilidade corporal), a comunicação e não se fechar, não experimentar cada novo produto que surge no mercado, e não se apagar... Enfim, prescindir de temperos como medicamentos e alimentos nocivos e buscar estratégias saudáveis e eficazes. Porque o próximo trem nem sempre passa, às vezes a rede se fecha... e não há mais saída possível.

A obesidade é realmente uma doença tão grave ou é consequência de um modo de vida desordenado, que impede que a gente veja as soluções possíveis? A quem se sente impotente, pois acredita que o panorama é desolador, proponho ir contra a corrente, desmistificando afirmações arraigadas na sociedade (como a que a idade condiciona o sobrepeso, ou que as coisas são como são e não resistem a nenhuma modificação). Sugiro o predomínio de um pensamento racional de contenção diante da compulsão e da sensação de voracidade (qualquer que seja a sua origem). Escolho o aplicativo diante do explicativo, o fazer diante das situações, em lugar de ficar dando voltas no mesmo ponto.

Dessa rede secreta participam, além dos fármacos, as cirurgias. O próximo subtítulo é consagrado a elas.

6.2 Século XXI: a cirurgia da obesidade

A dra. Barbara Rolls, uma das vozes mais respeitadas, nos Estados Unidos e no mundo, quando o assunto é obesidade, soube dizer, em sua época: "Céus! Não acabemos mutilando todas as pessoas que engordam demais", referindo-se à cirurgia bariátrica da obesidade. Primeiro, lhes damos comida demais, transformando-as em obesos e, em seguida, aplicamos essas técnicas – algumas dramaticamente eficazes, mas complexas e arriscadas –, mesmo sem as necessárias perspectivas estatísticas no tempo?

Sem desconhecer sua utilidade, embora às vezes transitória, a dra. Rolls nos convida a continuar trabalhando na pesquisa de novos fármacos (diante da possibilidade de que esse método termine se transformando na "solução final" para os gordos) e na prevenção primária (mudanças nas condições de vida, trabalhar a educação das crianças e os hábitos de alimentação da população em geral). E também a rever o enfoque clínico e a dedicação e o compromisso do médico com uma doença que reaparece.

Compartilho esse ponto de vista amplamente. Mais que isso: uma vez *instalada* nas pessoas a ideia de que é possível se livrar desse problema de forma "fácil e cômoda, além de rápida", quem vai convencer um gordo (salvo a informação consciente e honesta dos riscos que a cirurgia implica e das complicações e incômodos nos períodos posteriores – primeiros cinco anos e, às vezes, a vida inteira – que terá de enfrentar) a continuar procurando um sistema emagrecedor menos arriscado e não escolher a cirurgia como a saída "mágica"?

A frase de muitos colegas (não cirurgiões): "a pessoa não será nunca mais o que era", não se refere apenas ao efeito emagrecedor, mas pretende também passar a ideia de que, depois disso, não há retorno nem arrependimento... é irreversível e definitivo.

Estou me referindo ao midiático *By-pass Gástrico*, a técnica mais usada, por ser aquela que melhores resultados apresentou até hoje.

Trouxeram o balão gástrico de volta à cena sem êxito. Cada vez se utiliza menos a banda gástrica, tendo em vista a quantidade de casos em que a vida cotidiana se tornou insuportável: vômitos, dores permanentes, cálculos biliares, refluxo, acidez e outras complicações mais (úlceras gástricas), aumento desmesurado do esôfago (megaesôfago)... E o pior é que, depois de padecer todo esse calvário, o controle do peso não está nem remotamente garantido. As pessoas engordam de novo, pois, nesse caso, como no caso do *By-pass*, manter o comportamento compulsivo e voraz, gera aquela história de "criada a lei, criada a trapaça". O paciente liquidifica alimentos hipercalóricos, toma sorvetes, álcool em grandes quantidades e saborosas papinhas ricas em gordura, que enganam o anel gástrico. Mas, em seguida, é necessário ajustá-lo mais e mais até quase fechá-lo, o que, em certos casos, faz com que nem a água passe para o estômago.

Isso é o que encontramos frequentemente em nossa experiência cotidiana com os pacientes: eles chegam novamente gordos, com o cinto afrouxado. Estão resignados a meter na cabeça que, sem uma mudança de comportamento e de hábitos, é muito difícil que não voltem à estaca zero e a obesidade não retorne.

O que é obrigatório informar
Possíveis complicações da banda gástrica

Intraoperátorias	**A longo prazo**
Danos ao baço	Reoperações
Danos ao esôfago	Migração da banda
Infecção	Reengorda
Rejeição à técnica	Vômitos
	Refluxos

Fontes: "Obesidad", dr. Alex Valenzuela, Chile. "Obesity", Robert Ecker, "Mechanisms and clinical management", Universade de Colorado, 2004.

No caso do *By-pass Gástrico*, além da técnica utilizada, pode haver má absorção e desnutrição, diarreias, vômitos, perda de minerais e vitaminas (sobretudo B_{12}) e de ferro (que não pode ser absorvido pelo intestino), se não forem controladas bem de perto.

Lembrar que:

1. Trata-se de uma grande **cirurgia** em um paciente de alto risco (mortalidade intraoperatória de 1,3%).

2. O corpo, que até pouco tempo devia permanecer intocado, tal como tinha sido criado pela natureza ou por Deus (não extrair amígdalas ou apêndice, pois estavam ali para alguma função), **tem de reaprender a viver com essa mutilação** (sem estômago) e suas consequências, às vezes crônicas e definitivas.

3. Em alguns casos, a lista de **complicações** pouco depois da cirurgia é muito grande.

O que é obrigatório informar

Possíveis complicações do *By-pass Gástrico*

Intraoperatórias	**Posteriores**
Morte intraoperatória	Neuropatias
Dilatação gástrica	Deficiências vitamínicas agudas
Obstrução	Anemia
Fístulas gastrointestinais	Diarreia
Transtornos cardíacos	Reoperação
Perfurações	Má absorção
Trombose venosa	Osteoporose (por perda de cálcio)
Colapso orgânico generalizado	Desidratação
	Reengorda
	Intolerância a certos alimentos
	Hérnias (intrabdominais)
	Cálculos biliares
	Obstrução intestinal
	Depressão
	Hemorróidas
	Acne
	Cegueira noturna

Fontes: "Obesidad", dr. Alex Valenzuela, Chile. "Obesity", Robert Ecker, "Mechanisms and clinical management", Universidade de Colorado, 2004.

4. No ato cirúrgico, tanto o nutricionista quanto o paciente estão entregando os pontos e se rendendo: deixaram de pensar em um modo de frear a gordura e aceitaram que o emagrecimento é assunto para um bisturi hábil. Onde fica, tanto da parte do paciente quanto a do médico, a autoestima (mesmo emagrecendo), o amor próprio, o orgulho, a garra, a alegria de conseguir o que se busca porque aprendeu a dominar os impulsos?

5. Se aceitamos a obesidade como resultado de uma intricada e muito complexa soma de causas – ao destacar apenas um aspecto, a absorção –, deixamos os outros de lado: o mundo interior, o ambiente, os hábitos, a estrutura psicológica (às vezes em condições piores por tudo que mencionamos antes).

6. Se nós, os profissionais, entendermos que tratar a obesidade é algo simples, e nos cristalizarmos em um método simplista, deixaremos pouco a pouco de pensar, de estudar e de acreditar em nós mesmos, como já aconteceu com o paciente quando ele se **submeteu** de forma definitiva à adição.

7. É impossível operar a estrutura, a adição, o caráter e o comportamento e é por isso que irritação, alcoolismo, drogas, tabagismo e violência aumentam entre pacientes operados. O problema é... para onde vão as tensões, as angústias ou as frustrações? O que fazer para não sucumbir à tentação de uma comida que sempre foi tão boa e necessária (demais) e que o levou a pesar 100, 200, 300 quilos?

É a esses pacientes, justamente os mais descontrolados, que se proíbe tal descarga, daninha, mas até o momento da operação imprescindível para eles.

Recomenda-se que "devem" fazer um tratamento psicológico antes da operação (o que se realiza, em todos os casos), mas e depois... quem convence o paciente, eufórico com a perda de peso, a trabalhar também para uma mudança de hábitos? Muito difícil.

8. A dieta a ser seguida durante muito tempo depois da cirurgia não pode ter mais de 600/800 calorias e o paciente não pode se alimentar de sólidos que não tenham sido previamente processados ou desfiados.

Sugiro que se pergunte a alguém que foi operado, mesmo quando conseguiu permanecer magro, sobre a mudança em sua "qualidade" de vida e sobre o que sentem diariamente. Sessenta por cento dos que abrem o coração não estão satisfeitos, não têm muita força física e reconhecem uma sensação estranha nas pequenas coisas do cotidiano.

9. Também sugiro aos profissionais que façam uma avaliação das tentativas anteriores de tratamento clínico, para verificar se foram realmente válidas e contínuas.

Pelas razões expressas anteriormente, pelos resultados obtidos com base na aplicação do Corte, Medida e Distância (método que até hoje vem obtendo sucesso com todo tipo de obesidade, com perdas superiores a 200 quilos em alguns pacientes e com perdas entre 50 e 100 quilos em centenas de pacientes considerados "inabilitados" para perder peso, senão com cirurgia) e pela alta porcentagem de manutenção obtida (8 e 9 anos sem dificuldades), não recomendo a operação para emagrecer em casos desnecessários (ou seja, a menos que o IMC, a patologia ou a gravidade da obesidade assim o indiquem).

Esperamos que os pesquisadores encontrem a chave para que, em poucos anos, o mundo não seja habitado apenas por obesos ou operados, para que todos sejamos mais responsáveis, mais cuidadosos, menos simplistas e mais pró-ativos, e que saibamos que a indicação cirúrgica deve acontecer para salvar uma vida ou evitar mais danos para aqueles que já não têm mais ânimo para seguir tentando dietas e métodos sem resultados ou vivem sem ouvir, isolados ou deprimidos com o excesso de doenças associadas à sua obesidade.

Apesar disso, continuo acreditando que, salvo esses casos, se encararmos o paciente *como um adicto à comida, seria possível retomar o rumo clínico apenas mudando o enfoque* e deixar a cirurgia para os casos verdadeiramente inevitáveis, reiterados e rebeldes.

Uma reflexão final: ná década de 1980 dizia-se que os preparados magistrais com anfetaminas eram a solução ideal para a obesidade, que não causavam dano algum e que mudariam o destino do gordo (muitos ainda até hoje por esse erro terapêutico)... Isso que está acontecendo com a cirurgia gástrica não seria o mesmo? Será que, passados alguns anos, todos perceberemos que se trata de um situação semelhante?

Prudência e moderação é o que pedimos ao paciente. Devemos exigi-las também de nós mesmos.

Respostas concretas para perguntas possíveis

- As drogas têm possibilidades de êxito no tratamento da obesidade?

Por enquanto, não obtiveram bons resultados. A pesquisa de uma solução farmacológica para a obesidade continua sua marcha desenfreada. Entretanto, até o dia de hoje, as mudanças mais notáveis e sustentadas no tempo aconteceram com terapias que não envolvem fármacos e facilitam uma mudança de estilo de vida e de alimentação.

- Qual é, afinal, o papel das cirurgias?

O papel das cirurgias é declarar a morte da vontade do paciente e demonstrar a incapacidade atual de criar estratégias, técnicas e métodos que resolvam, em um mano a mano constante, a questão do emagrecimento e impeçam a reengorda.

Outra "função" das cirurgias é produzir um "corte" na relação médico-paciente, que é substituída pelo "corte" do cirurgião através de uma intervenção cujos efeitos são, em geral, tão arriscados quanto a própria obesidade. Da mesma forma, as cirurgias, embora permitam perder gordura, não têm o poder de mudar comportamentos. Portanto, elimina-se o sintoma, mas os comportamentos compulsivos permanecem intactos. E se o descontrole comportamental persiste, o mais provável é que o paciente substitua, compense a falta de comida procurando outras áreas nas quais continuará desenvolvendo seu comportamento aditivo.

Capítulo 7

AS BABAS DO DIABO

7.1 O autoengano

7.1.1 Disso não se fala

Sempre digo aos meus pacientes que um dos primeiros passos a seguir, quando se trata de emagrecer, é romper a "barreira do cimento". Recorro a esta metáfora porque ela condensa, ao mesmo tempo, a ideia de processo e a ideia de estatismo. O processo compreende o trabalho e o tempo dedicados à construção dessa barreira com os mais variados materiais; o estatismo seria a expressão do estado final a que se chega.

Tal como afirmei anteriormente, ao comer, a pessoa lança mão de uma série de mecanismos ou redes, cujo objetivo é garantir que possa continuar comendo, e mantendo o circuito aditivo. Entre esses mecanismos, o principal e mais poderoso é o autoengano, pois está em conformidade com uma instância comportamental que nos afasta de qualquer possibilidade de reflexão acerca do que nos leva a fazer o que fazemos, bloqueando todas as saídas.

Segundo Daniel Goleman, a pessoa que pratica o autoengano permanentemente acaba caindo em um estado de incapacidade de prestar atenção a aspectos cruciais de sua realidade.[1]

[1] Goleman, Daniel. *Psicología del autoengaño.* Buenos Aires: Atlántida, 1997.

Sua percepção foi alterada, adquiriu formas diferentes, cobriu-se de véus adequados a cada ocasião. Utiliza camadas e mais camadas de cimento que, por fim, formam uma grande barreira impenetrável, que, embora seja protetora em alguns momentos, em geral o afasta de qualquer possibilidade de mudança e perpetua seu mal-estar.

Um exemplo: diante de uma situação de perigo iminente, as pessoas parecem se anestesiar, minimizando os fatos, a fim de evitar a preocupação. É o que acontece também quando se trata do nosso corpo. Sabemos que estamos mal, que algo em nosso organismo está dando sinais de alarme e, no entanto, adiamos indefinidamente o controle que pode nos aproximar da realidade. Em muitos casos, a consulta a um especialista acontece quando já é tarde demais e a situação torna-se irreversível.

O que sentimos quando registramos uma informação como ameaça em potencial? No começo, ansiedade ou angústia e, então, tentamos nos proteger negando o fato. Embora o autoengano possa ser de grande utilidade em alguns casos, a realidade indica que, em geral, suas consequências são negativas, porque a atenção distorcida falseia a experiência e inibe a ação.[2]

Veremos, a seguir, quais são os diversos mecanismos empregados para aumentar e engrossar nossa "barreira de cimento". Nesse momento, é interessante citar um exemplo para ilustrar o conceito de autoengano:

Juana tem 65 anos e carrega trinta anos de gordura nas costas. Desde que casou, seu corpo começou, pouco a pouco, a se transformar em um inimigo. Tentou todo tipo de dieta e, embora tenha conseguido perder alguns quilos em algumas ocasiões, em geral manteve um excedente de 40 kg. Apesar dos reiterados fracassos, nunca assumiu sua responsabilidade pela situação: as dietas eram ruins; os médicos, uns mentirosos; o exercício não fazia sentido... Sua gordura era culpa da retenção de líquidos, da tireoide ou da menopausa ou ainda... do marido, que era magro, mas comia de tudo, tentando-a sem parar.

Um checkup de rotina revelou que suas taxas, sempre elevadas, de colesterol e triglicerídeos, tinham chegado a extremos perigosíssimos, a ponto de colocar sua vida em risco. Foi, então, que resolveu se consultar comigo, incentivada por uma amiga.

---

[2] Goleman, Daniel, *op.cit.*

Confesso que seu ceticismo e sua atitude defensiva me surpreenderam. Sustentava que sua gordura era devida, naquele momento, à idade, que se cuidava, mas, como estava velha, não conseguia perder peso. Em momento algum, assumiu que estava gorda porque comia demais. Todo o seu discurso girava, como sempre, em torno de causas externas. Ela se apresentava como uma pobre vítima... Os responsáveis por sua gordura extrema eram os médicos, a família, as amizades, o trabalho, a idade... Ela? Nunca!

Esta mulher se adaptou à gordura, assim como outras pessoas se adaptam a viver em lugares com climas asfixiantes ou em regiões com movimentos sísmicos constantes. Sabem que, a qualquer momento, pode ocorrer um terremoto, mas continuam ali e muitos sequer se dão ao trabalho de reforçar suas casas. Ao contrário, desafiam a natureza e pensam que uma grande tragédia nunca vai acontecer.

O corpo de Juana disse "Chega!", mas sua cabeça não. Continua tramando estratégias para não se ver, para não se deparar com sua própria obra. É um caso muito complexo, porque seus pensamentos e atos foram modelados pelo autoengano, pela não percepção da realidade. Em vez de dizer: "O que fiz com meu corpo?", ela se pergunta: "O que a 'vida' fez com meu corpo?". E, então, como a força dos fatos é demasiado brutal para ser ignorada (seu corpo representa um alarme luminoso e sonoro, por fora e por dentro), ela altera seu significado.

Nesse caso, como em tantos outros, a mentira é escondida e protegida pelo silêncio, os álibis e a negação. Desvia-se a atenção do fato conflitante ou reformula-se o seu significado para que se torne aceitável. Contudo, é possível fazer uma confrontação, uma aprendizagem do vivido, uma ruptura das várias camadas de cimento. A última camada construída por Juana foi a idade. Segundo suas deduções, quanto mais velhos somos, mais o corpo se torna resistente ao emagrecimento, uma desculpa muito útil, pois serve para que possa continuar comendo. O que ela não entende é que a idade "avançada" é, em todo caso, boa para a sabedoria, assim como a idade "jovem" é boa para os desafios. Entretanto, a idade jovem, com sabedoria, é maravilhosa, e a idade avançada, com sabedoria e com desafios, melhor ainda. Não é um problema de velhice ou juventude, é uma questão de atitude.

No entanto, embora negue as causas de sua gordura, Juana venceu sua onipotência e se colocou no lugar do "paciente", resolveu enfrentar a própria dor. Entretanto, o que significa, finalmente, ser um paciente? Etimologicamente, a palavra provém de sofrimento: “paciente” é “aquele que padece”. Na obra *Doença como metáfora: aids e suas metáforas*, Susan Sontag fala a esse respeito: “Não é o sofrimento enquanto tal o que mais se teme, mas o sofrimento que degrada. Os registros clínicos afirmam que a doença pode ser não apenas um épico do sofrimento, mas também uma oportunidade de alcançar algum tipo de transcendência própria”.[3]

Portanto, se percebemos quais são os limites que balizam nossa experiência e quais as camadas de cimento que usamos para petrificar nossos pensamentos e nossas ações, teremos mais ferramentas para derrubá-los. “A tarefa de conferir realidade a um fato consiste em parte em ‘dizê-lo’, uma e outra vez, para insuflar a consciência do risco e a necessidade da prudência enquanto tal”, reflete Sontag. A atitude oposta se transforma em **autoengano**: acreditar que não há problema algum e não falar com ninguém.

Pois bem, vimos anteriormente que o mecanismo aditivo tem causa múltiplas: históricas, sociais, culturais, biológicas e psicológicas. Cada uma delas, à sua maneira, nos leva a aderir a uma trama da qual é difícil sair, pois, para isso, é preciso encontrar o fio da meada, é necessário chegar ao esconderijo da aranha para aniquilá-la e, em seguida, desfazer a teia, percorrendo e separando cada fio. Precisamos fazer o caminho de volta, romper os fios mais rebeldes, desarticular essa estrutura que nos sustentava enquanto, paralisados, construíamos nossa própria e asfixiante “barreira de cimento”.

A aderência é, portanto, interna e externa: do lado de fora, está a aranha, que tenta, seduz e põe a mesa; mas, dentro de nós, existem mecanismos que nos levam a sentar à mesa, comer demais, não levantar mais e ainda defender, com unhas e dentes, mentiras e falsas promessas, o nosso lugar nessa mesa.

E, então, sentamo-nos, exercemos toda a nossa voracidade e ouvimos música. Que música? O canto das sereias.

É assim que trilhamos o caminho inverso do herói, porque sucumbimos diante desse canto e não há feiticeira alguma para nos avisar do perigo que isso implica. “Chegarás primeiro às sereias,[4] que encantam qualquer homem que vá

[3] Sontag, Susan. *Doença como metáfora: aids e suas metáforas.* Tradução de Paulo Henriques Britto e Rubens Figueiredo. São Paulo: Companhia das Letras, 2007.

[4] Segundo a mais antiga lenda, as sereias eram gênios marinhos, metade mulher, metade ave, que habitavam uma ilha do Mediterrâneo e com sua música atraíam os marinheiros que passavam por ali. Quando os imprudentes se aproximavam, eram devorados.

ao seu encontro. Aquele que imprudentemente se aproxima delas e ouve sua voz, já não volta. As sereias os enfeitiçam com seu canto sonoro, sentadas em uma pradaria e tendo ao seu redor uma montanha de ossos putrefatos de homens cuja pele vai sendo consumida", avisa Circe a Ulisses.[5]

E ela continua: "Passe longe e tampe os ouvidos de seus companheiros com cera, a fim de que nenhum deles as ouça; mas, se você desejar ouvi-las, faz com que amarrem seus pés e suas mãos no mastro do navio, passando as cordas bem apertadas ao redor dele, e assim poderá se deleitar escutando as sereias. E, caso suplique aos companheiros que lhe soltem, advirta-os para que o amarrem com ainda mais nós.

Ulisses seguiu o conselho de Circe e, embora tenha ordenado aos companheiros que o amarrassem, assim que ouviu a voz das sereias, sentiu um desejo irrefreável de correr para elas. Foi, no entanto, impedido por seus homens. Dizem que, ressentidas com o fracasso, as sereias se lançaram ao mar, morrendo afogadas.[6]

O canto das sereias representa, definitivamente, a mentira, o autoengano e tudo aquilo que nos prende com um encanto aparente e nos desvia do caminho para nos lançar, enfim, em direção à morte.

Assim como Ulisses teve de enfrentar inúmeros obstáculos para regressar à sua Ítaca natal e juntar-se à sua família, quem está preso na adição da comida terá de se livrar de seus mecanismos de autoengano para se reencontrar com o próprio corpo. Se não se fortalecer e não evitar ouvir seu canto interior, esse reencontro nunca vai se concretizar.

"Preciso me desarraigar do meu corpo para ir viver em um novo", confessou certa vez um paciente. E estava certo: deixar o corpo gordo é como um desarraigamento, porque é deixar a comodidade, o estatismo, a compulsão, o facilismo. A experiência de desarraigamento é uma das mais difíceis de enfrentar, pois gera ansiedade e angústia. É quando mobilizamos nossa capacidade de autoengano como proteção contra essas situações, sem perceber que o núcleo dos nossos problemas está exatamente nessa atitude. Se, para chegar ao novo corpo, precisamos enfrentar um conhecimento que provoca dor, então, o desarraigamento é positivo, pois libera, tira das nossas costas um peso "enorme", tanto físico quanto espiritual. E essa dor traz consigo o pranto, que é muito bem-vindo,

---

[5] Homero, *Odisséia.* Tradução de Manuel Odorico Mendes. São Paulo: Martin Claret, 2003.

[6] Grimal, Pierre. *Dicionário de mitologia grega e romana.* Rio de Janeiro: Bertrand Brasil, 1996.

porque quem não chora e libera suas emoções inunda-se por dentro, ou seja: **todo tempero usado para atenuar dores faz com que a vida fique muito mais amarga**.

O primeiro passo dessa corrida de obstáculos interiores é assumir que a verdade não é uma agressão, mas uma realidade. Se alguém diz, por exemplo: "Não saio de casa, não quero que me vejam...", não está tomando uma decisão, está apenas colocando um limite para sofrer menos. Sofre menos, ao passo que continua alimentando esse monstro que é a gordura. Portanto, não quer que o vejam porque sente vergonha, porque está cansado da indiferença, do olhar crítico e prefere levar a vida pelo meio, escondendo-se, isolando-se. Como romper com essa vida vivida pela metade? Aprendendo a suportar as pequenas dores para não alimentar as maiores. Sendo "aquele que age" em lugar de "aquele que sofre", pois essa é a única maneira de abandonar a profecia autocumprida do fracasso.

Dissemos que ouvir o canto das sereias equivaleria a sucumbir às próprias redes de autoengano. Nossa mente é capaz de fazê-lo, se evitar que recordações e pensamentos dolorosos cheguem à consciência, por meio do uso de manobras ou "defesas", segundo a designação freudiana. Para Freud, as defesas partilham com a repressão a mesma finalidade e o mesmo objetivo, pois ambas constituem dispositivos cognitivos para modificar e distorcer a realidade, a fim de evitar a dor.[7]

Em seguida, vamos nos deter àquelas armadilhas que geramos em nós mesmos, àqueles cantos de sereia que não nos deixam ouvir outras vozes, nos *comportamentos defensivos* que, em vez de nos defender, nos atacam e nos levam a aderir cada vez mais às nossas já exuberantes constituições.

7.1.2 Comportamentos defensivos

Os mecanismos de defesa são, em essência, truques da atenção, maneiras que permitem que nos distanciemos dos nossos sentimentos. No caso da obesidade, embora sejam utilizados para continuar comendo, precisamos investigar qual é a dor subjacente a esse comer compulsivo, o que é que aquela pessoa não quer enfrentar, o que a levou a armar aquele dispositivo de proteção, que é tanto físico quanto mental.

---

[7] Goleman, Daniel, *op. cit.*

Esses mecanismos de defesa deixam rastros tanto nos comportamentos quanto nos discursos. Em geral, são formas de simulação que olhos atentos e ouvidos treinados conseguem captar imediatamente. Seu uso é indistinto e depende da situação. No entanto, observa-se, em algumas pessoas, o predomínio de um mecanismo sobre os outros.

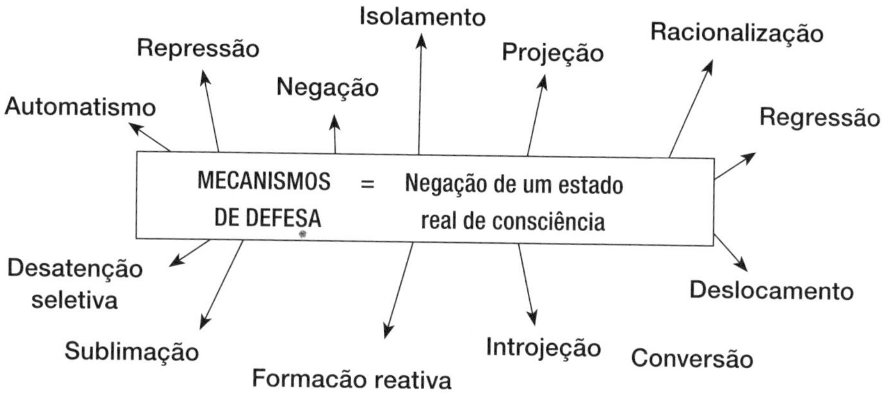

Por meio dos mecanismos de defesa expostos anteriormente, a informação passa para o inconsciente, onde recebe os mais diversos disfarces antes de chegar à consciência. Assim, enviamos o que está dentro para fora e experimentamos os fatos sem senti-los, inventando uma história substituta ou substituindo o ameaçador pelo inofensivo.

Reproduzo, a seguir, um diálogo extraído de um grupo-chave, que ilustra claramente a encenação e a confrontação com o autoengano:

Paciente: – Não pude exercer minha profissão, tive de me dedicar à família e me esqueci de mim. Foi por isso que fiquei gorda.

Terapeuta: – Você acha que ter se dedicado aos filhos e ao marido comprometeu sua profissão, comprometeu seu corpo?

Paciente: – De certa maneira, sim.

Terapeuta: – Acredita que as pessoas que conservaram o corpo abandonaram o lar? Pensa, por acaso, que quem exerce sua profissão não cuida dos filhos?

Paciente: – Não...

Terapeuta: – Na realidade, o que você está fazendo é utilizar uma ação que foi muito intensa, de dedicação à sua família, como um biombo que a impede que veja porque não exerce sua profissão e porque não cuida do seu corpo. Se a sua família, seu marido e seus filhos atropelaram tantas coisas importantes para você, este vira o novo enfoque: a questão não é mais ter se dedicado demais a eles, mas não ter se dedicado às coisas de forma objetiva, na medida certa, de maneira equilibrada e racional, de forma que se doar não signifique se abandonar, mas saber o que quer e doar somente até o ponto em que é possível garantir o que precisa para você. Enquanto administrava a vida dos que a cercam, não conseguia administrar a sua. Isso não significa que você não se cuidou, apenas que o fez mal: preocupou-se em comer e se permitir todos os gostos.

- ***Racionalização***

A utilização de uma ação como biombo para outra é um tema recorrente naqueles que não querem enfrentar sua desmesura. Por meio da *racionalização*, a paciente inventa uma história substituta tão limpa e refinada que ela mesma acaba acreditando. Racionalizar não é raciocinar, mas usar o raciocínio para encobrir ou negar a realidade. É encontrar uma justificativa para evitar a dor e encontrar alívio.

Assim, a paciente nega uma realidade, "está gorda porque cuidou de comer", e racionaliza: "Comi porque cuidei dos outros". Atua como a raposa da fábula que não conseguia alcançar as uvas e se tranquilizou concluindo (*racionalizando*) que estavam verdes.

A justificativa expressa o desatino em que a paciente está mergulhada, com valores atrofiados e uma insistente resistência à mudança. A intenção de ocultar o que ocorre conosco esconde o medo de não poder eternizar a vida. Entretanto, curiosamente, o que está se eternizando é uma vida com uma sobrecarga e uma gordura que agride e maltrata a pessoa, diante de si mesmo e dos outros. A obesidade tem, definitivamente, características secretas que a sustentam.

Porque: o que como quando me como...?

Minhas ansiedades, minhas brigas,
Minha solidão, minha falta de fé.

Meu orgulho e minhas angústias
Desalentos e cansaços

Onipotências e medos
Minhas penas, meus dias mortos.

Os livros que não li
O amigo que não vi
A carta que não escrevi
O alento que não dei.

Cristina (paciente)

- ***Projeção***

Tem gente que come a vida, engole a possibilidade de desfrutar dos momentos que tornam a existência mais intensa. Quem diz: "Engordei 30 kg em sete meses e, quando meu marido queria fazer sexo, cheguei a pensar que era preferível que ele tivesse uma amante. Agora me dei conta de como estava *anestesiada* e pesada", é quem encontrou a solução do problema na *projeção* do outro: a amante pode salvá-la, o marido não pode tocá-la, ela não sente vergonha e, o mais importante: pode continuar comendo! Entretanto, a contrapartida da *projeção* é a seguinte: se o marido arranja uma amante, ele vai imediatamente transformar-se em seu inimigo. A amante será o símbolo da raiva que o marido tem dela, porque está gorda e, consequentemente, sua própria raiva vai se dissipar e ela vai se transformar em vítima do outro.

- ***Automatismo***

Consiste na realização automática de determinadas ações para encobrir elementos da experiência que podem vir a gerar sensações incômodas. As seguintes palavras de um paciente refletem claramente o mecanismo *automático*: "Cheguei ao ponto em que, durante uma refeição, não me dava conta de que tinha comido a entrada: era como se a aspirasse, não tinha a sensação de comê-la, mas o prato vazio mostrava o contrário".

- ***Desatenção seletiva***

Vejamos um exemplo para compreender esse mecanismo de defesa.

Onde as mulheres se olham quando não estão em casa? "Nas vitrines, nos espelhos dos carros e dos ônibus, nos espelhos dos elevadores, nas placas de bronze do interfone e no olhar dos outros", explica a humorista Maitena.[8]

---

[8] Burundarena, Maitena. *Mujeres escogidas* Nueva Biblioteca Clarín de la Historieta. Buenos Aires: Arte Gráfico Editorial Argentino, 2006.

No entanto, na maioria dos casos, as mulheres com excesso de peso ou obesas evitam se olhar, porque esse olhar pode ser inquietante e obrigá-las a tomar consciência de seu verdadeiro estado. Em suma, a *desatenção seletiva* consiste em não ver o que não nos agrada.

- ***Regressão***

O que é *regressão*? É a reativação e reatualização de determinados comportamentos ou de um nível total de comportamento que correspondem a um período anterior, infantil, já superado pelo indivíduo. Ocorre diante de conflitos que a pessoa não se sente capaz de resolver. A adição a substâncias é vinculada, em geral, a um processo de *regressão* ao período que a Psicanálise chama de "fase oral" do desenvolvimento da personalidade, que engloba o primeiro ano de vida. No primeiro semestre da fase oral, a atividade predominante é a sucção. Não se trata apenas da sucção do peito materno, mas também da absorção (por meio dos órgãos dos sentido e da pele) de todos os estímulos que entram no campo acessível à criança. Quando ela se sente frustrada, tensa ou ansiosa, diminui ou elimina tais sensações desagradáveis procurando uma satisfação autoerótica: suga uma parte do corpo, em geral o polegar. No segundo semestre desse primeiro ano, a criança já é capaz de incorporar a realidade mordendo, ato que substitui a sucção.[9]

A satisfação, então, é associada ao retorno a um estado oral primitivo que, em algumas pessoas, atualiza-se diante de uma provável ameaça. A ingestão exagerada de alimentos pode estar vinculada, em alguns casos, a mecanismos *regressivos*, como a sucção primária e o autoerotismo.

Todo comportamento obsessivo-aditivo é, definitivamente, autorreferencial, pois tudo é pensado com base em si mesmo, tudo é referente a si mesmo e não há interação com o objeto.

- ***Introjeção***

Mecanismo que consiste na incorporação ou assimilação, por parte de uma pessoa, de características ou qualidade provenientes de um outro objeto, originário do mundo exterior. Se o indivíduo incorpora os traços do objeto *introjetado*, produz-se um fenômeno conhecido como "identificação introjetiva". Poderíamos citar como exemplo o caso de certas famílias de gordos nas quais o problema tem início

[9] Lagache, Daniel. *El psicoanálisis.* Paidós: Buenos Aires, 1984.

com o sobrepeso de um de seus membros e, por meio de identificação *introjetiva* se espalha entre os demais.[10]

- ***Deslocamento***

Nesse tipo de comportamento defensivo, as características de um objeto ou a projeção efetuada sobre ele se propagam ou se expandem para outros objetos ou partes da realidade externa, que estejam, de alguma forma, associados ao primeiro. Assim, os que são adictos à comida adaptam seus interesses, suas relações e seus gostos ao objetivo de sustentar esse vínculo nocivo.

- ***Conversão***

Nos casos em que um fenômeno psíquico se transforma em somático, estamos diante de um mecanismo chamado *conversão*. Ocorre, por exemplo, quando a depressão se transforma em um sono incontrolável ou em uma voracidade desmedida. A anorexia seria um caso extremo de *conversão*.

- ***Isolamento***

Existem casos em que se suprime parcialmente a experiência, pois não é a situação desagradável que é reprimida, mas apenas os sentimentos que ela gera. A pessoa opta pelo mecanismo de *isolamento* e a experiência fica marcada pela indiferença. A hiperadaptação à gordura e a consequente ostentação do corpo bojudo são expressões desse mecanismo.

- ***Formação reativa***

Nesse mecanismo de defesa, todo comportamento ligado ao objeto mau é reprimido, de forma que o comportamento que se manifesta, ligado ao objeto bom, intensifica-se, tornando-se extremo ou perseverante. É o caso daqueles que associam a magreza à doença e a gordura à saúde e, consequentemente, são gordos.

- ***Sublimação***

Esse comportamento defensivo, que Freud indicou como grande força civilizadora, é um processo por meio do qual se satisfaz, indiretamente, um impulso inaceitável transferindo-o para um objeto socialmente aceitável. Um exemplo? Quem

---

[10] Trataremos desse tema na próxima seção, ao analisar a codependência.

emagrece e se dedica à produção de alimentos de baixo teor calórico, saudáveis. Quem abre um restaurante que oferece alimentação saudável.

Em síntese e de acordo com o exposto anteriormente, nossas defesas nos isolam da mentira vital que constitui o núcleo de nossos problemas. Consequentemente, se um gordo está condenado a um ciclo interminável de dietas sem nunca perder peso, é porque não aprendeu com as experiências relacionadas à sua problemática ou às suas incapacidades pessoais. Então, tal como afirma Goleman, quem não compreende está condenado a repetir seus erros, a cair nessa estranha, porém comum "compulsão à repetição", também chamada, no ramo da Psicologia, de "lei da frequência". Ela designa a tendência à repetição de determinadas experiências sem se importar se os seus efeitos são favoráveis ou nocivos.[11]

A princípio, a visão que a Psicanálise tem da compulsão à repetição é a seguinte: trata-se da busca de uma experiência de satisfação primitiva que estabelece uma fantasia, cria a marca de uma satisfação alucinada, que nunca será igual à primeira, pois esta já se perdeu. Não se igualará jamais, mas a diferença entre o prazer obtido e o prazer esperado cria o desejo. Quando isso se repete compulsivamente, converte-se em um excesso que está além do princípio do prazer e pode levar à morte.[12] Essa tendência explica porque existem pessoas que preferem fugir da responsabilidade de fazer algum esforço, preferindo, talvez, o silêncio dos cemitérios e das sepulturas ao ruído da vida.

Quando um mecanismo de defesa está muito arraigado, ele se transforma em um hábito, e esse hábito modela o estilo de atuação da pessoa. Constatamos, então, que os comportamentos defensivos são as técnicas com as quais a personalidade total opera, pois elas tendem a manter o equilíbrio homeostático, eliminando a fonte de insegurança, perigo, tensão ou ansiedade. Embora sejam técnicas que produzem um ajuste ou uma adaptação do organismo, elas não resolvem o conflito subjacente. Consequentemente, todo comportamento defensivo conduz a uma restrição do eu ou a uma limitação funcional da

---

[11] Em outros termos, os comportamentos descritos como compulsões repetitivas têm precisamente as características dos processos primários e inconscientes condicionados pelo princípio do prazer e não pelo princípio da realidade: têm como condição primeira a debilidade do eu, sua impotência para se libertar. Lagache, Daniel, *op. cit.*

[12] Esse conceito produz resistências e críticas, assim como a teoria do instinto de morte à qual está vinculado. As críticas consistem essencialmente em mostrar que os fenômenos invocados a favor da compulsão à repetição não estão "além do princípio do prazer".

personalidade, pois opera sempre contra uma parte do próprio eu, ligada a um objeto perturbador.

A defesa não é um adicional, mas é o próprio comportamento em suas múltiplas alternativas diante dos conflitos.[13]

Na rede a seguir, estão dispostos os diversos comportamentos defensivos característicos do autoengano:

[13] Bleger, José. *Psicología de la conducta.*Paidós: Buenos Aires, 1996

É chegado o momento de discutirmos o que é possível fazer para atenuar tais mecanismos, para enfrentar a dor sem maquiagem. Em princípio, é preciso abandonar as armas e, mesmo que se sinta indefeso, assumir a responsabilidade pela própria realidade e olhar seu corpo de frente.

7.1.3 Adeus às armas

O percurso anterior permitiu que mergulhássemos nas profundezas dos nossos mecanismos de autoengano. Conhecê-los, saber que existem e assumir sua presença é imprescindível para começar uma mudança, pois, enquanto estivermos protegidos por uma camada de cimento, ouvindo o canto mortal das sereias e gerando cada vez mais defesas para ficarmos sempre no mesmo lugar, nossos corpos vão se desgastar de tal modo que, em algum momento, vão dizer "Chega!". Portanto, proponho que você comece a desembaraçar esse emaranhado, a destecer essa rede de dentro para fora, a trabalhar suas emoções e tristezas, pois já vimos que a solução não está em lançar mão da comida, muito pelo contrário: se, no momento da angústia e da tristeza, tentarmos acalmar a dor comendo e mastigando, nunca chegaremos a sentir e a chorar.

Muitos justificam a gordura em nome de uma comodidade que chamam de debilidade e a enfatizam para justificar sua impotência. Sendo assim, não podemos transformar a debilidade em uma apologia à gordura crônica. Quem vive sem forças e defende essa atitude é alguém que prioriza seus temores e suas perdas... A culpa é sempre de alguém ou de algo que lhe fez mal. Os responsáveis por tudo em nossas vidas são os outros, que estão fora de nós mesmos, e assim nos transformamos em vítimas de tudo que nos cerca. Nesse estado, a pessoa nunca será responsável por seus atos e continuará mergulhada no fatalismo, na resignação e na comodidade. No fundo, essa compreensão da própria vida revela uma personalidade muito infantil. Para conseguir se motivar, é preciso fazer o oposto: ser grande em atitudes e atos e realizar seus projetos. É mais difícil viver gordo escondendo a dor que tomar uma atitude para enfrentar a situação.

Como romper a "barreira de cimento"? Por meio do confronto, recurso que nos permite reagir. De tanto nos esforçarmos para não sofrer, alimentamos um sofrimento ainda maior e, paradoxalmente, só os "maus-tratos" podem nos salvar, nos fazer *encarar* o que não quisemos *ver* no início.

Uma vez rompida a "barreira de cimento", o que fica é a gordura, que vai embora rapidamente. Por quê? Porque quando a cabeça está magra, o corpo a segue.

Ao mesmo tempo, quando alguém recupera o controle, sua autoestima aumenta, o que lhe permite tecer uma nova rede para conter seus impulsos. E, assim, vão se abrindo as camadas da própria estrutura emocional. De fato, quando alguém sofre um desequilíbrio muito forte e consegue parar, diz: "Como estou feliz por ter tirado das costas o peso de ter de pensar quando vou perder peso, que comida vou comer à noite, se vou caber na poltrona, se vou entrar naquele carro, se vou passar entre dois carros no estacionamento...". E mais: "Finalmente, vou poder parar de fingir que nada me importa porque tenho poder, simpatia e frescor". Ou seja, vou me livrar de todo o peso mentiroso que exibem aqueles que vivem escondendo o que realmente sentem porque, definitivamente, não conseguem sair de onde estão.

Uma determinada pessoa, na condição de gordo, adicto crônico, é uma grande mentirosa. Tudo é conveniente, tudo é subestimado, tudo está bom para ela. Contudo, de tanto se esforçar para não ser vista como frustrada, vai desenvolvendo uma personalidade insensível diante das novidades, pois o segredo está em enfrentar-se a si mesma para obter alívio verdadeiro e poder seguir adiante. É exatamente nesse momento que ela precisa estar muito esperta, muito alerta para atingir seus objetivos e não voltar a dormir diante da vida, tal como fazia quando comia.

Depois de romper com a ideia onipotente do "eu posso tudo", você se tranquiliza. Muitas vezes, quem puxa o freio é o corpo e, nesse momento, precisamos procurar o resto em nossa própria cabeça. E, para encontrar, temos de reconstruir nossa escala de valores. O que pretendo dizer com isso? Que uma pessoa adicta, descontrolada, perdeu sua escala de valores, pois atribui muito valor à comida e muito pouco ao resto. Assim, embora o corpo tenha de estar na base de sua vida, ele está lá longe, na ponta, perdido, e quem está na base é a comida, como rainha soberana. Nesse caso, a pirâmide da alimentação tem mais valor que a pirâmide da vida. É por isso que quando tiram o pão de um obeso, entra em jogo o valor que ele dá ao pão: e não se trata do pão nosso de cada dia, mas do pão em excesso que ele não deve comer.

Dessa forma, todos os valores começam a se reacomodar. Por isso, é muito mais importante que o corpo, que sempre foi constantemente o grande ausente, esteja presente e que a liberdade, que sempre foi a grande presente, não continue a se expandir. É essencial também expressar sua opinião a respeito das coisas a tempo, para não "engolir" os pensamentos e os sentimentos.

O desafio reside, definitivamente, em começar a ver se não passaram a vida dando voltas ao redor de um assunto pequeno, transformando-o em algo maior, só para não ter de encarar os assuntos enormes, fazendo-os pequenos.

Como vimos, o autoengano é um comportamento multifacetado, pois cada situação gera um tipo de mecanismo de proteção, uma rede que nos sustenta, uma teia de aranha que nos enreda sob o disfarce da proteção. Todos já caímos, alguma vez, em suas armadilhas. No entanto, quem tem tendência a se exceder, também exagera quando utiliza esse mecanismo e transforma sua existência em uma verdadeira falácia.

Para Hector, um paciente que perdeu 97 kg,

> a mudança mental é o maior benefício, pois significa deixar os pensamentos que temos dentro de nós fluírem. Quando estava gordo, levei minha vida para um palco bem pequeno: vivia em um oceano, mas dentro de um aquário. Cheguei aqui e tiraram a tampa que cobria esse aquário. Comecei a sair aos pouquinhos para o oceano; no começo, tive medo, mas agora navego por todo ele.

O que Hector fez para navegar com segurança por todo o oceano? No início, procurou ajuda, enfrentou a dor e colocou um freio no autoengano. Quando assumiu que a mudança era urgente, entrou em ação imediatamente.

A seguir, abordaremos outro dos temas que se entrelaçam na construção da teia de aranha aditiva. As aranhazinhas seguem sua viagem sobre essa rede invisível para identificar as próximas vítimas. Quem são? As pessoas que pertencem ao ambiente próximo do adicto e que caem nas armadilhas da codependência.

7.2 A codependência: família e amigos

Certamente, a leitura do tópico anterior surpreendeu você, pois conseguiu se identificar com inúmeros pensamentos, artimanhas e atitudes de autoengano que somos capazes de desenvolver para continuar comendo e para justificar nossa gordura diante do mundo. Suponho, então, que também ficará surpreso com os assuntos que serão abordados agora, pois ele giram em torno de outro tipo de relação de dependência: do vínculo aditivo que algumas pessoas estabelecem com os adictos.

Essa é mais uma das aranhazinhas ocultas nas *babas do diabo* que, depois de se lançarem ao acaso para encontrar um lugar para crescer e se desenvolver, tecem uma nova teia de aranha imperceptível, na qual podemos cair e ficar presos. Estou me referindo a um fenômeno denominado *codependência*, descrito não faz muito tempo e que surgiu com base em pesquisas realizadas tanto em grupos terapêuticos de familiares e amigos de alcoólicos quanto em grupos próximos de dependentes de outras drogas, em geral aquelas relacionadas com as adições de ingestão.

Pouco a pouco, começou a chamar atenção dos terapeutas, que trabalham com grupos de familiares e amigos dos adictos, a existência de integrantes com tendência à codependência, ou seja, uma dependência vincular em relação àquele parente ou amigo que, por sua vez, é adicto a uma substância. É possível confundir a codependência com a adição aos relacionamentos, mas é bem diferente: não se trata aqui de estabelecer relacionamentos excessivos com muita gente ou de apaixonar-se cronicamente, mas da construção de um vínculo de caráter obsessivo com uma pessoa, em geral alguém bastante próximo e que apresenta uma característica bem definida: sofre de uma adição. Ajudar uma pessoa que está se autodestruindo, como fazem os familiares, as esposas, as namoradas e os amigos dos alcoólicos ou dos adictos à droga, ao jogo ou ao sexo, pode ser uma empreitada nobre. No entanto, existem indivíduos que ajudam em nível doentio, ou seja, criam um problema em suas vidas e incrementam o problema do outro. Contudo, embora eles sejam um fator muito importante no apoio e na retroalimentação do fator aditivo, nós, os médicos, muitas vezes esquecemos ou não damos a devida importância a eles.

Qual é o traço característico desses indivíduos codependentes? Eles estabelecem uma ligação excessiva com a pessoa que sofre a adição e suas vidas parecem girar apenas em torno dela, assim como o adicto faz com a substância. São pessoas que, exteriormente, demonstram necessidade férrea de cuidar das exigências, idas e vindas do adicto (muitas vezes, são amáveis e prestativas), mas em seu interior, escondem um esquema de manipulação e controle, por trás de uma fervorosa e intensa necessidade de buscar e obter aprovação. Isso atrasa e dificulta qualquer tipo de recuperação a longo prazo da pessoa envolvida nesse vínculo, como se fosse um boicote invisível e involuntário.

A codependência parece ser amor, mas é egoísmo, destruição mútua, medo, controle, relação condicionada. "Amo você, se você mudar". "Se não fizer o que digo, vou ser obrigada a recriminá-lo, persegui-lo, pois serei uma vítima de seu comportamento". Há na codependência grande quantidade de manipulação. É uma relação descontrolada: "Farei tudo o que for necessário para que essa pessoa se acomode a mim".

Qualquer relação afetiva que não produz tranquilidade, mas angústia e culpa, está contaminada pela codependência. Talvez você esteja, nesse momento, pensando que tem uma relação desse tipo. Pois deve saber que esse tipo de conexão vincular com o outro, capaz de gerar tais sentimentos, é doentia e obsessiva, sumariamente destrutiva, inconsciente e, como não produz tranquilidade nem crescimento, não leva a nenhum tipo de bem-estar. A codependência cria amargura, angústia, rancor e culpabilidade irracional. O fruto de uma boa relação deve ser a distensão e a alegria. Se não for assim, algo anda mal. Além disso, as pessoas codependentes experimentam um nível de adição tão sutil, camuflado com intenções tão boas que é muito difícil de detectar, tanto para a pessoa que sofre de codependência, quanto para o objeto de sua adição: o adicto. É uma rede quase imperceptível e, portanto, transforma-se em uma relação nociva e crônica.

Existem homens e mulheres que, para acalmar os próprios sentimentos desmesurados, atuam como se o único recurso fosse agradar a todos que o cercam. E, dentro desse ambiente, muitas vezes encontram um adicto, que já tem propensão a demandar animadamente os serviços de quem se mostra disponível.

A codependência é um tipo de adição muito profunda – dado que nela intervêm fortemente a questão psicólogica, a questão vincular, a intimidade que se gera em uma relação de família, de amizade ou de amor –, pois se relaciona intimamente com os aspectos emocionais. A dor é maior que o amor que se recebe. O estresse e as pressões sociais não existem, mas obviamente trata-se também de algo envolvente, tanto quanto uma substância, porque em uma relação familiar, assim como em uma amizade, pode haver componentes carregados de sentimentos e paixões capazes de gerar dependência.

Da mesma forma, é muito comum que os membros dessas famílias ou amigos experimentem um intenso sentimento de vergonha, medo, raiva e dor em suas relações com o alcoólico ou adicto, que ocupa o centro da cena familiar. Aparentemente, seus esforços têm como objetivo fazer com que o dependente não consuma álcool ou drogas, mas muitas vezes ocorre nessa relação algo irracional: mesmo quando o adicto deixa de consumir, a família permanece doente.[14] Mais uma vez, configura-se um problema com o vínculo que vai além da substância.

A codependência tem origem nas famílias disfuncionais e transforma seus membros em pessoas hipervigilantes. Vivendo em um círculo familiar tão carregado de estresse, decorrente da violência, da adição ao álcool, das drogas, de um problema crônico de obesidade ou das doenças emocionais de seus membros, a

[14] Mellody, Pia, Wells Miller, A., e Keith Miller, J. *Enfrentando a codependência afetiva*. Rosa dos Tempos: Rio de Janeiro, 1995.

pessoa codependente concentra sua atenção nesse ambiente para se defender de algum perigo real ou imaginário. O estado de alerta é uma defesa dos nossos corpos, algo temporário que nos ajuda nos momentos de perigo. Entretanto, quando esse estado se torna crônico, a pessoa perde contato com suas reações internas, pois sua atenção está permanentemente voltada para fora dela mesma.

A codependência pode ser efetivamente definida como uma doença cuja principal característica é a falta de identidade própria. O codependente perde a conexão com o que sente, necessita e deseja. Quando se comporta como alguém meigo e prestativo, embora não se sinta assim, está em busca de aprovação, pois acredita que seu valor como pessoa depende da opinião dos outros. Dá mais importância aos outros que a si mesmo. Cria-se, assim, um falso eu, pois, na verdade, o sujeito não tem consciência de quem é e está tão desconectado dos próprios sentimentos que assume a responsabilidade pelas ações dos demais. Tem vergonha daquilo que os outros fazem e toma tudo como se fosse pessoal. Investe enorme quantidade de energia na manutenção de uma imagem ou de um *status* para impressionar os outros, pois sua autoestima é muito baixa, já que depende do valor que os outros lhe dão.

Eventualmente, depender tanto de uma outra pessoa transforma-se em uma condição patológica que afeta o codependente em sua relação com todos os outros indivíduos.

O codependente tem seu próprio estilo de vida e seu modo de se relacionar com os demais, sempre em razão da baixa autoestima. Seu foco se volta continuamente para os outros e não para si.

Vamos, então, detalhar as principais características das personalidades codependentes:

- Preferem as relações exclusivistas e "parasitárias", geralmente com adictos a substâncias;
- Precisam da aprovação alheia de maneira excessiva;
- Habitualmente, adotam posições subalternas nas relações, que podem ser qualificadas como "assimétricas";
- Essa subordinação é, no entanto, um meio, não um fim;
- Suas relações não preenchem o vazio emocional que sofrem, mas o atenuam;
- A ruptura desse vínculo assume, para eles, as proporções de um autêntico trauma; e
- Apresentam um certo défice nas habilidades sociais.

A codependência nasce de uma fome doentia de amor, provocada, talvez, por um ambiente familiar no qual a pessoa não se sentia amada. Claramente, o oposto, ou seja, a superproteção, também é sinal de codependência. Há mães que usam os filhos para preencher um vazio emocional.

No que se refere às crianças, acredito que precisem se sentir seguras e dispor de modelos saudáveis para imitar e serem capazes de entender suas próprias sensações internas. Também necessitam aprender a separar sentimentos de pensamentos e a gerar autoestima neles mesmos, com base em seu interior. Se a criança perde contato com seus sentimentos, tratará de preencher suas necessidades com estímulos externos e muito provavelmente se transformará em um adulto codependente.[15]

A codependência também ocorre na obesidade, nos grupos familiares, mas talvez de maneira não tão nociva, mais próxima do estilo "acompanhar o outro" em seu caminho aditivo.

Porque o adicto, embora seja um ser individual e também um ser que se isola constantemente, não deixa de pertencer a um determinado meio. E esse meio é a família, são as amizades, é o grupo da sociedade do qual faz parte. Sempre existe uma relação, por mais isolada que a pessoa pense estar.

Em geral, o que está havendo no mundo, nesse momento, é que esses meios usam o obeso a seu favor, seja vitimizando-o, seja dando-lhe uma posição de domínio. Ele é levado a pensar que sua obesidade é o mais importante que existe. Isso já teve como resultado o fato de muitos gordos desfrutarem de certa posição onipotente de domínio, acima de outras doenças. "Se nunca foi gordo, você nunca vai entender". O que seria o mesmo que dizer: quem nunca sofreu insuficiência cardíaca, não pode ser cardiologista, pois desconhece essa vivência e não poderia ajudar.

O resultado é que, tanto a sociedade quanto o núcleo mais próximo de amizades ou a família, geram uma verdadeira relação dual com o doente. Essa relação assenta suas bases na zona de alternância que o obeso sofre e na cronicidade. É nesse ponto que se observa (como no caso do toxicodependente ou do alcoólico) uma dependência emocional do círculo de relações mais próximo ao paciente que é dependente da comida. Da mesma forma, observa-se a diminuição da autonomia do adicto, que, às vezes, é usada inconscientemente pelo próprio familiar,

[15] Bradshaw, John. *Homecoming: Reclaiming and Championing Your Inner Child.* Format Audio Cassette Bantam Dell Pub Group, dezembro, 1992.

como forma de exercer uma espécie de fascismo emocional, uma ditadura que visa obter subordinação.

O esquema da codependência inclui tanto o consentimento como a luta frontal ou passional. Em seguida, de acordo com a instância a que a relação chegou, a pessoa entra em um circuito contraditório no qual, ao mesmo tempo em que demanda atenção, ela a rejeita e, assim, oscila entre o "Ninguém se importa comigo" e o "Não se metam na minha vida". Além disso, quando se veem sozinhas diante de seu problema e descobrem que os outros pararam de girar em torno deles, elas tentam atraí-los de volta com ameaças e censuras, chamando-os de egoístas e insensíveis.

Os ataques da gordura, das dietas, dos ganhos e perdas, dos lamentos, das euforias são tão constantes, que todos ao redor acabam enlouquecendo. Muitas vezes, quando o adicto consegue se desligar da comida, a codependência familiar se dilui e se transforma em companheirismo, em nível quase terapêutico ou afetuoso, em relação na qual ninguém se desgasta: nem o gordo com seu sobrepeso, nem o parente com o tempo perdido para atingir o impossível, porque o outro fez com que isso se tornasse possível.

Por outro lado, tal como foi dito no início dessa seção, o codependente também apresenta tendência à adição. Além disso, mesmo sem se dar conta, o adicto ou o crônico sempre vão escolher uma pessoa para ser sua referência complementar: seu tutor, seu encarregado, seu questionador, seu crítico, seu sócio, seu cúmplice, seu colega. Não é por acaso que, muitas vezes, a pessoa padece da mesma adição que o adicto com quem se relaciona e gera, assim, um vínculo mútuo e literal de retroalimentação.

Para exemplificar o tema em questão, escolhi um caso de uma família de obesos (casal e dois filhos), na qual nenhum dos membros se dava conta do alcance de sua codependência e cumplicidade aditiva quando se tratava de comer. Em uma determinada sessão, o pai da família disse o seguinte:

> Minha mulher estava muito mal, sofria de bulimia, tomava antidepressivos, passava de um tratamento a outro sem nenhum resultado e, claro, ficava cada dia mais gorda. Chegou a pesar 120 kg. Vivia chorando, cheia de conflitos. Toda a família estava ficando doente, porque eu e meus filhos sofríamos ao vê-la assim. Mas, entre todos nós, festejávamos qualquer coisa com comida. Por exemplo: o pedido de comida do grupo familiar em uma noite era impressionante: três pizzas, 36 empanadas e

sorvete, claro. Foi assim que eu também cheguei aos 113 kg, meu filho mais velho, de 16 anos, aos 99 kg, e o outro, de 11, aos 62 kg.

Este é um exemplo claro de como podemos avançar todos juntos no caminho da adição, do autoengano e da codependência.

Pois bem, o que ocorre com o codependente quando se consegue frear a adição? Um dos grandes desafios que o paciente deve enfrentar quando emagrece é o vazio que se origina quando se encerra o tema da dieta, da comida e de perder peso, ou seja, uma vez que o paciente atingiu seu peso, não sabe como manter o diálogo com seu ambiente ou não sabe o que dizer... porque sua boca esvaziou. Acabou-se o espaço que o vínculo ocupava, ele se desvitimizou, passou a ser uma pessoa comum e começou a ter menos elementos para gerar o intercâmbio que havia antes e cuja base era a doença. Esses são os benefícios secundários da doença.

Outro exemplo que pode ser dado é quando um pai deixa de trabalhar porque o filho ficou doente: como antes ele não lhe dava a atenção devida, usa a doença do filho como fator de cura da enfermidade familiar.

O extremo da codependência ocorre no caso dos casais simbióticos ou dos casais antagônicos: quando um ganha peso, o outro perde e vice-versa. Há também o exemplo dos casais que fazem um jogo perigoso: o tobogã (quando um sobe, o outro sobe também, e depois os dois despencam juntos). E, ainda, o exemplo dos casais que não vão nem para cima, nem para baixo, ou seja, estamos nos referindo aos "casais deitados na rede".

Também existem relações muito simbióticas entre mães e filhos, relacionamentos muito viscerais, edipianos, onde não há corte. Quando se fala de corte, trata-se de cortar o cordão umbilical, romper com o que me liga à comida em excesso. Se não houver a ruptura desse cordão, não consigo crescer, não posso tomar a distância de que necessito para ter clareza.

Em que momento o peso da codependência aparece, isto é, o peso do codependente no discurso de quem está em tratamento para emagrecer? Isso não depende da personalidade do indivíduo, mas da atitude terapêutica e da filosofia de tratamento. Parte do método consiste em desmembrar a codependência, fazendo com que o paciente se encarregue e seja responsável por seu trabalho. É característico ouvir os pacientes relatarem que seu ambiente familiar sabota o tratamento. Dizem, por exemplo: "O que acontece em minha família é que minha mãe está muito feliz com os quilos que perdi, mas olha para mim com tristeza, traz a comida e me olha como seu eu fosse uma coitadinha."

É preciso aprender a conviver sem gerar codependência por parte dos que fazem sua comida ou lhe alimentam com pena. Se, por exemplo, todas as companhias aéreas fabricassem assentos maiores a pedido dos gordos, fomentariam a codependência. Na realidade, a resposta diante de um pedido desse tipo deveria ser a seguinte: "Viajem de trem ou de navio; se vocês estão mal, não vamos fornecer lugares mais espaçosos. Se fizermos isso, nunca vão se curar; não estaremos ajudando".

Em geral, nos grupos terapêuticos, cedo ou tarde, com maior ou menor dramaticidade, com maior ou menor responsabilidade, aparece o fato de que um décimo, a metade ou todo o ambiente do paciente se mobiliza quando a mudança se põe em marcha.

A resposta condicionada ao outro e condicionada supostamente pelo outro depende muito de não poder contar com a tranquilidade que o nosso tipo de tratamento, por exemplo, oferece: não há apego à comida, há um afastamento do desejo irrefreável; não há compulsão, e os outros podem falar sobre o que quiserem, pois todos terão de entrar no jogo. Os outros vão ficar espantados, pois o diálogo mudou e, então, é bem provável que abandonem paulatinamente esse papel. A não ser que o paciente já esteja incorporado aos seus codependentes a ponto de ambos não conseguirem viver sem ter um doente por perto, pois são codependentes entre si.

Existem muitos grupos ou relações sociais viciadas em codependência, como, por exemplo, as seitas. No entanto, também existem grupos que tentam desfazer esse tipo de relação, como os grupos terapêuticos. Em princípio, podemos dizer que a relação que se estabelece nos grupos terapêuticos é de interdependência, não de necessidade – uma relação de consciência de limites. O grupo trabalha para o paciente e procura libertá-lo daquilo que o sufoca, ao mesmo tempo em que gera intercâmbios muito interessantes de energia e emoções. Não trabalha em benefício de um líder, como em uma seita, pois quem coordena o grupo age para o benefício do paciente, respondendo às necessidades que este traz, sem impor as necessidades da comunidade. Por isso, não chamamos os grupos terapêuticos de "grupos de pertencimento", mas de "grupos de transferência", pois são trabalhos grupais que transferem o paciente gordo para o paciente magro que ele ainda virá a ser, aquele que vai se conectar com outro tipo de gente, que não vai mais depender da comida, que não vai depender tanto do grupo e vai se dedicar à manutenção dos sucessos alcançados.

Quando o paciente alterna entre um grupo familiar e um grupo terapêutico, a primeira indicação que faço é "trocar a lupa pelo espelho", isto é, quando o paciente, no tratamento, assume o papel de observador: é como se olhasse e julgasse tudo através de uma lupa. Então, eu digo: "A partir de agora, todos os que chegaram aqui com uma lupa para nos estudar, façam-me o favor de descartá-la e pegar um espelho." Que espelho é esse? É um espelho real, por meio do qual o paciente pode observar a si mesmo, tanto em termos de comportamento como de sua gordura; e é também um espelho figurativo, que mostra quem são "os outros": os que estão bem, os que estão mal, os que estão tão gordos quanto o paciente etc.

Trocar a lupa pelo espelho equivale a substituir a comida, como centro da vida e vínculo principal, por outros interesses e vínculos. Paralelamente, os que são codependentes da sua adição começarão a encontrar seu próprio centro, sua própria imagem, vinculando-se consigo mesmos: eles também pegarão o espelho e abandonarão a lupa. O trabalho proposto é partilhado, composto, sem vítimas nem culpados, apenas gente que pode se tornar responsável e se libertar de vínculos nocivos. O objetivo é descobrir que existe uma forma eficaz e inteligente de sair de todo esse emaranhado que nos enreda e, ao mesmo tempo, enreda outras pessoas também.

As chaves para desenredar-se serão reveladas nos capítulos seguintes. Você terá de acionar toda uma parafernália de instrumentos e artimanhas para lutar contra a aranha: tesouras, saltos, decolagens, trabalho individual, grupal, dietas, atividade física. E, então, você se anima? Pois, pode começar virando esta página.

Respostas concretas para perguntas possíveis

- Como podemos perceber que estamos mergulhados em um mecanismo de autoengano?

O autoengano é um comportamento multifacetado que, diante de cada situação, gera um mecanismo que nos protege, uma rede que nos sustenta e nos afasta da verdade. Por isso é tão difícil perceber se estamos mergulhados em um mecanismo de autoengano.

A mentira é escondida e protegida pelo silêncio, pelos álibis e pela negação, desviando a atenção do fato conflitante ou reformulando seu significado para que se torne aceitável. No entanto, uma confrontação é possível, uma reaprendizagem do vivido, uma ruptura das diversas camadas que ocultam o autoengano.

Definitivamente, o desafio reside em começar a ver se passamos a vida dando voltas ao redor de um assunto pequeno, transformando-o em algo maior, e fazendo com que os assuntos enormes pareçam pequenos, para não ter de encará-los.

- O que significa ser codependente?

Ser codependente é ter uma dependência vincular a uma pessoa próxima que, por sua vez, é adicta a uma substância.

A codependência é outro tipo de relação de dependência, uma relação de vínculo aditivo que certas pessoas estabelecem com os adictos.

Ser codependente é preferir as relações exclusivistas e "parasitárias", geralmente com adictos a substâncias. Também é necessitar excessivamente da aprovação dos outros e adotar posições subordinadas nas relações que podem ser qualificadas como "assimétricas". A ruptura desse vínculo com a pessoa adicta assume, para eles, as proporções de um verdadeiro trauma e, em geral, eles apresentam certo défice nas habilidades sociais.

TESTEMUNHO

Volte amanhã...

Às vezes, é muito difícil descrever o que a gente foi durante muito tempo.
Tão difícil que foi difícil entender a real situação em que me encontrava.
No começo, só lembro que, para subir as escadas, tive de parar duas vezes. Era óbvio que não tinha ideia da dimensão do meu corpo, nem da elegância e menos ainda do que significava ser mulher. Para mim, botinas masculinas eram sapatos elegantes.
Cheguei ao Centro, em uma manhã do final de julho de 2004, e sentei para ouvir. Na saída, um senhor esperou por mim e disse: "VOLTE AMANHÃ".
Olhei para ele com toda a minha arrogância e respondi: "MAS É CLARO".
E voltei no dia seguinte, e no outro e em todos os outros.
E, ao voltar,
Ouvi
para poder entender.
E entendi

para começar a me dar conta.
E ao me dar conta
pude escolher.
E ao escolher
exerci o poder.
E ao poder
me reencontrei com a força,
que me deu poder dia após dia.

E assim descobri que
somente por ter ouvido
entendi que escolhendo
exercia o poder de poder
com o qual nunca pude e tanto desejava
e que era tão simples, tão fácil
como se dar conta de que
– como disse Serrat –
"De vez em quando a vida nos beija na boca
E se desdobra em cores como um atlas".
E essas são as cores de saber que não somente tenho uma nova vida,
mas também, simplesmente, agora eu sei que estou viva.

Liliana Graciela Lerda
Perdeu 114 kg em 16 meses.
Está há 10 meses em manutenção.

TERCEIRA PARTE

Artimanhas contra a aranha

Capítulo 8

O CIRCO B(*EAT*)

8.1 Protagonistas e encenação

Nos capítulos anteriores, nos dedicamos a definir e aprofundar as características da obesidade. Descobrimos que temos muitos pontos em comum com as pessoas adictas, tanto a substâncias quanto a comportamentos, e que nosso corpo se desequilibra por completo quando comemos em excesso e incorporamos ingredientes que alteram silenciosamente o nosso sistema neuro-hormonal. Analisamos, também, as particularidades das redes secretas (farmacológica e cirúrgica) diante das quais sucumbimos quando não sabemos mais o que fazer com tanto "não poder", assim como os diversos mecanismos que perpetuam o estado de obesidade, tais como: a codependência e o autoengano.

Chegou a hora, portanto, de fazer um resumo de tudo o que foi dito e de elaborar artimanhas para utilizar contra essa aranha polifacetada que é, ao mesmo tempo, interna e externa, que nos seduz por fora e vai nos paralisando por dentro.

Como foi dito anteriormente, todos temos problemas diferentes, mas uma mesma solução: comer demais. Temos também modos diferentes de conviver com nosso excesso de peso, ou seja, nem todos os gordos têm a mesma atitude diante de sua gordura, mas, ao contrário, cada pessoa experimenta o problema de acordo com os traços de sua personalidade. Assim, alguns entram em negação, enquanto outros talvez se mostrem mais adaptados. Há os que pensam que sua gordura é circunstancial, esporádica, e os que a vivem como definitiva. Existem igualmente os que não conseguem escapar do circuito emagrecimento-reengorda e que nunca atingem o equilíbrio.

As possibilidades são infinitas e o desafio daqueles que, como nós, se esforçam para combater esse "imenso" problema, está em encontrar uma solução que, embora contemplando as particularidades de cada paciente, seja aplicável a todos os casos. O primeiro passo para conseguir isso é, portanto, saber muito bem com quem estamos lidando e que atitude cada um assume diante de sua realidade como obeso. Em seguida, entre as várias alternativas, é possível encontrar traços comuns entre os diversos pacientes e, consequentemente, detectar a que tipologia cada um deles corresponde e em que parte da rede ficaram presos.

No entanto, agora, enquanto deixamos Aracné tecendo, peço permissão para fazer um convite. O que acham de uma pausa em nosso percurso e desfrutar de um tempinho extra para visitar um circo? "Um circo!?", dirão vocês. O que pode haver em um circo que nos interesse? Não se preocupem. Uns mais, outros menos, todos podemos nos reconhecer nesse espaço. A tenda é muito confortável. É bem iluminada e a música é agradável. O ar tem um cheirinho bom. Só precisamos nos afundar em nossas cadeiras e esperar que os artistas se apresentem. E atenção: a companhia é formada só por artistas de peso: gordinhos, gordos, obesos e hiperobesos. Prepare-se. As luzes já vão se acender, a campainha já tocou e o primeiro número está prestes a começar, quando vemos um chamativo letreiro luminoso que, colocado bem no centro do picadeiro, exibe a seguinte frase: "*To b(eat) or not to b(eat)*".[1]

O espetáculo começou. Acompanhados por uma divertida marcha circense, aparecem em cena, desfilando uns atrás dos outros, o indefectível palhaço, um hábil malabarista, um domador de feras, um equilibrista, um ciclista, a mulher barbada e dois contorcionistas. Cada um se dirige ao letreiro de sua preferência e todos começam a exibir simultaneamente as suas habilidades. Vamos prestar muita atenção, porque o show promete.

O palhaço é um personagem excessivamente gordo, de aproximadamente 200 kg. Usa uma roupa coloridíssima e uma peruca vermelha cacheada. Seus movimentos são desajeitados e cômicos, e ele se dirige, aos pulinhos, para o setor de refeições rápidas que, se tem algo de especial, é o tamanho da comida que compõe sua decoração. Hambúrgueres tamanho GG empilhados em grandes montes,

---

[1] *Eat*, em inglês, significa comer.

pães inchados como imensos colchões, ramalhetes de batatas fritas formando uma estranha vegetação e, entre eles, potes de maionese, *ketchup* e mostarda que se erguem como torres as quais seria possível escalar.

Entretanto, isso não é tudo. Se o palhaço achar que não é suficiente, ele sabe que com apenas cinquenta centavos todo esse prazer na bandeja pode ser ainda maior. Se não der para o gasto, se ele ainda estiver com um pouco de fome.

Ansioso e desesperado para voltar a sentir aquele sabor tentador que conhece tão bem, engole a deliciosa carne dos hambúrgueres em grandes mordidas e dá uma sonora gargalhada enquanto vê a montanha desaparecer. Em seguida, é a vez das batatas fritas: descarrega litros de *ketchup* e maionese sobre elas e, assim, pegajosas, fumegantes e coloridas, começa a devorá-las sem pausa. Como se fosse "a Última Ceia", pensa consigo. Entretanto, o palhaço sabe muito bem que já teve várias "últimas ceias" e comeu mais que os 12 apóstolos juntos durante toda a sua vida. Para nós, espectadores de tão grotesco espetáculo, é difícil distinguir onde está o palhaço e onde está o cenário. Os dois fazem parte de um mesmo e singular conjunto.

Uma vez terminado o banquete, o palhaço senta-se no chão com dificuldade e seu rosto ganha uma expressão de tristeza. Seu hábitat é, agora, um espaço inabitável. Tudo que antes o cercava, agora está dentro dele, que não consegue andar e nem sequer se mexer ou falar. Luta para se levantar no meio daquelas ruínas, mas sente que está a ponto de explodir e irrompe em um choro desconsolado: as lágrimas rolam aos borbotões. Para se acalmar, resolve beber algo. Fica flutuando durante longos minutos em um tanque de refrigerante. Quando acaba, não pode fazer outra coisa senão recostar e, respirando com dificuldade, adormece no único lugar em que seu corpo cabe com comodidade: a teia de Aracné.

Agora, chegou a hora do próximo número. A cortina volta a se abrir e vemos um lindo jardim. Esse belíssimo parque tem algo que chama a atenção. Suas flores não são "flores". Na verdade, daquela grama verde feita com pasta de açúcar, brotam em coloridos buquês minúsculos bombonzinhos, docinhos, rosquinhas, trufas, caramelos, *brownies*, *muffins* e copinhos de creme. Tudo tão pequenino e tão inofensivo que a jardineira que mora lá parece uma mulher imensa. Usa um estranho uniforme unissex que rouba de seu corpo qualquer vestígio de feminilidade e seu rosto redondo e bochechudo termina em um queixo escuro, do qual cai uma barba desagradável.

Vamos aproximar um pouco os nossos binóculos. Essa mulher não é barbada; os pelos que crescem ali não são naturais! Na realidade, a jardineira se agacha para comer os minúsculos chocolates que crescem ao seu redor e, enquanto engole, disfarçando para que ninguém veja, alguns restos ficam pendurados em torno da boca formando um longo bigode doce que cai pelo queixo e acaba formando a horrível barba. Seu rosto é inexpressivo, parece hipnotizada. Quando acaba de saborear o último bocado, sobe com grande esforço em um tamborete e começa a cantar, mas seu próprio peso a faz balançar e ela cai na teia da aranha.

No terceiro número, encontramos o domador de feras no centro de um círculo com seu chicote. Os animais que ele pensa que domina são servidos em uma bandeja. O assado, o cozido e os talharins olham para ele, o cercam, o seduzem. O domador é gordo, mas não em excesso. Seus movimentos são ágeis, mas ele não é muito bom no manejo do chicote. As feras riem dele e o cercam de tal maneira que, embora tenha acreditado por um momento que era dono da situação, o domador se desfaz do chicote e, sem opor resistência, deixa-se devorar. A adição reconhece seu ponto fraco e consegue prendê-lo nos fios de Aracné.

A essa altura, vocês devem estar se perguntando onde estão os outros artistas. O ciclista e o trapezista optaram pelo setor de petiscos. Os dois têm um sobrepeso notável, de cerca de 50 kg. Arrastando uma enorme bicicleta, o ciclista para diante do prato de frios sortidos e começa a beliscar. Não encontra um lugar para encostar a bicicleta e resolve ficar segurando. Extremamente irritado, devora rapidamente presuntos, queijos, salames, azeitonas, pão... No entanto, como não está confortável, decide guardar um pouco nos bolsos para comer mais tarde. Sobe com firmeza na bicicleta e, depois de cambalear para os dois lados, consegue se equilibrar e sai pedalando satisfeito. Dá várias voltas, fazendo piruetas por todo o picadeiro: sem as mãos, de pé nos pedais, sobre uma roda apenas... Mas, de repente, enfia a mão no bolso, tira um sanduíche e, quando começa a mastigar, para de pedalar e cai na teia.

O trapezista, que observou a cena comendo um salgadinho atrás do outro, corre em auxílio do companheiro. Depois de ajudá-lo a se levantar, sobe uma escada de cordas para chegar ao trapézio. Lá no alto, pendura-se no trapézio e balança de um lado para o outro com tranquilidade e desenvoltura. No entanto, quando vira de cabeça para baixo, apoiado nas pernas dobradas, seus joelhos não aguentam, ele sente cãibras, precisa esticá-los e, sem conseguir se segurar, cai... Lá embaixo, é seguro pela rede. Levanta irritado e, em vez de continuar seu número, resolve voltar a comer. Senta-se e come, emburrado e triste. No minuto seguinte, levanta e vai para a escada: resolveu tentar de novo.

No palco das comidas exóticas há muita gente reunida. As contorcionistas usam suas habilidades para alcançar os pratos mais cobiçados: arrastam-se pelo chão, dobram o corpo, deslizam dissimuladamente. São duas lindas mulheres, mas estão com um certo excesso de peso, o que tira um pouco da graça de seus movimentos. Gostam de experimentar sabores diferentes e de desfrutar de uma culinária sofisticada. Sobreadaptaram-se a seu excesso e recorrem à sua destreza para poder continuar a comer.

Há um personagem no centro da cena que, curiosamente, não come. É o mágico e, desde que começou a se apresentar, não parou de fazer truques. É magro, mas seu aspecto não é saudável. Encontrou a fórmula mágica para perder peso: comprimidos. É por isso que parece tão ativo, não consegue parar; as anfetaminas o mantêm acordado, lúcido, mas está cansado, pois não dorme há dias. Ele trabalha sozinho: seu ajudante o abandonou porque, segundo comentavam, não aguentou os ataques nervosos e as mudanças permanentes de humor do chefe.

A área menos concorrida da tenda é a dos alimentos hipocalóricos. Fica afastada do resto dos setores; apenas dois artistas foram para lá: o malabarista e o equilibrista. Ambos estão fazendo tratamento para emagrecer e seguem tudo ao pé da letra. Já perderam muitos quilos e faltam outros tantos, mas, ao contrário do resto da companhia, o aspecto deles é saudável e a expressão, alegre e confiante. Estão se preparando para entrar em cena e, embora comam, não exageram: pegam pequenas porções, com cuidado e medida. O malabarista se afasta do setor e chega ao centro do picadeiro deixando todos boquiabertos com sua habilidade, sua rapidez e seus reflexos. Suas mãos estão sempre ocupadas, não mais com comida e sim com bolas, aros, garrafas e todos os tipos de objeto que desenham figuras no ar, com destreza impecável. Não pode ter um segundo de distração; do contrário, tudo cairia por terra e teria de recomeçar do início. É evidente que ensaiou seu número muitas vezes e que trabalhou com tenacidade para que o resultado fosse perfeito.

Um refletor se vira, de repente, para o teto da lona. No ar, equilibrando-se sobre uma corda quase invisível, está o equilibrista. Do outro lado da corda, alguém espera por ele. As luzes ficam mais fortes e permitem vislumbrar um vestígio de medo no rosto do homem, que, mesmo assim, segue em frente... Avança no ar o equilibrista, sustentando a longa vara que oscila para um lado e para o outro. Avança lentamente, medindo seus passos sobre a corda que balança a seus pés. Não ouve os tambores, nem os suspiros de expectativa do público admirado, não olha para o abismo que o separa da mania. Concentrado em sua tarefa, apenas avança em direção ao companheiro, que o aguarda no final da corda com os braços abertos.[2] À medida que avança, seu corpo diminui, vai se despindo das diversas capas que o cobrem. Seu rosto se anima, sua expressão é mais alegre e, pesando menos, sua figura fica cada vez mais ágil. Em um dado momento, já bem perto da reta final, ele escorrega e a vara cai no vazio. O público fica mudo de espanto, o companheiro lança gritos de alarme, mas, surpresos, todos veem que o homem conseguiu se segurar na corda, agarrado com todas as suas forças. Lentamente, vai subindo até que consegue se levantar e retomar seu caminho. Com integridade e firmeza, sem a vara para se equilibrar, mas com os braços abertos em cruz, chega finalmente à sua meta e é recebido pelo companheiro com um forte abraço. Todos aplaudem entusiasmados, enquanto o equilibrista desce por uma corda vertical e cumprimenta o público no centro do picadeiro, exibindo, triunfal, a sua magreza.

As luzes se apagam indicando que, por enquanto, o espetáculo chegou ao fim. Elas se reacendem quase em seguida e esperamos que todos os artistas, reunidos no centro do picadeiro, cumprimentem o público e se retirem. No entanto, apenas dois deles conseguem fazer isso: o malabarista e o equilibrista. O resto da companhia só conseguiu garantir um lugar que os afasta do centro de qualquer cena. Estão no escuro, desterrados por suas próprias adições e presos à teia elaborada, com arte magistral, pela cruel Aracné.

Os personagens desse circo D(*eat*) representam estereótipos de gente gorda, em processo de engorda, em tratamento e em manutenção.

O palhaço pertence ao grupo dos comedores de refeições rápidas, que ingerem frituras, hambúrgueres, empanadas e alimentos prontos com frequência. Representa também o gordo fora de tratamento, que aumenta de peso e não tem outra alternativa exceto ser uma paródia de si mesmo. No entanto, seu pranto final expressa o cansaço que o fato de viver o tempo todo representando provoca.

A mulher barbada, por sua vez, integra o grupo dos comedores de doces, ou seja, daquelas pessoas que ingerem alimentos ricos em carboidratos ou com ou alto teor calórico quase ininterruptamente. Essa figura representa o quanto as formas, assim como a personalidade, se dissolvem quando a mulher engorda. Em muitos casos, a mulher hiperobesa apresenta tendência à masculinização, pois,

[2] Texto elaborado por Cristina (paciente) e lido durante uma reunião de um grupo-chave.

nela, a sedução, o erotismo e o encanto são neutralizados pelo sobrepeso, desânimo e mau humor permanentes.

O domador de feras responde ao estereótipo de quem quer e não consegue: deseja dominar as feras, ou seja, a comida que o tenta. Ele assume riscos, mas não sabe como se afastar, pois carece de autodomínio. Os animais só se deixam domar quando sentem o poder do chicote, do limite. São perigosos, daninhos, mas podem ser domesticados e colocados em seu devido lugar. Quando soltos, atacam. É esse o efeito que as comidas tradicionais produzem nos adictos: as massas, os assados, o cozido, os guisados e todos aqueles pratos com conotações familiares e afetivas, que atraem até o domador mais hábil. Afastá-los e confiná-los atrás de grades mentais é a forma de dominar a situação e se distanciar do perigo até aprender, finalmente, a manejar o chicote com maior eficácia e a tomar mais distância dos ataques das feras.

Os "beliscadores" compulsivos, como o ciclista e o trapezista, representam aqueles que engordam sem se darem conta. O fato de beliscar pequenas quantidades, várias vezes por dia, faz com que se desliguem da noção de excesso e não assumam algum tipo de responsabilidade no processo de engorda. Por isso, atribuem as causas do sobrepeso a fenômenos metabólicos, hormonais ou genéticos (à menopausa, à idade etc.), e entram em um circuito de autoengano permanente que serve apenas para que continuem "beliscando" o tempo todo. Quando estão em tratamento, o primeiro passo a ser dado é erradicar esse hábito, que, em geral, é tão automático que eles nem percebem mais.

O caso das contorcionistas expressa o mecanismo de hiperadaptação à gordura e às estratégias que os gordos usam para obter os bocados mais cobiçados e para, em seguida, exclamarem: "Quem? Eu?!"

Os fármacos e as cirurgias representam as soluções fáceis para quem não exerce a vontade e o autocontrole. O mágico sucumbiu diante da "magia" da perda rápida de peso e, junto com o peso, perdeu também a calma e a contenção.

Por último, já quase fora da rede, encontramos aqueles que resolveram dar um basta à gordura e ao sofrimento treinando habilidades diferentes, afastados do comer em excesso. Nesses casos, o magro interior está finalmente aflorando e ambos já encontraram o equilíbrio e transitam pela linha sutil que afasta do excesso e aproxima da medida.

Em suma, nesta obra, todos optaram por um dos caminhos: escolheram entre o "*to b(eat)*" e o "*not to b(eat)*". De um lado, estão os que perpetuam o circuito aditivo por meio de artimanhas, magia, negação, paródia ou hiperadaptação; do outro, os que exercem a vontade, o controle, a medida, o limite e o equilíbrio, tudo isso sob uma constante, que é o desejo de ter vontade e não a vontade de ter. Vontade de ter mais, porém mais vida, mais vontade, mais desejos, mais de si mesmo.

Nesse circo B(*eat*), o show só vai parar quando os personagens tiverem recuperado seu estado original ou tiverem chegado a um ponto em que os conflitos já não existam mais. Enfim, quando, em vez de simular uma vida, eles puderem vivê-la.

O que fazer para chegar lá? Trabalhar fora do circo, experimentar outros caminhos. Desenvolver estratégias orientadas para o equilíbrio entre o excesso e a medida. Quais? Em princípio, as que vamos desenvolver no próximo capítulo: o Corte, a Medida e a Distância...

Respostas concretas para perguntas possíveis

- É possível desligar-se do personagem e ser pessoa?

Quando nossa existência se transforma em uma representação, ela pode estar sendo sustentada por um circuito aditivo. As artimanhas, a negação, os recursos mágicos, a falta de autodomínio e de controle são os sintomas de que algo grave está acontecendo. Para poder exercer a vontade e o autocontrole, é necessário, portanto, parar de interpretar o papel de gordo impotente e dar passagem, deixar aflorar o magro potente. As pessoas que conseguiram pôr um fim na gordura são aquelas que treinaram habilidades diferentes, distantes do comer demais. Transitar por essa linha tênue exige prática e esforço, nunca simulação, pois as máscaras caem inevitavelmente e o espelho nos confronta com uma identidade embotada pelo poder dos objetos exteriores.

- Se o circo B(*eat*) representa o circuito da vida aditiva, como construir um cenário diferente?

Mudando a direção do trabalho, procurando novas alternativas. Os fios da rede aditiva são extremamente aderentes e quem está preso nela transformou sua vida em um cenário de prazeres efêmeros e, consequentemente, finge que está bem, mas está mal; acredita que é feliz, mas é um pobre infeliz. Talvez não consiga ver que é possível transferir-se para outro cenário porque tem medo de renunciar a seu papel e ficar na rua. Não consegue perceber que é na rua que a vida circula, que existem outros caminhos além das paredes ilusórias da tenda que tanto ele, quanto seus companheiros de circo construíram.

TESTEMUNHOS

Equilíbrio 1

As duas rodas da bicicleta estão prontas
para girar sobre seus eixos
e avançar.
Só falta o impulso do homem nos pedais
para que se incline para um lado, para o outro
e comece a andar.

Parada,
a bicicleta só pode ficar encostada no muro
ou cair no calçamento.

Avançando ela se equilibra.

Só é capaz de se manter de pé em movimento.

Equilíbrio 2

Com os pés firmes na areia
e o olhar atento no espaço,
o malabarista joga as claves no ar.

Uma e outra vez, as claves
voam e voltam
para voltar a voar
ao som dos tambores.

Uma e outra vez, o malabarista
recolhe as claves e volta a lançar...

Uma e outra vez, o malabarista
voa com suas claves.

Cristina

Capítulo 9

SENSATEZ E TRATAMENTO

Elaborar uma proposta eficiente e duradoura para o tratamento da obesidade é uma tarefa extremamente complexa. Para começar, é preciso concentrar-se na busca de elementos capazes de desarticular o imenso emaranhado que gera o comer em excesso e, em seguida, formular um programa que seja coerente e adequado às necessidades dos pacientes.

Às vezes, os conceitos mais simples nos fornecem a chave que permite abordar a problemática em todos os seus aspectos. Portanto, se pensarmos qual é o verdadeiro desejo de quem está gordo, a resposta é muito simples: alcançar o equilíbrio e se estabelecer na linha tênue que se situa entre o excesso e a medida. E como alcançar esse equilíbrio? Com o trabalho diário, frente a frente com o paciente, pois esta é a única maneira de desfazer o emaranhado em que ele transformou a sua vida.

A obesidade é consequência do "comer", mas de um comer que se transformou em ação repetitiva, excessiva e semeada de autoenganos, dependências e armadilhas externas, como certos alimentos aditivos, por exemplo. Ao mesmo tempo, o ambiente externo gera pressões, tentações e adições de todo tipo, pois promove o consumo voraz e desmedido. Além disso, nossos corpos movimentam-se cada vez menos e o prognóstico vai ficando cada vez menos otimista, pois parece que estamos condenados a um engordamento progressivo, que vai chegar a um estágio em que nossa mente, intoxicada e embotada, já não será capaz de enfrentar o problema de maneira lúcida e ativa.

Diante disso, elaborar uma proposta sólida para enfrentar esse panorama desanimador é um verdadeiro desafio: o método a ser seguido deve levar em conta todos esses fatores simultaneamente, sem recorrer a soluções mágicas como comprimidos ou cirurgias. Deve incluir também a participação ativa do paciente, com intercâmbio de informações corretas e treinamento de capacidades que permitam que ele reconheça sua fragilidade diante do instinto, fique atento e, finalmente, perceba que esse vínculo de gozo com a comida, no qual ficou preso, não é tão essencial nem tão difícil de abandonar.

O objetivo é, portanto, modificar a relação de transgressão, apego e excesso, não apenas no que diz respeito à comida, mas em todas as áreas da vida. Desse modo, conseguiremos frear nossos impulsos e evitar a substituição de uma adição por outra, isto é, o apego a outra válvula de escape.

Contudo, embora a tendência geral seja a substituição de uma adição por outra, o fenômeno inverso também se verifica. Observei muitos casos de multiadição (comida, tabaco, álcool) entre meus pacientes e verifiquei que, quando resolviam mudar e cortavam o vínculo de dependência com a comida, cortavam também os outros vínculos nocivos. Isso significa que, quando alguém está no caminho aditivo, é muito provável que outras adições se acumulem, mas, quando a pessoa está na direção certa, rumo à libertação de uma adição, as outras, ao contrário, se desarticulam.

A eficácia de um método provém igualmente da sensatez com que ele mesmo se encara. Porque quando alguém trabalha sobre teorias e não sobre realidades, e constrói soluções fáceis ou fantasiosas, não está sendo sensato consigo mesmo nem com os outros. O segredo está em observar o paciente obeso, o que emagreceu, o que teve uma recaída; indagar o que sentem e o que não sentem. E, ao mesmo tempo, observar os magros e detectar seus mecanismos de rejeição ao excesso.

Por fim, graças a um longo processo de fina observação da realidade, tanto dos obesos, quanto dos magros, pude esboçar um esquema de tratamento que, embora não seja infalível, vem sendo enriquecido e aperfeiçoado diariamente, por meio da interação.

Quando falo de sensatez, estou me referindo também à atitude dos pacientes. Os obesos costumam esperar, "insensatamente", que aconteça um clique mágico que acabe com sua ansiedade, com a sua compulsão, para que eles possam emagrecer sem esforço. Não sabem como se livrar do problema e continuam a esperar por alguém ou algo que os liberte, sem que tenham de passar por alguma abstinência ou pela dor, por menor que seja. Esse é, definitivamente, o verdadeiro carma do obeso e do adicto em geral: sempre procurar soluções no exterior, seja para alimentar a doença, seja para imaginar ou idealizar a cura, acomodando-as a seu próprio descontrole e necessidade de gozo. Lamentavelmente, esse famoso clique não chega nunca, pois é mais uma tentativa insensata de enganar-se a si mesmo e adiar eternamente o problema. É conveniente, então, deixar de lado as fantasias da cura improvável, pois elas alimentam ilusões em corpos e mentes desanimados.

Por outro lado, o comportamento compulsivo busca a abundância, o excesso, a voracidade como único caminho de saciedade. Tal como foi explicado quando analisamos os diversos mecanismos de autoengano, enquanto comemos compulsivamente não pensamos, não nos defrontamos com nós mesmos, com o que sentimos, com o que está acontecendo conosco. Estamos tão enjoados e tão encistados em nossos papéis cotidianos (familiares, trabalhistas e sociais) que, na realidade, acabamos não nos vendo, simplesmente porque não conseguimos nos encontrar. Estamos literalmente perdidos de nós mesmos. Diante disso, muitas pessoas acreditam ser mais fácil começar a comer que procurar uma resposta para essa questão complicada.

Repito: se existe um comportamento descontrolado, não é possível sentir nem pensar corretamente. Somente quando "corto", quando começo a ser eu, encontro alívio e posso orientar meus pensamentos e minhas ações para o núcleo dos meus problemas. Primeiro "corto" com o comportamento ruim, depois penso filosoficamente. **Mudar dói, mas não mudar mata**.

Como o problema que enfrentamos é muito grave, complexo e incisivo, a solução também deve ser, por isso, muito aguda e rápida. Aguda pela inteligência e rápida pela simplicidade e porque o lugar da comida em nossas vidas deveria ser restrito (tanto no espaço quanto no tempo). Considerar o problema simples e elaborar uma solução longa e complexa é um caminho que conduz ao fracasso.

O que devemos fazer, então, para modificar nosso papel, nosso vínculo com a comida? Em primeiro lugar, precisamos perceber que esse vínculo existe por alguma causa; nós o construímos e o mantemos por algum motivo, e ele se mostrou útil como fio terra em nosso vaivém diário por alguma razão. Entretanto, também existem casos em que o vínculo aconteceu por acaso, porque certas substâncias aditivas nos atraíram e ficamos presos à sua rede. Nos dois casos, chega-se a um momento em que a substância nos domina e nos condena.

Em segundo lugar, não podemos ficar esperando "aquele" momento supostamente adequado para cortar o vínculo. Temos de parar de adiar o "corte" para segunda-feira ou para o mês que vem. É preciso fazer algo diferente dessa vez.

Está disposto a enfrentar um novo desafio? Então, venha comigo e, juntos, conseguiremos enganar a aranha. Porque tem algo que ela não sabe: nós já conhecemos seus truques de ataque, podemos prever a quantidade de tempo necessário para nos soltar da rede e dar um salto seguro. Como fazer isso? Utilizando uma chave-mestra que vai permitir uma coisa: ficar melhor com o emagrecimento e continuar magro por estar melhor. Que chave é essa? É o método do Corte, Medida e Distância.

Por meio desse método você vai aprender a se desprender do vínculo nocivo com a comida, a manter uma medida segura e a impor uma distância em relação ao objeto aditivo. Isso vai gerar um desapego e uma frequência menor de consumo e permitir que encontre outras artimanhas para garantir os sucessos alcançados.

Portanto, no processo de transição de pessoa gorda para pessoa magra, entram em ação o Corte, a Medida e a Distância, como ferramentas comportamentais para gerar mudança.

Em seguida, analisaremos mais detalhadamente esses três pilares que vão nos ajudar a fazer com que a química cerebral, o esquema comportamental e um objetivo claro descubram um ponto de encontro a nosso favor.

9.1 O Corte: tesouras em ação

Nesse momento, gostaria de pedir que você não se fixasse nos 5, 10, 50, 100 ou 200 kg a mais que tem há não sei quanto tempo. O número não importa, nem o tempo transcorrido. Peço que se concentre em uma ação concreta, pois no futuro a magreza representará definitivamente a concretização de um desejo, o início de uma ação que nos devolveu o orgulho, a plenitude e o bem-estar.

Qual é essa ação concreta? Dei-lhe o nome de CORTE e ela pressupõe a superação do instante em que o instinto toma conta de nós. É colocar em ação o último alento que nos resta, porque não há outra forma de se desprender de um vínculo daninho, de um passado asfixiante, da comodidade e da preguiça, a não ser por meio de um Corte.

Todos sabemos que é muito difícl emagrecer muitos quilos em pouco tempo. No entanto, o que é possível e constitui um ponto de partida inquestionável é que, quando a pessoa corta o excesso, a sensação de fome pode se modificar dramaticamente e desaparecer em um prazo de 48 horas. Portanto, a falta de fome se transformará, inevitavelmente, em um emagrecimento a curto prazo. Você vai se surpreender quando descobrir que essa relação não é tão difícil de abandonar.

Por que esse vínculo pode se transformar em apenas 48 horas? Porque conhecemos os tempos de ataque da aranha e também o tempo de que dispomos para "cortar" a rede. Está demonstrado que 48 horas depois de diminuir substancialmente a ingestão de alimento, a saciedade aparece naturalmente.

É provável que essa sensação de saciedade se deva a um fenômeno adaptativo do metabolismo, por meio do qual o corpo, ao receber inesperadamente uma notável diminuição de calorias, trata de se prevenir contra uma possível escassez, gerando saciedade e economia de energia. É uma forma natural de modificar a química cerebral. Além disso, ao ingerir poucas calorias, o corpo precisa lançar mão das reservas de energia contidas na gordura acumulada e, quando essa gordura é queimada, entram em ação mecanimos fisiológicos que bloqueiam os centros que controlam o apetite.

Em poucas palavras, o processo é o seguinte: quanto menos se come, menos fome se sente. E, ao contrário, quanto mais se come, mais fome se sente. Consequentemente, essa fórmula se transforma em uma aliada, pois oferece armas naturais para combater a voracidade e gerar saciedade. É assim que podemos vencer essa primeira partida contra a obesidade.

A redução da ingestão deve ser acompanhada, por sua vez, por uma seleção da qualidade dos alimentos. Nessa primeira etapa, a perda rápida de peso é crucial. Portanto, devemos evitar alimentos que sirvam de veículos para os ingredientes silenciosos. Por quê? Porque eles geram mudanças metabólicas e adição quase imediata.

Por outro lado, é importante levar em consideração que, ao falar em Corte, estamos nos referindo a impor um limite a um mecanismo de rebeldia constante e sistemática, que é subjacente em todos os gordos. Podemos dizer que um gordo é, basicamente, um grande transgressor de todas a leis que aparecerem, exceto as que se ligam à sua própria dependência. "Sou rebelde com tudo, menos com o que me aprisiona. Continuo ligado à comida e acredito que a dieta tenta me submeter, sem perceber que, na realidade, o que me aprisiona é a comida", é um pensamento típico das pessoas dependentes. Elas apresentam, portanto, uma resistência a descobrir coisas melhores, uma resistência a perder os primeiros quilos, uma negação e minimização do objeto aditivo.

Trabalhamos com o conceito de adição e, por isso, qualquer atitude que tente romper o vínculo não aditivo configura-se uma forma de permanecer no caminho aditivo.

A transgressão é uma instância escorregadia e, portanto, às vezes escapa do nosso controle. Assim, podemos amar e, em seguida, odiar; fazer uma dieta bárbara e, logo depois, voltar a comer; jurar e romper imediatamente o nosso juramento. Isso acontece porque somos imperfeitos, porque não somos capazes de ter absolutamente tudo sob controle. No entanto, o importante é que, mesmo imperfeitas, as pessoas não adoeçam de obesidade mórbida ou de baixa autoestima, porque embora tentem dissimular, normalmente a autoestima está lá embaixo e, muitas vezes, elas só percebem isso quando ela volta a subir.

Sentir-se bem é algo mágico que está em nosso interior. Sentir-se mal, ao contrário, é um estado ao qual a pessoa se adapta e, em muitos casos, se sobreadapta. Se alguém está acostumado a ser gordo e já acostumou os outros à sua gordura, esse ambiente vai ver o surgimento de algum resultado como um milagre e vai opor, em um primeiro momento, resistências e supostas sabotagens. "Já estou cansado dessa sua dieta, de tanto iogurte e alface."

Nosso enfoque também incluiu esse aspecto. Não indicamos um tipo de alimento em particular, mas trabalhamos com o conceito de comer pouco. Assim, o entorno do paciente não se sente tão afetado, mas aliviado ao constatar que sua casa não foi transformada em uma horta orgânica.

Da mesma forma, trabalhamos com as sensações de culpa e estabelecemos que a transgressão é um sintoma de uma doença concreta que, muitas vezes, se coloca diante do esforço. Assim sendo, cada vez que aqueles que buscam soluções tentam algo por conta própria, não conseguem ou, no máximo, se mantêm no mesmo estágio. Entretanto, quando encaram uma alternativa séria, o Corte se põe imediatamente em ação. Os pacientes se surpreendem, pois é muito simples, e descobrem um estado desconhecido até então: poder ficar sem comer sem que isso seja tão difícil.

O que aconteceu? A música do apego foi pausada e colocaram para tocar outra completamente diferente: a do desapego.

Tal como foi dito antes, é uma sorte que sejamos tão imperfeitos, apresentando aquilo que se chama de ambivalência, dicotomia ou dualidade. É possível, então, ser santo e ser mau, alguém que emagrece e alguém voraz, só depende daquilo que a pessoa resolve impulsionar em sua existência. No entanto, a vontade própria nem sempre é suficiente para decidir e, às vezes, é necessário apelar para a força e a energia de algo que vem do exterior, algo que seja governado por normas que sigam direto para a meta que a pessoa sempre quis alcançar. Que meta é essa? Não se pesar tanto, parar de comer demais e dar lugar a um desejo que, provavelmente, já existe há muito tempo. É possível ser jovem quando já se é velho, ser magro quando já se foi gordo. **Todas as metas são possíveis se a pessoa é constante, não transgride e se sente acompanhada em sua busca**.

Qual é, então, a nossa proposta? Qual é a nossa meta? Para começar, nosso objetivo é levar você a fazer um Corte: cortar com o círculo vicioso e dar início a um círculo virtuoso. Cada dia é um elo desse círculo, que não será de muita comida, mas de pouca. E, graças a isso, será possível pensar de outra maneira no dia seguinte. Esse pequeno controle vai mudar substancialmente a sua atitude, porque a atitude da pessoa, quando esta é capaz de controlar algo por um dia na vida, muda muito!

E digo mais: através do Corte, não é somente a fome que vai desaparecer, mas também a vontade de resolver os problemas por meio da comida. Quando a cabeça se esvazia da substância aditiva, pensa melhor, além de poder enfrentar os sentimentos sem necessidade de se refugiar na comida. Por que tudo tem de ser lindo ou divertido? Por que tenho de atenuar as diversas situações com comida, se a única coisa que consigo fazer é afogá-las, assim como quem bebe álcool?

Quando a quantidade de comida que ingerimos supera o limite necessário para nos alimentar, o que estamos fazendo é diferente de comer. Portanto, se não soubermos o que é necessário fazer para puxar o freio (porque além de tudo existem circuitos químicos que nos impedem), temos de "cortar". Quando alguém está perdendo o controle, não é possível negociar, pois a pessoa não perdeu a ordem da comida, mas a ordem do cérebro. Por quê? Porque o conceito central a ser incorporado é que, embora vocês não sejam literalmente adictos, são tão hábito-repetitivos e cômodo-dependentes, o que dá no mesmo.

Como foi dito anteriormente, um adicto é quem deseja sair de alguma situação e não consegue. Isso significa que o vínculo que estabeleceu é tão intenso, tão necessário, tão incômodo e, ao mesmo tempo, gratificante, que o tema recorrente é a questão da ambivalência:

- "Não posso deixar de ser gordo porque não quero deixar de comer."
- "Quero parar de comer, mas não consigo e não quero sofrer a dor de não comer."
- "Também não gosto de estar gordo, mas já que eu como hoje e só engordo amanhã, posso me dar ao luxo de comer sem perceber que o hoje mais hoje é o amanhã dentro de uma hora e, então, vou me encontrar de repente gordo e doente de obesidade."
- "Na realidade, sou um comodista que, quando teve a oportunidade de puxar o freio, quis continuar a comer ou não quis bater à porta para pedir ajuda."

Emagrecer é a verdadeira aprendizagem de uma arte, a arte do emagrecimento, cuja instância inicial deve ser um sincero e abrupto Corte e uma limitação das quantidades de alimentos ingeridos. Isso gera saciedade a curto prazo, desperta a mente e, portanto, já não importa o quanto se come, mas quanto peso se perde.

E é importantíssimo conseguir isso o mais rápido possível, pois, embora não pareça, ter sucesso a longo prazo exige esforço muito maior. Quanto maior o prazo, maior o desgaste, a "estafa dos materiais", os resultados medíocres e o risco. Por exemplo, tem gente que demora um ano para perder 15 kg, o que é um crime, pois normalmente esta é a perda de um mês e meio. Quantas horas perdidas, quanta especulação a serviço de não ver que a única atitude a ser tomada é cortar e aguentar dois ou três dias, associar-se a certos conceitos, ser digno e verdadeiramente responsável! E esperar que o metabolismo químico bloqueie a ansiedade de comer e a tranquilidade retorne.

Além disso, existe um comportamento de corte, uma atitude definida e avalizada pelo desejo verdadeiro de descobrir quanto talento há em inventar coisas melhores, quando a ideia geral é a de que "sou como sou e foi a vida que organizou essa estrutura".

Na realidade, toda tentação é uma decisão, isto é, você é responsável por se sentir tentado; o que ocorre é que, embora tenha provado o gosto da comida, nunca provou o gosto de se sentir bem.

Soltar, desprender-se com alegria e sem drama é uma atitude profunda e filosófica de mudança, cujo valor agregado é perder peso, sendo esta uma desculpa para obter algo muito mais valioso: a própria liberdade.

O Corte da substância é um encontro com nossa essência, com nossos medos verdadeiros e com os outros elementos que nos paralisam e destróem nossa autonomia em todos os âmbitos. Então, quando a substância que nos motiva a enfrentar a vida ou a fugir dela desaparece ou se reduz, nos encontramos realmente sozinhos e sem esse exército que nos acompanhava. Muitas vezes, perdemos o rumo, por inércia, por desatenção, por intolerância e até por falta de ética ou mesmo por acaso. No entanto, podemos ser capazes de reencontrá-lo.

Na próxima seção, apresentaremos outro pilar fundamental do tratamento: a Medida, um recurso comportamental que nos ensinará a dar um salto seguro diante de um ataque incipiente da aranha. E este será um salto que vai nos inserir na verdadeira proporção e dimensão de uma Medida e confirmar um desapego vincular em relação à comida.

9.2. A Medida: o salto seguro

A relação com a comida no processo de emagrecimento é, como sempre digo, muito parecida com a de um casal infeliz que se divorcia, mas precisa manter algum tipo de contato e comunicação, pois existem os filhos.

Ninguém pode cortar o vínculo com a comida definitivamente: embora seja prejudicial em excesso, o alimento é essencial para a vida e precisamos dele. Essa situação é diferente quando se trata de outros tipos de adição, nas quais, uma vez superado, o vínculo passa a fazer parte do passado e, se a decisão for firme, nunca mais se tem contato com o objeto aditivo. Esse é o caso dos adictos recuperados ou em recuperação (fumantes, alcoólicos ou heroinômanos, por exemplo).

No caso da comida, o desafio reside em poder conviver com ela sem descontrole. Portanto, é fundamental que, uma vez realizado o Corte, incorporemos a noção de Medida, para poder dar o salto que vai nos tirar da rede em que estamos presos e nos transportar para um território mais seguro.

O terreno que delimita a Medida nos permite ficar suficientemente distante para não sofrer tentação e não deixar que o mecanismo da adição desperte novamente. Ao mesmo tempo, a comida passa a ocupar o lugar que lhe cabe e a cumprir sua função específica de alimentar. Por conseguinte, enquanto emagrecemos, vamos adquirindo uma Medida por meio da qual podemos interiorizar um limite na quantidade de alimentos que ingerimos. O que podemos aprender com a Medida? Pouca quantidade e grande variedade: comer pouco, de maneira diversificada e... divertida, por que não?

A Medida é o limite, é o território no qual nos movemos, uma zona muito bem demarcada, equipada com sinais de alarme que avisam quando o terreno começa a se expandir. A Medida é, principalmente, a pequena porção, conceito que, depois de assimilado, transfere-se automaticamente para o tamanho do corpo e, consequentemente, da roupa.

Sobre essa questão, é necessário assinalar como são descomunais, por exemplo, as porções de alimentos que ingerimos habitualmente. Se retrocedermos no tempo e chegarmos a cinquenta anos atrás, veremos como o tamanho das proções aumentou. Os seguintes dados refletem esta realidade:

Alimento/Substância	Ano/Calorias	Quantidade consumida
Hambúrguer	1954: 202 calorias *versus* 2004: 310 calorias	70 gramas *versus* 122 gramas

Pipoca	1950: 174 calorias *versus* 2004: 1.700 calorias	4 xícaras *versus* 21 xícaras
Batata frita	1955: 210 calorias *versus* 2004: 610 calorias	68 gramas *versus* 198 gramas
Refrigerante	1916: 70 calorias *versus* 2004: 194 calorias	192 mililitros *versus* 473 mililitros

Um aumento desse porte nas porções nos obriga a perguntar o que realmente aconteceu, ou seja, se a modificação dos hábitos alimentares acarretou um aumento paulatino das porções ou se esse aumento foi anterior e intencional, e o causador do aumento dos nossos corpos. É provável que os dois processos tenham acontecido simultaneamente, o que nos remete ao subtítulo deste livro: *quem come quem?* Somos comidos pelo ambiente tóxico ou criamos esse ambiente para poder comer cada vez mais?

Certamente, é inegável que, se há cinquenta anos nos alimentávamos com porções bem mais reduzidas que as atuais e não havia tantos casos de obesidade, hipertensão ou diabetes como temos atualmente, aquelas deveriam ser as *verdadeiras medidas*, as que deveríamos consumir. Da mesma forma, as porções enormes a que nos habituamos são um sintoma claro da distorção e do excesso em que vivemos.

Dado que, ao colocar o Corte em prática, percebemos que comer pouco gera um bloqueio da sensação de fome, o passo seguinte consiste em sustentar o "não" diante dos impulsos e das tentações e optar por uma Medida pequena das porções. Esse passo é decisivo, pois implica uma escolha: "como mais", sabendo que não vou acalmar minha fome ou "continuo a comer pouco" para não ter mais fome.

Sobre essa instância, você deve estar se perguntando: como faço para manter esse conceito aprendido. É possível comer pouco e não ter fome? Na realidade, é um mecanismo que se autorregula. Por quê? Porque ao comer pouco, evito a compulsão e, ao contrário, ao comer muito para acalmar a vontade de comer, aponto para a compulsão. Basta experimentar esse processo para perceber que é realmente assim, em vez de ficar sempre tentando algo, sem fazer nada de concreto.

O circuito do descontrole nos lança em um estado no qual é impossível pensar, no qual só conseguimos nos separar de nós mesmos. Como fazer para retornar a si mesmo? Por meio de uma contenção que coloque um freio no mandamento corporal, no mandamento psicológico e no mandamento do ambiente. É uma imposição, que não tem nada a ver com a decisão, pois a decisão de emagrecer já foi tomada mil vezes e sempre fracassou. É uma mudança momentânea de comportamento, que pode se transformar no empurrão necessário para desenraizar certos hábitos e encaminhar uma nova história de vida.

Sendo assim, se pela enésima vez resolvo ficar magro, decido ficar bem. Portanto, não posso desejar o tóxico. E o que é o tóxico? É o que o separa da pequena porção daquilo que você quer comer.

Em geral, os pacientes exibem sua irritação diante da mudança: "Durante os dois primeiros meses vivia irritado, apesar dos 10 kg que perdi nos vinte dias iniciais... Depois, comecei a pensar como magro e tudo mudou na minha vida. Antes comia uma dezena de pratos por dia. Hoje, quando saio para jantar, divido o prato", diz Raúl, um paciente que perdeu nada menos que 100 kg. Seu caso (como tantos outros) revela que, na verdade, o metabolismo do obeso não difere tanto assim do metabolismo do magro, que o comportamento supera a suposta doença irrecuperável. Raúl aprendeu a comer de tudo, mas como o magro faz. Aprendeu a ser um magro que se cuida (e cuida da Medida) e não um gordo que está menos gordo. Ativou um sistema de alerta que indica quando deve parar. "Cheguei a meu peso ideal há dois anos. Pode ser que ganhe 3 kg, mas perco rapidamente. Essa oscilação é normal. A gente sabe que, se cometeu algum excesso, precisa compensar em seguida porque a roupa começa a apertar. É possível e não é difícil", comenta.

Por que as pessoas magras mantêm o mesmo corpo durante anos? Porque quando engordam, não correm para comprar roupa nova, não se adaptam muito facilmente ao novo peso, mas começam imediatamente a fazer dieta e eliminam o excesso. Para manter a magreza é fundamental, então, reagir e agir a tempo.

O caso do obeso é o oposto: ele se adapta porque não tem um número de manequim. Quem tem esse número, pode usá-lo como referência e dizer: "Não, ainda não cheguei ao meu número". Alguns não o têm porque nem lembram mais ou porque já tiveram tantos que não sabem mais qual é o atual. Outros porque vão à costureira ou ao alfaiate, e estes resolvem o problema sem perguntar quais são suas medidas.

Pois bem, dessas considerações a respeito dos comportamentos de gordos e magros, surge uma interrogação: por que alguns param e outros não? Porque alguns se adaptam e não querem reagir e outros são protagonistas da busca e artífices da própria mudança, como é o caso de Raúl que, ao afirmar "É possível e não é difícil", quer transmitir que há como viver satisfazendo os próprios gostos, sem desgostar-se com o peso.

A Medida está na porção, no tamanho, na ação e aplaca a fome. Com Medida há equilíbrio, sobriedade e saciedade fisiológica.

Ao incorporar uma Medida que nos alivia de um vínculo tão sufocante, também aprendemos a ser comedidos nos comportamentos e nas emoções. Consequentemente, nossas relação e reações se equilibram: preferimos a alegria à euforia, a medida ao descontrole e canalizamos nossa energia para o encontro de prazeres reais, diante dos gozos privados, nocivos e exagerados.

Anime-se, então, a dar esse salto da rede, porque não é um salto no vazio, é um salto seguro. É soltar, não é tomar. É liberar, não agarrar.

No Capítulo 10, desenvolveremos os diversos planos alimentares e analisaremos como deve ser a Medida de um ponto de vista calórico. Por enquanto, vamos dirigir toda a nossa atenção para um terceiro pilar que, junto com o Corte e a Medida, é essencial no caminho para a magreza e a saúde: a Distância.

Vamos continuar, então, a desarticular essa teia de aranha aditiva que, tal como descobrimos até agora, tem várias redes frouxas que se diluem diante da determinação e da constância e, ao mesmo tempo, possibilitam o desprendimento.

9.3 A Distância: desprender-se da rede

Depois de colocar em prática o Corte e a Medida, nossa relação com a comida vai se transformar, em razão de um distanciamente delicado e frágil. Distanciamento este que, no início, nos deixará cheios de dúvidas e também nos afetará emocionalmente. Há pessoas que experimentam essa separação com nostalgia; outras, com indiferença, mas para algumas é um verdadeiro trauma.

A Distância é um conceito que propõe uma nova visão em nossa relação com a comida e nos ajuda a marcar novamente o nosso descontrole aditivo, vincular e emocional. A Distância é afastamento *da* comida e *entre* as comidas, e implica também afastar-se da própria história, do abismo de não ter limites, dos beliscos, da minimização e das más relações.

Admirar a Distância é admirar um território bem delimitado. Esse território tem horizontes, margens e limites. Entretanto, é bom lembrar que, se não há limites, não há território para admirar e cuidar. E o Corte e a Medida já nos deram esse limite. Então, como adotar uma Distância prudente que nos mantenha afastados da teia de aranha alimentar?

Vamos recorrer mais uma vez à figura do magro para ilustrar esse conceito, pois é nele que podemos observar uma atitude de distanciamento inato em relação à comida. E essa característica foi corroborada por diversos estudos realizados com população de gente magra, à qual se ofereceu duas ou três vezes mais comida que ingeriam habitualmente e, engordando ou não, a única coisa que não conseguiam fazer era parar de comer. Quer dizer: tinham o mesmo comportamento de um gordo, pois estavam sobrealimentados. A Distância da comida tinha se reduzido, graças a um aumento na frequência do consumo.

Portanto, é aconselhável que o contato que temos com a comida não supere as quatro vezes por dia. Se for menor, melhor. Também teríamos de nos livrar da ideia de que um tratamento eficaz é aquele que inclui comidas *light*, porque, na verdade, comer *light* é comer pouco, comer de forma saudável é comer pouca quantidade e poucas vezes ao dia.

Tanto as dietas que aconselham várias refeições diárias, como as que propõem uma ingestão de calorias superior à necessária para não despertar os mecanismos aditivos, produzem uma redução da Distância da comida. Assim, vai se formando uma espiral que cada vez nos aproxima mais da comida, com o consequente abandono da dieta e a obtenção de resultados medíocres.

Portanto, a cada vez que como, estou propenso a aumentar a quantidade, pois não tenho ideia de medidas. E, se comer várias vezes ao dia, nunca terei a Distância suficiente para perder peso. Embora siga uma dieta perfeita, organizada e *light*, jamais vou emagrecer ou perder 1 kg por mês. Então, ao final do segundo mês, quando pesar 128 kg em vez de 131 kg, vou me irritar e abandonar a dieta.

Entretanto, ao contrário, com uma Medida incorporada, nesse mesmo período de tempo, a pessoa pode perder até 15 kg e, graças a esse impulso inicial, gerar um antídoto contra o sanduíche e o chocolate.

Da mesma forma, produz-se também uma Distância biológica do desejo de comer, por um lado, e da fome por outro, um vez que a diminuição do apetite permite a sensação de saciedade e leva a pessoa a não ficar tão desesperada e atenta à comida.

Outros comportamentos que caracterizam o magro são os seguintes: come pouco durante a semana; às vezes, só à noite. No fim de semana, há um aumento paulatino da quantidade ingerida e, quando chega segunda, é difícil cortar. No entanto, o magro consegue porque interiorizou o hábito de não comer tanto. Portanto, ele *tem um hábito que não é uma necessidade.*

Já o gordo sente, em algum momento, a *necessidade* de continuar comendo, talvez porque o corpo ordene, exija. Além do mais, existe o hábito que relembra a sensação prazerosa que sente ao comer. Então, ele emagrece de segunda a sexta e engorda de sexta a segunda; cuida-se das 8h às 19h e engorda das 19h à meia-noite. E adia sempre: até segunda, até o mês que vem.

O gordo é, por conseguinte, cíclico, crônico e recursivo. Se estamos falando em gerar Distância, é porque existe no gordo uma relação com a comida muito arraigada, recorrente e sem foco.

É muito difícil moldar alguém que está descontrolado, que passou dos limites, pois essa pessoa não tem noção da medida. Só diante de pouca comida é que o gordo esquece o querer mais. Como aconteceu com Graciela, uma paciente que chegou ao tratamento muito descrente. Não acreditava que ia conseguir perder peso, nem fazer a dieta, pois, para ela, parecia haver muito pouca comida. No entanto, durante o fim de semana (momento muito difícil entre vários outros) foi se desligando da comida quase sem perceber, sentiu que o tempo passava mais rápido e duplicou a atenção sobre os mecanismos inconscientes que podiam levá-la a comer. Assim, na segunda-feira, chegou com quase 3 kg a menos, cifra que nunca havia atingido em tão pouco tempo.

A partir desse momento, a descrença de Graciela diminuiu, ao mesmo tempo em que seu nível de expectativa e sua esperança aumentavam. Por que isso aconteceu? Porque o corpo conseguiu ficar mais longe da comida e pôde começar a queimar seus excedentes de gordura.

Sendo assim, o conceito de Distância das refeições entre si, ou seja, afastadas no tempo umas das outras, é muito importante, pois permite que nos posicionemos em um lugar distante, tanto física quanto mentalmente, de nosso objeto aditivo e – por que não? – de outros objetos ou comportamentos que nos prejudicam

Quem incorpora a Distância à sua vida, entra em um estado de calma e tranquilidade repentina que se aproxima mais da nossa verdadeira natureza, que é moderada, silenciosa e saudável.

Vejamos, agora, resumidamente, qual é a relação que esses três pilares comportamentais, que constituem verdadeiras e sensatas artimanhas contra a aranha, mantêm entre si:

Com Corte se reconhece o mal-estar
Com Medida há equilíbrio e sobriedade
Com Distância se alcança a objetividade e a lucidez

O Corte é com: O passado
O excesso
Os preconceitos
Os mitos
O "não consigo"
A descrença
A desconfiança
A "comodidade"
A preguiça
A onipotência
O autoengano
A dependência

A Medida está: Na porção
No tamanho (da roupa)
No comportamento
Nas emoções
No pensamento

A Distância é: Da comida
Entre comidas
Da história pessoal
Do abismo
Do beliscar
Da minimização
Das más relações

O Corte é necessário quando: A Medida aumenta
A distância diminui
Os pensamentos se tornam obsessivos
As queixas aumentam

Só após a aplicação do Corte, Medida e Distância, a comida passa a ocupar o lugar que lhe corresponde e deixa de preencher espaços que não lhe competem, pois a constante nos que comem em excesso é não saber o que fazer com seu tempo livre e, então, mastigar sem parar.

Reconhecer nossos lados vulneráveis implica atendê-los, não questioná-los. Trata-se de encarar novos planos e projetos, relações com pessoas diferentes ou a concretização de projetos pendentes. A falta de autonomia, o autismo e a barreira de cimento irão se desarticulando para dar passagem a uma dinâmica diferente, impregnada de liberdade.

No entanto, também é importante frisar que as aprendizagens da vida não são mágicas, fáceis, nem rápidas. É preciso ter paciência, tranquilidade e calma para poder enfrentar os obstáculos que se interpõem em todo o processo de recuperação. Uma recuperação na qual o emagrecimento é um elemento a mais, já que o objetivo principal é melhorar substancialmente a qualidade de vida.

O emagrecimento é, antes de tudo, o efeito da recuperação da adição. E a gordura é o sintoma de seu sofrimento. Não se trata de estar magro ou gordo, mas de estabelecer novos vínculos com as substâncias e com as pessoas, começando por nós mesmos.

É curioso, mas se "dividirmos" a palavra COMIDA em suas unidades mínimas, as letras, veremos com surpresa que ela mesma oferece as chaves para a não dependência:

C O M I D A

Corte **Ordem** **Medida** **Inteligência** **Distância** **Audácia**

Ou seja: quando implementamos o Corte, a Medida e a Distância, nossa vida se ordena. E podemos manter essa ordem treinando a inteligência e exercendo a audácia para gerar uma mudança de hábitos que seja definitiva.

Para concluir esse capítulo, quero partilhar com vocês as seguintes palavras de Julio Cortazar, que resumem a essência do desafio que aqueles que se sentem perdidos devem enfrentar: "*Nada está perdido se tivermos, no final, coragem suficiente para proclamar que tudo está perdido e que é preciso começar de novo*".[1]

[1] Cortázar, Julio. *O jogo da amarelinha*, capítulo 71. Tradução de Fernando de Castro Ferro. Civilização Brasileira: Rio de Janeiro, 1972.

- Qual é o papel do Corte primário?

O corte primário é o impulso inicial para romper com um vínculo asfixiante. O CORTE é uma ação concreta e implica uma superação do instante em que o instinto nos arrebata. É colocar em ação o último alento que nos resta, porque não há como romper com um vínculo daninho, com um passado asfixiante, com a comodidade e a preguiça, a não ser por meio de um Corte.

- Em que consiste o enfoque filosófico-comportamental do Corte, Medida e Distância?

Por meio do Corte, aprendemos a suportar a frustração e o capricho. Ele se articula mediante um "não inaugural", que contribui para nos afastarmos do caminho do descontrole.

Através da Medida, desenhamos um anticorpo para o descontrole. Os conceitos medidos e a medida nas comidas, nos comportamentos, nos pensamentos e nas emoções nos ajudam a percorrer com sucesso o caminho para a mudança.

Implementamos a Distância para nos afastarmos dos comportamentos desmedidos. Portanto, a frequência de consumo diminui e o desapego cresce.

TESTEMUNHOS

"Se você muda o futuro,
Rompe o destino..."

Meu nome é Claudio Fabián González. Nasci em 10 de julho de 1968 e fui gordo praticamente a vida inteira.

Em 24 de setembro de 2005, cheguei à clínica com grande quantidade de sobrepeso e uma dose igual de descrença.

Dentro de mim, sabia que era obrigatório fazer algo, pois os problemas de saúde se agravavam por causa da gordura.

Por outro lado, trazia também um grande acúmulo de frustrações produzidas por numerosas tentativas de perder peso, com métodos que não me forneceram solução alguma.

No entanto, minha descrença inicial foi derrubada rapidamente pelos resultados. Poucos dias depois de iniciar o tratamento, começaram a surgir os primeiros sucessos: perda de peso, mudança de atitude e de vínculo com a comida, tranquilidade, coerência e lucidez, pensamentos positivos, ideia de bem-estar, inclusive diante do longo caminho que ainda tinha a percorrer.

Pilares imprescindíveis nessa etapa foram os profissionais os grupos terapêuticos.

Meus primeiros sucessos – recordo a perda de 7,5 kg na primeira semana de tratamento –, junto com a primeira leitura do livro do dr. Máximo Ravenna *Una delgada línea*, não deixaram quase vestígio algum da descrença inicial.

Eu me comprometi imediatamente com o plano... Com MEU PLANO de recuperação de vida.

Em toda a etapa de perda de peso, as idéias motrizes, extraídas tanto do livro quanto dos grupos, foram muito úteis, pois permitiram que derrubasse falsas crenças que carregava junto com meus quilos a mais.

Entre os conceitos que aprendi, destaco os seguintes:

. Corte, Medida e Distância

. Dizer NÃO, mesmo que a vontade seja grande.

. É preciso diminuir as porções e pensar que está comendo o adequado.

. Temos de perder peso rapidamente, pois nosso corpo se prejudica.

. Os gordos foram feitos pela sociedade e pelo desleixo.

. É mais fácil emagrecer que esconder a dor provocada pelo descontrole.

. ... A mudança mais espetacular... é mudar a direção e mudar o ritmo. Com esssa duas mudanças, você muda a sensação e, ao mudar a sensação, muda também o futuro. E se você muda o futuro, rompe o destino... E se rompeu o destino, percebeu que ninguém está predestinado a nada, a não ser que seja submisso e obediente aos ônus que a própria vida nos apresenta...

Esses conceitos acompanharam minha perda de peso e delinearam minha meta: "Ficar magro e não menos gordo". E esse foi o meu primeiro objetivo alcançado.

Quero destacar também a insubstituível contribuição do grupo humano, tanto dos profissionais, quanto dos companheiros integrantes dos vários grupos que, consulta após consulta, jornada após jornada, me ofereceram seu incalculável apoio, conhecimento e contenção anímica e emocional, tendo sempre como norte a realização do objetivo – chegar a ficar magro. Foi assim que, com suas "palavras precisas", me ensinaram a ouvir e a entrar em ação.

Hoje, depois de 11 meses de tratamento, consegui perder 80 kg do meu peso máximo. E posso dizer com orgulho que já tenho três meses de participação nos grupos PRÊMIO de manutenção.

Não encontro as palavras certas para descrever a felicidade que sinto, mas alguns fatos são reveladores: meus exames clínicos estão normais; minha coluna melhorou consideravelmente, assim como minha mobilidade geral e meu estado de espírito.

Máximo, obrigado por estar, por estar sempre junto de nós, a cada dia, todos os dias.

Agora, começa a minha segunda etapa, a Manutenção, e se inicia com plena confiança no grupo humano da clínica para continuar com meu trabalho e poder dizer: "... que a comida deixe de ser o tema central de minha vida de uma vez por todas!"

Claudio

Chegou à clínica em 24 de setembro de 2005 com 153,8 kg. Seu peso máximo histórico foi de 156 kg, distribuídos em 1,72 m de altura. Hoje, pesa 76 kg.

Capítulo 10

GORDURA: UMA SOMBRA LOGO SERÁS

Nossa proposta apoia-se em um conceito fundamental: a obesidade é consequência, entre outras causas, de adição à comida. Ou seja, quem engorda, faz isso paulatinamente, quase sem querer. Entra na comida *por voracidade* e não consegue sair *por adição*. No princípio, degusta e, quando deixa de degustar, já está aprisionado.

É no dia a dia que o apego à comida vai aos poucos se tornando hábito e, caso não seja tratado a tempo, transforma-se em adição. E não é algo intencional: ninguém quer ser adicto. As pessoas desejamw apenas consumir, só que a droga decide o contrário. Em outras palavras: queremos ser hedonistas com relação à comida, mas, enquanto objeto aditivo, ela resolve que seremos gordos e nos aprisiona. É assim que algo que começou como hedonismo, termina como masoquismo.

De fato, quando um paciente diz: "Não consigo parar de comer!", o que está tentando expressar é que existe algo que o domina, que é mais forte que ele e que faz sua vontade sucumbir repetidas vezes. E, embora essa atitude sempre tenha sido interpretada pela psicologia, hoje em dia os avanços nas neurociências permitem chegar a outra explicação: em todo adicto à comida, verificam-se núcleos cerebrais que estão "tomados".

Constatou-se, por exemplo, que o cérebro de alguém que emagreceu não é igual ao de um magro, apresenta um colorido diferente porque a capacidade da zona da amígdala cerebelar de absorver substâncias dopaminérgicas é maior. E isso explica porque a perda de controle no comportamento alimentar associado à obesidade é análoga ao uso compulsivo de drogas em outros tipos de adição (a cocaína, por exemplo).

Desde o início (já se vão vinte anos), intuímos a possibilidade de que houvesse um mecanismo cerebral aditivo subjacente à obesidade. Com o passar do tempo, as descobertas da ciência foram nos dando razão.

A primeira vez em que se enunciou a ideia de um processo químico, do sistema de recompensa cerebral e do sistema canabinoide, foi em 2004, no Congresso Internacional da NAASO,[1] com sede em Las Vegas, nos Estados Unidos. Durante o evento, levantou-se a hipótese de uma *food addiction* (adição à comida), e o cérebro começou a ocupar lugar central nos estudos sobre o tema. Descobriu-se que, assim como a nicotina golpeia, golpeia novamente e continua a golpear o cérebro até gerar o núcleo nicotínico, também se gera um núcleo "alimentar" (de recompensa) por meio da dopamina, da serotonina e de outros hormônios e proteínas "informadoras".

Portanto, quando se trata de emagrecer, não podemos circunscrever o tratamento a um mero plano alimentar, nem mesmo a um enfoque psicológico ou a uma causa endocrinológica ou celular. Temos de ficar muito atentos e lançar mão de recursos que contemplem todas as facetas da doença, porque, se tenho consciência de que o cérebro pode me condenar, não posso seguir estimulando o funcionamento do sistema de recompensas. Ao contrário, tenho de aprender a me recompensar de outra forma, não anulando, mas desativando o núcleo da recompensa dopaminérgica e serotoninérgica alimentar. Como conseguir isso? Trabalhando sobre os mecanismos cerebrais, nutricionais, comportamentais e físicos implicados no problema.

Propomos, então, um tratamento que contempla as áreas mencionadas e que podemos esquematizar da seguinte forma:

OBESIDADE

PLANO ALIMENTAR
Dietas VLCD e LCD Baixa densidade energética Baixo índice glicêmico Proteínas: 40% Carboidratos: 30% Gorduras: 25%

1 NAASO: *North American Association for the Study of Obesity* (Associação norte-americana para o estudo da obesidade).

ENFOQUES TERAPÊUTICOS	
CLÍNICO: controle próximo e permanente (não esquecer as múltiplas doenças associadas à obesidade, nem as complicações relacionadas a qualquer tratamento de recuperação).	**PSICOLÓGICO** por meio de: Terapia Cognitivo-Comportamental Terapia Comportamental Dialética Grupal/Individual Contenção constante Confrontação forte Objetivos concretos Metas claras Avanço não interminável

ATIVIDADE FÍSICA ADAPTADA

As barreiras de cimento se desarticulam por meio de diversas estratégias aplicadas em três áreas principais: a nutricional, a comportamental e a da atividade física. Sua implementação simultânea é essencial para um emagrecimento bem-sucedido e uma mudança para hábitos de vida mais saudáveis.

A seguir, convido você a atravessar essas portas que abrimos e cortar, saltar e desprender-se definitivamente da rede, a abandonar as saídas e a construir novas entradas. Vamos acabar de desembaraçar esse imenso novelo juntos.

10.1 A dieta

Chegamos ao ponto mais polêmico e controverso do método para emagrecer: a dieta. Polêmico e controverso por quê? Porque existem muitas teorias a respeito, porque é um ponto sobre o qual nós, os especialistas, ainda não chegamos a um acordo. E quem sofre as contradições são os pacientes. Assim, a cada ano aparecem novas dietas, prometendo perdas de peso cada vez mais rápidas. Só que muitas vezes essa perda chega acompanhada de complicações indesejadas ou, ao contrário, simplesmente não há perda de peso algum.

Se todos somássemos tudo o que cada um observou em sua prática, não precisaríamos mais operar nem receitar comprimidos. No entanto, ao contrário, estamos mergulhados em um mar de suposições, conjecturas, algumas hipóteses, alguma teoria e pouquíssimas certezas. E o pior é que transmitimos isso para o paciente em forma de ansiedade, deixando-o tonto e confuso.

O fato de que as teorias se reformulam aproximadamente a cada cinco anos produz, em certo sentido, a perpetuação do transtorno. O caso da pirâmide alimentar é um sintoma claro da insegurança a respeito do assunto: a nova pirâmide proposta é exatamente o contrário da tradicional.

Como vimos, ainda há muito a descobrir a respeito de nutrição humana. No entanto, é possível vislumbrar alguns pontos em comum entre as diversas teorias, que nos permitem esboçar algumas hipóteses mais certeiras sobre o que comer e em qual quantidade.

A seguir, um resumo de algumas das mais populares propostas nutricionais das últimas décadas:[2]

- Dieta do dr. Atkins: elimina completamente os carboidratos e promove o consumo ilimitado de proteínas e gorduras (carnes, peixes, laticínios e ovos).
- Dieta do dr. Montignac: evita a mistura de lipídeos e glicídeos, a fim de impedir que a insulina segregada pelo pâncreas transforme a energia em gordura de reserva.
- Dieta do dr. Hay: seguindo a linha da alimentação dissociada, elaborou a Antidieta, que proíbe a mistura de proteínas e carboidratos nas refeições.
- Dieta da Clínica Mayo: promove o consumo de ovos como única fonte de proteína.
- Dieta mediterrânea: baseada em alimentos obtidos nos cultivos tradicionais da região, principalmente o trigo (pão e massas como principal fonte de carboidratos), a azeitona (azeite de oliva como principal fonte de gordura) e a vinha.
- Dieta da Zona, do dr. Barry Sears: propõe que cada refeição garanta a proporção certa de carboidratos, proteínas e gorduras. O segredo reside em reduzir a quantidade de carboidratos que comemos, já que eles provocam superprodução de insulina e engordam.
- Dieta de South Beach, elaborada pelo cardiologista Arthur Agatston: sustenta que, para emagrecer, é preciso reduzir o nível de açúcar no sangue e, portanto, propõe a eliminação (em uma primeira etapa) dos carboidratos simples e dos açúcares.

As ideias centrais das propostas apresentadas são basicamente duas:

a) Eliminar o consumo de algum tipo de nutriente: lipídeos, proteínas ou carboidratos.

b) Evitar a mistura de nutrientes por meio da implementação de um plano dissociado.

---

[2] Citamos apenas algumas das dietas que, apesar de seus acertos e desacertos, foram aprovadas cientificamente.

Como podemos observar, a intuição científica, acertada ou não, fechou a questão em torno do processo de metabolização de determinados alimentos.

Embora Atkins acerte na necessidade de banir os carboidratos da dieta, não fez a discriminação entre carboidratos simples e complexos e, consequentemente, seu plano apresenta deficiência de minerais e vitaminas, ao mesmo tempo em que o excesso de gorduras saturadas pode gerar complicações hepáticas e cardiovasculares.[3]

Embora permitam o consumo de todo tipo de alimento, o risco das dietas associadas reside no fato de que elas exigem amplo grau de conhecimento nutricional por parte do paciente, para que este não abuse de um grupo de alimentos em particular, desequilibrando, assim, o organismo. Tal como a dieta de Atkins, são dietas praticamente inviáveis a longo prazo. E depois, fazer o quê?

A dieta da Clínica Mayo, por sua vez, produz carências proteicas ao banir a carne, os peixes e os laticínios, propondo o ovo como única fonte de proteínas. Já a dieta mediterrânea, ao incluir o pão e as massas como principais fontes de carboidratos, subestima os efeitos "tóxicos" dessas substâncias em muitas pessoas.

As propostas mais próximas do nosso enfoque nutricional são as de Sears e Agatston. Por quê? Porque ambas propõem a eliminação ou a redução da ingestão de carboidratos simples e açúcares, hoje avalizada pelas novas pirâmides alimentares.

Conforme exposto no Capítulo 5, essas substâncias são potencialmente aditivas e, quando ingeridas, liberam glicose em grande velocidade (ou seja, possuem alto Índice Glicêmico),[4] o que ativa a produção de insulina. Diante do consumo excessivo, este hormônio não dá conta de distribuir a glicose adequadamente e, por conseguinte, todo o excesso se converte em gordura.

10.1.1 Parar de comer (demais) *versus* Aprender a comer

Se analisarmos a nossa linha evolutiva, encontraremos um fundamento histórico que ratifica as teorias anteriores. Portanto, tal como sustenta o dr. Enrique Campillo,[5] o aconselhável é comer de acordo com nosso percurso evolutivo. Por quê? Porque descendemos de uma dieta de cinco milhões de anos de bosque

---

[3] Tema em discussão atualmente.

[3] Conceito que desenvolveremos mais adiante.

[3] Campillo, Enrique, *op. cit.*

tropical (*Ardipithecus ramidus*), de três milhões de anos de escassez de vegetais (*Australipithecus afarensis*), de dois milhões de anos aproveitando carnes e peixes (*Homo ergaster*) e de apenas oito mil anos de agricultura e pecuária (*Homo sapiens*). Portanto, nossa dieta deveria ser coerente com esse percurso evolutivo.

Como deveria, então, ser a nossa alimentação?

Cinquenta por cento devem corresponder à dieta do *Ardipithecus ramidus*: frutas, verduras de folhas (alface, espinafre, couve, acelga, escarola), legumes e frutos (tomate, pimentão, berinjela, abóbora, pepino), inflorescências (couve-flor, brócolis), raízes (cenouras, beterraba, rabanete, nabo) ou bulbos (alho, cebola, alho-poró). Em seguida, cerca de 30% para a dieta do *Australopithecus*: tubérculos, sementes verdes, frutos secos, ovos, peixes e pequenos animas. E cerca de 18% de carnes (cujo consumo se originou com a glaciação). Com o advento da agricultura e da pecuária, as farinhas e os açúcares ingressaram na dieta. E em lugar de ocupar apenas uma pequena porcentagem (de 2%), eles constituem a base da nossa alimentação. Junto com o sedentarismo, são a principal causa da atual epidemia de obesidade. No que diz respeito aos laticínios, fontes de cálcio, proteínas animais, carboidratos e gorduras, é conveniente incluir uma ampla porcentagem deles na dieta, mas em sua forma magra.

Se revisarmos a pirâmide nutricional tradicional, observaremos como essa incoerência se reflete nela. Por isso, a pirâmide que se sugere atualmente é mais adequada ao nosso processo evolutivo:

Pirâmide nutricional tradicional

Esquema usado há anos.

As calorias ingeridas e não utilizadas se transformam em gorduras que produzem sobrepeso.

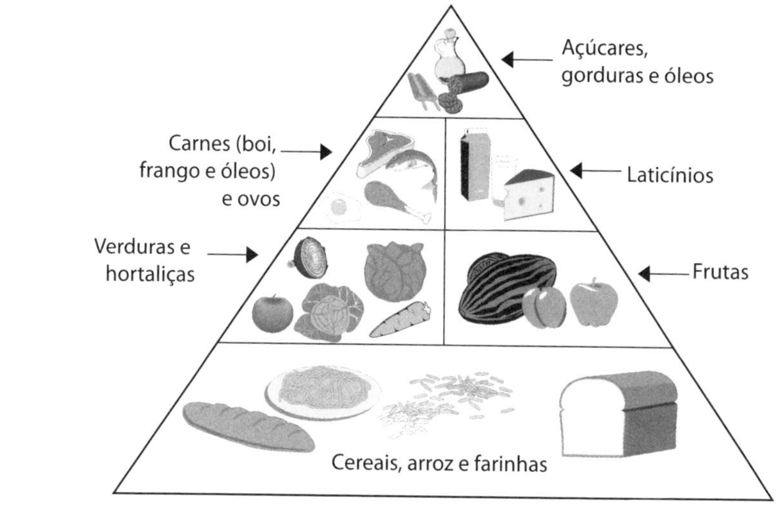

Pirâmide nutricional sugerida

Esquema no qual evitamos consumir mais calorias que as necessárias.

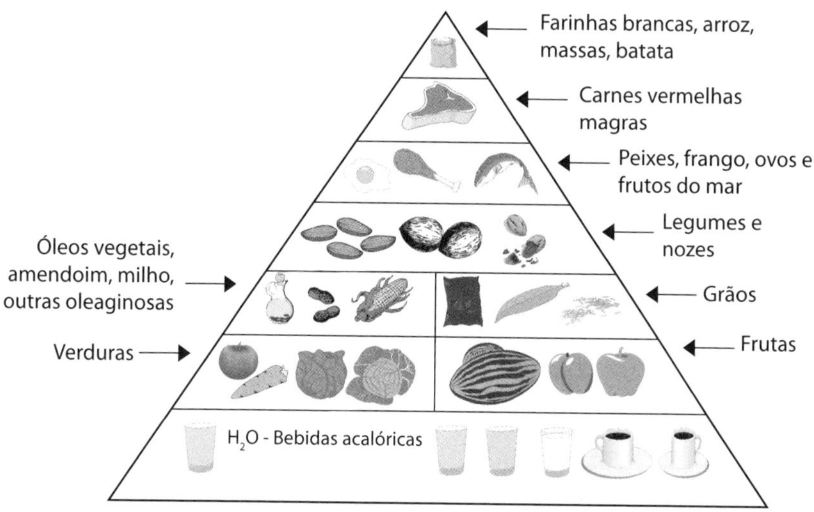

10.1.2 Quantidade moderada *versus* Qualidade ótima

Além da porcentagem de alimentos a ingerir de acordo com sua qualidade nutricional, existe um elemento que é fundamental em nosso enfoque: a quantidade. Talvez seja óbvio, mas nem todas as dietas baseiam-se na restrição calórica. Em geral, como vimos nos casos mencionados anteriormente, muitas dietas, em lugar de se concentrar na quantidade de calorias a consumir, colocam como ponto de conflito qual dos principais grupos de alimentos é preciso restringir. É por esse motivo que os programas que propõem comer determinado tipo de alimento sem limites de quantidade costumam fracassar.

O segredo da magreza está em comer menos, *não há outra saída*. E, para entender isso, temos de partir de uma noção básica: a balança energética. Como se calcula? Da seguinte maneira:

Energia que entra – Energia que sai = Energia que se armazena

Quando o incremento de gorduras no organismo não responde a esse mecanismo fisiológico, ou seja, apresenta um desequilíbrio, isto é, com entrada maior que a saída, produz-se a obesidade.

Portanto, um plano de alimentação de baixas calorias é o mais indicado para perder peso, já que obriga o corpo a recorrer às reservas de energia contidas na gordura. Quando se diminui a quantidade de calorias em cada refeição, produz-se um fenômeno de indiferença química e a diminuição da fome. Este fenômeno é sustentado por um processo químico chamado "acidose", que se explica da seguinte maneira: quando, por exemplo, 800 calorias entram no organismo e ele necessita de 1.600 calorias, o corpo retira as 800 calorias que faltam de sua reserva energética. A gordura, que é o depósito dessas calorias a mais, começa, então, a funcionar como combustível interno e, quando queima, se degrada em ácido acetacético e hidroxibutírico – ácidos graxos –, que circulam pelo corpo gerando um estado de acidose metabólica que, por sua vez, produz desintoxicação corporal. Uma vez esgotadas as reservas de glicogênio do fígado, a gordura começa a ser queimada cada vez em maior quantidade.

O plano de emagrecimento que propomos se ajusta, então, a noções anteriores e se materializa por meio da implementação de dietas de muito baixas calorias (VLCD: *Very Low Calory Diet*) ou baixas calorias (LCD: *Low Calory Diet*).

As dietas VLCD são utilizadas no mundo há mais de quarenta anos e atualmente são cada vez mais recomendadas pelos especialistas, pois ficou demonstrado que se trata de um método muito efetivo para perder peso. São dietas que restringem apenas o consumo de calorias (entre 600 e 800 calorias diárias), mantendo a ingestão de todos os tipos de nutrientes. Isso se deve ao fato de que, quando uma pessoa, cujo objetivo é emagrecer, resolve reduzir a ingestão de alimentos a um nível inferior ao necessário para manter seu peso corporal, é importante minimizar a perda de tecido corporal, que não está associado à adiposidade, e não privar o corpo dos componentes necessários ao funcionamento adequado de tecidos e órgãos.

Portanto, no desenvolvimento científico das VLCD, toda a atenção voltou-se, desde os anos 1970, para a composição da dieta, a fim de obter o máximo de perda de gordura com o mínimo de custos em termos de perdas de proteínas e outras substâncias. As dietas formuladas eram nutricionalmente completas, pois forneciam proteína o bastante para repor as perdas diárias; carboidratos suficientes para poupar proteína, cetose moderada e retenção de minerais. Também continham fibras para prevenir a constipação, além de gorduras, minerais e vitaminas em quantidade suficiente para suprir as necessidades básicas. Muitos testes foram feitos para determinar o balanço nitrogenado e a bioquímica clínica. Com base nesses experimentos, formulou-se a dieta de Cambridge original,[6] que foi introduzida comercialmente primeiro nos Estados Unidos, em 1980, e consistia de um pó para ser misturado à água, acondicionado em diversos envelopes, sob a forma de sopas ou *shakes*.

No nosso caso, embora o conceito de restrição de calorias seja o mesmo, elaboramos dietas sólidas compostas por unidades alimentares ou refeições de 150 quilocalorias (kcal) cada uma, às quais demos o nome de “asteriscos”. O mínimo diário obtido com tais refeições deve ser 600 calorias e o máximo, 800 calorias, oscilação que vai depender da situação biológica ou particular de cada paciente.

A combinação habitual dessas unidades ou asteriscos possibilita um aporte médio de 40% do valor energético em forma de proteínas; 40% em forma de carboidratos, fundamentalmente vegetais e frutas ricos em fibra dietética, e não mais do que 20% de gorduras, quantidade mínima e suficiente para garantir um aporte adequado de ácidos graxos ao organismo. É claro que esse plano deve ser complementado com suplementos de minerais (cálcio, magnésio e potássio), vitaminas e aminoácidos.

---

6 Howard, Allan N. “La dieta de Cambridge”, *Revista Cubana de Investigaciones Biomédicas, número 2*, maio-agosto de 2000, vol. 19.

O paciente pode escolher qualquer um dos asteriscos e combiná-los da maneira que se harmonizar melhor com suas necessidades. Se ele respeitar a restrição calórica aconselhada, pode perder entre 1,5 kg e 2,5 kg por semana.

Esse sistema de asteriscos é muito útil e válido também em situações especiais. A refeição é um limite, um *Corte* do excesso com base em uma *Medida* justa e equilibrada. Como a oferta de opções que combinam 150 kcal é muito ampla, são perfeitamente adaptáveis a situações como saídas, reuniões e férias.

Além desse sistema de unidades, implementado como base nutricional de nossa proposta há aproximadamente 15 anos, nos últimos anos incorporamos também um extra que consideramos fundamental, no que diz respeito à geração de saciedade: o Índice Glicêmico (IG). Portanto, nossas refeições, além de hipocalóricas, contêm um baixo Índice Glicêmico.

O que é Índice Glicêmico? Trata-se de um conceito que os nutricionistas estudam há mais de vinte anos. Representa a velocidade com que cada alimento ingerido libera glicose (um composto químico que nosso organismo utiliza principalmente como energia). Assim, quando ingerimos alimentos com um IG alto, os níveis de glicose no sangue aumentam cerca de duas ou três horas depois da ingestão. No entanto, os alimentos que liberam a glicose mais lentamente colocam energia à disposição do corpo durante um período mais prolongado e são muito melhores que os de absorção rápida. Também podemos afirmar, na fase atual das pesquisas em todo o mundo, que uma dieta com baixos índices glicêmicos têm efeitos positivos não somente no controle do peso corporal, mas também no estado geral de saúde do indivíduo. Nesse campo, verificaram-se mudanças notórias relacionadas à absorção dos carboidratos, tanto no intestino grosso quanto no intestino delgado. Tais mudanças incidem fisiológica e terapeuticamente em pessoas com obesidade, sobrepeso, hiperlipidemia e diabetes. Observou-se, inclusive, uma mudança nos níveis de triglicerídeos, colesterol LDL (maligno) e uma melhor *performance* física, além do aumento da sensação de saciedade. Portanto, o IG é influenciado pelo grau de absorção intestinal daquilo que comemos, o que definitivamente envolve processos complexos que têm a ver com a estrutura química dos carboidratos e suas distintas reações à ação das enzimas digestivas. Por meio da digestão, os carboidratos transformam-se rapidamente em glicogênio ou amido, e o organismo trata de armazená-los no fígado e nos tecidos musculares. Uma de suas funções principais é gerar energia para que os músculos mantenham-se ativos e o resto se transforme em gordura. Ao eliminá-los, o organismo busca outra fonte de energia e, nesse caso, utiliza a gordura que está acumulada no abdome, que desaparece com facilidade e sem necessidade de exercícios. Os carboidratos simples afetam o nível de insulina no sangue e criam um círculo vicioso que provoca mais fome e desejo de consumir mais carboidratos simples.

Em resumo, diante de um IG baixo, a insulina praticamente não desperta, então, além da saciedade obtida dos ácidos graxos (ao passar pelo hipotálamo, a gordura bloqueia o centro do apetite e produz uma espécie de anestesia que leva à ausência de fome 24 ou 48 horas depois de iniciada a dieta), o corpo fica sem o estímulo da insulina, o que repercute na diminuição da fome e no amortecimento da sensação de desejo.

Esse método produz redução de peso excepcional e diminuição do apetite, além da sensação de bem-estar. A isso, soma-se a garantia de um emagrecimento rápido e seguro, de um peso ideal e da manutenção ao longo do tempo.

Recomendações nutricionais que emagrecem

Para manter uma dieta com essas características por um longo tempo, ela precisa ser variada, equilibrada e adaptada às condições individuais. Nesse sentido, a diversidade de opções que os asteriscos de 150 calorias oferecem possibilita o cumprimento das seguintes normas nutricionais:

- **Carboidratos**

Incluem-se na dieta por meio de frutas, vegetais ou cereais integrais (arroz integral) em pequenas porções que compõem as unidades de 150 calorias. Essa proporção de carboidratos ricos em fibra na dieta garante melhor uso das proteínas na alimentação, ao mesmo tempo em que evita a ocorrência de grandes oscilações no peso, decorrentes de mudanças no balanço hídrico.

- **Proteínas**

Por meio de pequenas porções de carnes magras ou laticínios desnatados, as proteínas são necessárias para preservar a massa magra (músculo).

Sugerimos menos de 20% do valor calórico total com ênfase em ácidos graxos poliinsaturados presentes fundamentalmente nas pequenas quantidades de azeite que acompanham as saladas das refeições principais.

- **Vitaminas, minerais e eletrólitos**

Recomendamos o suplemento de vitaminas para garantir 100% da dose diária recomendada. Além das vitaminas, suplementos complexos de minerais e eletrólitos.

- **Fibra**

A ingestão de fibras é útil, pois aumenta a saciedade e pode evitar a constipação. Além disso, seu efeito favorável no metabolismo dos carboidratos e lipídeos é reconhecido.

- **Líquidos**

Recomendamos o consumo de pelo menos 3 a 4 litros (no mínimo) de líquidos acalóricos (água, soda, infusões), assim como bebidas de baixo valor calórico (refrigerantes e sucos *diet*) e caldos *diet*.

Recomendações básicas:

- Servir o alimento em pratos menores ou pratos grandes, ocupando o centro.
- Antes de cada refeição, procurar beber um caldo bem quente.
- Durante a refeição, beber o suficiente.
- Colocar na dispensa ou na geladeira apenas os alimentos que integrem o plano de emagrecimento.
- Programar racionalmente cada uma das refeições ou unidades alimentares.

Esclarecemos que essas normas não respondem ao objetivo final que é: ficar magro, comer de tudo em menor quantidade e não reprimir nenhum alimento ou bebida, exceto os excessivamente calóricos ou os muito aditivos.

Características físicas do plano alimentar:

Consistência: suficientemente macia para não provocar excessiva mastigação.

Volume: pequeno, utilizar pratos e recipientes de sobremesa.

Temperatura: morna. Frias ou quentes congestionam a mucosa gástrica com estímulo da secreção, retardando a evacuação e aumentando a saciedade.

Fracionamento: não mais de quatro ingestões por dia.

Sabor e aroma: agradável, mas sem estimular muito o apetite. No princípio, um pouco monótono, para evitar a estimulação excessiva do paladar. Verificou-se que quanto menos gosto e aroma tiverem as preparações do alimento, mais fácil é o cumprimento da dieta, pois a tendência geral é não repetir.

O êxito da dieta também depende de:

- Aquisição de novos hábitos de compra.
- Aprendizagem de novas formas de cozinhar.
- Evitar excessos em quantidade ou qualidade.
- Incrementar o consumo de líquidos.
- *Reduzir o tamanho* das porções: eixo do nosso enfoque aceito com unanimidade.

A vantagem do Método de Unidades Alimentares:

- Diminui a tentação em algumas pessoas.
- A proposta produz a perda rápida de peso que os pacientes necessitam.
- É um elemento facilitador do compromisso com o tratamento.
- Prático e versátil (pode ser utilizado para perder peso ou para começar ou encerrar a perda de peso).

A perda de peso com base nesse sistema é excepcional. Os efeitos secundários da dieta são poucos e têm baixa incidência. Além do mais, podem ser prevenidos com a ingestão de 2 a 3 litros de água por dia e de vitaminas e sais minerais. A pessoas perdem o apetite nas primeiras 48 ou 72 horas depois do início da dieta, pois o conteúdo de carboidratos, açúcar no sangue e insulina não está elevado. Assim, o ciclo normal glicemia-hipoglicemia que produz fome se rompe e a falta de fome se instala.

Muitas críticas foram feitas às dietas de muito baixas calorias, sobretudo em razão de seu baixo conteúdo energético. No entanto, é cientificamente incorreto pensar que o conteúdo energético de uma dieta a torna perigosa, pois a energia provém de duas fontes: os alimentos ingeridos (externa) e as reservas de gorduras (interna). Quando a externa diminui, o organismo utiliza a interna (combustão da reserva de gordura excessiva).

Portanto, se a fome desaparece, as pessoas esvaziam a cabeça de toda a "embriaguez" produzida pelo processo aditivo. Não sentir fome é crucial para manter a dieta e, ao mesmo tempo, uma perda rápida de peso é importante para não se desmotivar. Da mesma forma, a dieta é mais um elo na corrente que leva à magreza, pois emagrecer pode até ser fácil, mas manter a Medida a longo prazo é bem mais difícil. E isso só se consegue por meio da análise dos pensamentos errôneos e dos comportamentos impulsivos subjacentes a todo mecanismo aditivo.

A seguir, vamos entrar na próxima artimanha utilizada para desarticular esse mecanismo: os enfoques terapêuticos.

- O que é uma caloria?

É uma unidade de energia equivalente a 4,22 joules (unidade padrão). Também é equivalente à energia exigida para elevar a temperatura de 1 litro de água (1 kg) em 1ºC (de 14,5ºC a 15,5ºC). É por isso que também pode ser chamada de quilocaloria (kcal).

- O que são as dietas hipocalóricas?

São propostas alimentares que contêm níveis de energia menores que os habitualmente indicados. No entanto, incluem uma dose diária de todas as exigências nutricionais essenciais. As dietas hipocalóricas foram utilizadas pela medicina clínica por mais de quarenta anos, o que avaliza sua segurança e eficácia. São usadas como fonte única de nutrientes em um período de oito a 16 semanas alternadas e permitem, em geral, perda de peso da ordem de 1,5 kg a 2,5 kg por semana.

São classificadas como VLCD (*Very Low Calory Diet*) ou dietas de conteúdo calórico muito baixo (entre 600 e 800 calorias/dia) e LCD (*Low Calory Diet*), que propõem um consumo de 800 a 1.200 calorias diárias.

- O que é o Índice Glicêmico?

É a velocidade com que cada alimento ingerido libera glicose (um composto químico que nosso organismo utiliza principalmente como energia). Depois de ingerir um alimento com alto IG, os níveis de glicose no sangue aumentam. Por isso, os alimentos que, ao contrário, liberam glicose mais lentamente são preferíveis aos de liberação rápida, pois colocam energia à disposição do corpo por um período de tempo maior.

TESTEMUNHO

"Tinha muito medo de não conseguir..."

Em 29 de janeiro de 2006, cheguei à clínica com um peso de 122 kg. Junto com eles, arrastava uma imensa tristeza e, principalmente, uma grande desesperança. Depois de ter experimentado de tudo e sempre morrer na tentativa, tinha muito medo de não conseguir...

Só precisei de um dia para entrar na bendita acidose, à qual me agarrei com alma e vivacidade, pois nunca tinha experimentado a sensação de fazer uma dieta e não sentir fome nem interesse pela comida.

Pude afastar a comida da minha vida e relacionar-me com ela de forma diferente.

Foi assim que comecei a perder peso rapidamente, a me sentir livre e lúcida.

Fiquei apaixonada pelo método. Entreguei-me a ele incondicionalmente e sem questionamentos.

Perdi 60 kg em nove meses.

Sinto-me feliz, livre, plena...

Estou sempre atenta, mas ao mesmo tempo em paz.

Agradeço a meu querido irmão, que acreditou em mim e me fez conhecer o Centro.

À "tia Berta".

E a você, Máximo, serei sempre grata, sobretudo por seu empenho em nos fazer entender o que é essa doença.

Lina

10.2 Os enfoques terapêuticos

> Para a discussão que se quer viva existe sempre alguma verdade em toda ideia. Nada é inteiro e indiscutivelmente verdadeiro; nada é absolutamente absurdo e falso. Confrontando a tese, o pensamento busca espontaneamente uma unidade superior.
>
> *Lefebvre, H.*

Muito já se disse sobre a abordagem terapêutica do tratamento da obesidade. No entanto, os altos índices atuais de obesidade em escala mundial constituem um sintoma claro de que ainda temos um longo caminho a percorrer.

Tal como afirmamos no capítulo que trata do autoengano, as estratégias que o paciente obeso elabora para perpetuar sua obesidade são infinitas. Ele vai construindo uma enorme barreira de cimento que, em alguns casos, torna-se intransponível, pois o mecanismo aditivo, assim como os hábitos alimentares e os comportamentos defensivos estão tão arraigados que é impossível desarticulá-los.

Para onde orientar, então, a terapia? É possível fazer uma síntese das diversas propostas e estudos a respeito ou ela tem de ser única? Estou mais inclinado para a primeira solução, pois a possibilidade de reorientar um tratamento vai depender da variedade de ferramentas que o terapeuta possui para abordar os diferentes casos. Embora seja possível colocar em prática alguns aspectos das teorias consideradas mais adequadas à problemática em questão, a verdadeira teoria deve ser formulada por meio do processo inverso: o face a face com o paciente, observando seus êxitos, progressos e recaídas.

Só depois de um longo período de observação, é plausível elaborar uma linha terapêutica que permita encaminhar um tratamento. No entanto, o êxito a longo prazo vai depender também da disponibilidade dos terapeutas para a incorporação de novas estratégias. Portanto, não existe "uma" terapia para o tratamento da obesidade, mas um conjunto de procedimentos provenientes de diversos enquadramentos teóricos.

Contudo, antes de examinar nossas preferências na hora de selecionar certos enfoques terapêuticos, é necessário fazer um breve resumo dos diferentes movimentos que formam o espectro da Psicologia moderna.[7]

Em primeiro lugar, embora já tenhamos mencionado como os mecanismos dos comportamentos aditivos e defensivos nos envolvem, não podemos deixar de citar a Psicanálise. Certas ou erradas, as teorias de Freud influenciaram o desenvolvimento dos principais movimentos que tentaram dar conta dos motivos de nossos atos e pensamentos. De onde vem essa influência? De uma premissa irrefutável postulada pela Psicanálise: "Os sintomas estão carregados de significado", ou seja, o legado de Freud transmite a ideia de que, ao analisar os sintomas de um paciente, o terapeuta pode descobrir sua causa. Ainda hoje, esta noção está muito presente na Psicologia, pois inaugura uma pergunta nova que descentra o sujeito de seu consciente e instaura a noção de inconsciente. Ao mesmo tempo, Freud parte da ideia de que a vida humana é "essencialmente conflitiva" e cada um de seus seguidores ou detratores tentou elucidar esse conceito inquestionável.

Da Psicanálise surgiram algumas linhas teóricas convergentes e um semnúmero de postulados divergentes. Assim, em linha convergente, Anna Freud centralizou seus estudos na busca dos conflitos passados que ocasionam problemas emocionais no presente, por meio da associação livre e da transferência. Jacques Lacan aprofundou os conceitos psicanalíticos ao incorporar noções de linguística e antropologia, e Peter Fonagy, por meio de sua Terapia de Desenvolvimento Psicodinâmico, coloca o terapeuta como facilitador da eliminação de travas, ou bloqueios, do paciente que possam impedir o desenvolvimento psicológico saudável.

---

7 Adler, Jerry Reud. "Por que aún nos cautiva?"em Newsweek, Buenos Aires, 9 de agosto de 2006.

Finalmente, a Terapia Psicodinâmica parte da Psicanálise e usa diversas técnicas em uma relação paciente-terapeuta mais interativa.

O percurso dos ramos divergentes é muito mais amplo e parte, em linhas gerais, de quatro enfoques teóricos centrais: a Psicologia Analítica de Carl Jung, a Psicologia Individual de Alfred Adler, a Terapia Ativa postulada por Sandor Ferenczi e o Behaviorismo de John Watson. Vejamos, então, as ramificações surgidas de cada uma delas:[8]

1. Psicologia Analítica (Carl Jung)
Postula a teoria do inconsciente coletivo

Mitologia (Joseph Campbell)
Sustenta que todas a pessoas partilham uma série de símbolos psíquicos.

2. Psicologia Individual (Alfred Adler)
Atribui o surgimento da neurose à sobrecompensação dos sentimentos de insegurança.

Humanística (Carl Rogers)
Coloca o foco na experiência do paciente.

Psicoterapia interpessoal (H. Sulliven)
Sistema prático que estimula os terapeutas a desafiar, guiar e apoiar ativamente os pacientes durante a sessão.

Terapia de grupo
Utiliza as experiências partilhadas pelos pacientes para oferecer apoio e uma via de descarga emocional.

[8] Newsweek, *op. cit.*

3. Terapia ativa (Sandor Ferenczi)
Permite que o analista assuma papel ativo durante a sessão.

Trauma do nascimento (Otto Rank)
Postula o complexo "pré-edipiano" ou trauma do nascimento como raiz da ansiedade neurótica.

Psicanálise social (Karen Horney)
À ideia freudiana de "inveja do pênis" contrapõe a inveja masculina da capacidade de dar à luz das mulheres.

Psicologia de si mesmo (Heinz Kohut)
Reconhece a importância da empatia no desenvolvimento e ressalta a necessidade de autoestima do paciente.

Feminismo psicanalítico (Nancy Chodorow)
Postula a identidade como construção da consciência de gênero.

4. Behaviorismo (John Watson)
Prioriza o empirismo sobre a interpretação subjetiva.

Estímulo-Resposta (B.F. Skinner)
Ignora as motivações inconscientes concentrado-se nos comportamentos observáveis.

Terapia comportamental
Procura remediar os comportamentos negativos por meio de recompensa e reforço dos bons comportamentos.

Terapia cognitiva
Tenta alterar os padrões de pensamento que levam a comportamentos problemáticos ou potencialmente autodestrutivos.

Terapia cognitiva comportamental (Aaron Beck)
Toma emprestados alguns conceitos das terapias cognitivas e comportamentais para modificar os pensamentos e as ações negativas do paciente.

Terapia racional emotiva comportamental
Propõe que uma série de fatores biológicos, psicológicos e sociais afetam o modo de sentir e de se comportar.

Terapia comportamental dialética
Os comportamentos interagem e se sobrepõem e não existe um modelo que seja intrinsecamente mais importante que outro.

Terapia racional de vida
Enfoque que utiliza técnicas persuasivas (inclusive hipnoterapia) para que o paciente seja mais suscetível às sugestões e aos tratamentos terapêuticos.

A classificação apresentada, ao mesmo tempo em que oferece um panorama dos diversos enfoques terapêuticos que foram aplicados e são adotados atualmente, permite diferenciar as distintas tendências na área. De acordo com o que sustenta José Bleger:[9]

As correntes ou escolas psicológicas são apresentadas exclusivamente como contraditórias, insistindo-se apenas nos aspectos em que elas se opõem; mas falta, sem dúvida, considerar que a contradição não exclui a unidade e que, tampouco, é, por si mesma, um índice decisivo de incompatibilidade. (...) Assim, cada escola é um fragmento de uma única totalidade que é preciso reconstruir.

Portanto, não existem leis invioláveis nessa área e é possível que certas terapias sejam bem-sucedidas em algumas pessoas, mas em outras não. Além disso, o fato de considerar os conceitos que as diversas correntes postulam permite enfocar certos fenômenos com maior clareza. Por exemplo: embora a Psicanálise não seja a mais adequada para o tratamento da obesidade, podemos, contudo, extrair daí algumas descrições muito úteis para a análise da personalidade do obeso, suas tendências aditivas e os mecanismos de defesa que desenvolve, tal como vimos no capítulo sobre o autoengano.

Embora cada situação particular exija indubitavelmente uma abordagem terapêutica determinada, com o passar dos anos descobrimos que, no tratamento da obesidade, a perda rápida de peso e a consequente mudança de hábitos são obtidas fundamentalmente com a implementação de terapias derivadas do Comportamentismo ou Behaviorismo, como método baseado antes no empirismo e

9 Bleger, José. *Psicologia da conduta*. Artes Médicas: Porto Alegre, 1984.

não na interpretação subjetiva, ou seja, centrado nos comportamentos observáveis e não nas motivações inconscientes.

O enfoque behaviorista deu origem, inicialmente, à Terapia Cognitiva e à Terapia Comportamental, cujos conceitos básicos foram reunidos por Aaron Beck na denominada Terapia Cognitivo-Comportamental (TCC). Comprovou-se também que a Terapia Racional Emotiva Comportamental, baseada nos trabalhos do psicólogo norte-americano Albert Ellis, é muito efetiva no tratamento das desordens alimentares.

Outra variante dentro das terapias comportamentais é a Terapia Comportamental Dialética, que incorpora elementos de diversas disciplinas e tem muitos pontos em comum com a nossa terapia.

10.2.1 Os enfoques cognitivo-comportamentais

Tal como vimos ao longo de todo o percurso desta *teia de aranha alimentar*, os comportamentos compulsivos, aditivos, automáticos e transgressores são seus principais artífices. Cada fio da rede reproduz comportamentos recorrentes que tendem à busca de *prazeres momentâneos e dores permanentes* e cria um mecanismo que nos aprisiona de tal maneira que adquirem os contornos de uma verdadeira adição.

Sendo assim, não podemos tratar a obesidade como um sintoma isolado, como mero desdobramento físico. Pelo contrário, temos de lutar contra os comportamentos que a sustentam: o descontrole, o autoengano, a falta de limites e a dependência.

Como o mais comum é as pessoas ignorarem ou negarem seus comportamentos aditivos e não reconhecerem os sinais de alarme, a terapia deve se concentrar em desembaralhar tais mecanismos e confrontar o paciente com suas limitações cognitivas que, definitivamente, o impedem de ativar comportamentos efetivos. Esses são, em poucas palavras, o objetivo central e o conceito básico do enfoque cognitivo-comportamental.

O que leva o paciente a agir de maneira impulsiva, inconstante e ansiosa, a se frustrar com facilidade e a se mostrar intolerante é uma percepção errada do que está ocorrendo. Seu objetivo gira em torno de adaptar o ambiente em que vive à sua busca irrefreável pelo prazer imediato, ou seja, de sustentar a qualquer custo a sua atitude e a sua conduta aditiva, que o faz buscar um objeto calmante.

O desafio, tanto para os terapeutas quanto para os pacientes, vai além de frear um determinado comportamento: consiste em mudar as atitudes e modificar o sistema de crenças incorporado para, então, enfrentar os problemas de forma diferente e, assim, conseguir construir um novo estilo de vida. Só dessa forma é possível aprofundar o conhecimento de suas verdadeiras necessidades, não somente físicas, mas também espirituais e sociais.

Portanto, a ideia central de nosso enfoque terapêutico é desemaranhar o mecanismo aditivo. Partindo do fato de que o paciente, embora se apresente em atividade, está tomado por uma grande paralisia e dominado por um objeto aditivo, temos de desfazer esse caminho que o paralisou, desarticulando suas crenças errôneas e facilitando seu acesso a ferramentas comportamentais de mudança. Assim, ele poderá desestruturar o estado em que estava e treinar uma nova escolha para, então, desprender-se definitivamente da rede e aniquilar a aranha que o mantinha paralisado enquanto o devorava por dentro.

É evidente, portanto, que o componente psicológico desempenha papel fundamental no processo de engorda e na perpetuação da obesidade. Por quê? Porque as substâncias não ingressam sozinhas no organismo, precisam de algo que as guie até a boca várias e várias vezes: a atitude compulsiva de busca do prazer.

No entanto, o paciente chega ao tratamento com a mente entorpecida pela presença da substância aditiva e o terapeuta, por mais que tente investigar sua psique, não vai conseguir nada enquanto não propuser um *Corte* imediato dessa substância entorpecente que não permite que pense ou aja corretamente. Para isso, o primeiro passo é desintoxicar o organismo por meio da implementação de uma dieta, para, em seguida, trabalhar o vínculo patológico e os hábitos nocivos. Trata-se, definitivamente, de *emagrecer para mudar de hábitos* e não de *mudar os hábitos para emagrecer.*

Essa é uma noção-chave de nossa proposta e está estreitamente ligada ao conceito de obesidade como expressão de um mecanismo aditivo subjacente. Da mesma forma, se pesquisarmos as terapias que lidam com adições, iremos observar que elas também postulam como primeiro passo um *corte da substância* ou do comportamento aditivo. Se esse corte não se produz, todo o trabalho é inútil.

Repito: quando o comportamento é descontrolado, quando estamos intoxicados por uma substância, não podemos sentir nem pensar corretamente. O *Corte* impõe um limite diante do excesso e possibilita o aumento da atenção para, em seguida, chegar ao núcleo do problema. Sendo assim, primeiro, cortamos com o comportamento ruim para, em seguida, trabalharmos cognitivamente. Dessa forma, o processo a ser seguido é o inverso: com base na avaliação cognitiva, modificamos os comportamentos de transgressão, apego e excesso. E não apenas com relação à comida, mas também em todas as áreas da vida que estão sob o domínio de nossos impulsos.

Em que consiste o processo de reestruturação cognitiva? Tal como defendem a dra. María Isabel Casado e seus colaboradores,[10] na obesidade, são muitos os pensamentos negativos, irracionais e/ou deformados associados ao comportamento de ingestão. A técnica de reestruturação cognitiva é utilizada com o objetivo de aprender a detectar, analisar e mudar tais pensamentos.

Em primeiro lugar, explica-se aos pacientes a importância dos pensamentos deformados e como eles influem no comportamento de ingestão. Em seguida, os próprios pacientes devem detectar seus pensamentos irracionais para trabalhá-los em grupo, discutindo sua natureza irracional e substituindo-os por outros mais realistas e positivos.

O seguinte diálogo (extraído de um grupo-chave) é um bom exemplo da aplicação dessa técnica:

Paciente: – Não vejo a hora de chegar ao peso que você falou para poder voltar a comer!
Grupo: – Nãããão o!
Terapeuta: – Para conseguir isso, vai ter de trabalhar muito tempo e é muito provável que se pegue enfiando o pé na jaca muitas vezes, o que vai fazer com que volte aqui com frequência. A pressa de chegar é ruim; a rapidez e a dinâmica são boas. E chegar para voltar a comer...
Paciente: – Para voltar a comer de tudo.
Terapeuta: – Embora já esteja pensando de forma mais apurada (com 24 kg a menos e com trinta e poucos a perder), quando fala em poder comer de tudo, seu problema parte do fato de que ainda não se deu conta de tudo o que perdeu e, por isso, pensa em tudo que lhe tiramos. No entanto, o que estamos propondo é que recupere a vida que perdeu ao acumular tantos quilos a mais. Quando entender isso, não vai mais pensar em comer de tudo.

---

[10] Casado, María Isabel; Camuñas, Nuria; Navlet, Rosário; Sánchez, Belén e Vidal, Julia. "Intervención cognitivo-conductual en pacientes obesos: implantación de un programa de cambios en hábitos de alimentación" In: Revista Eletrônica de Psicologia, julho de 1997, vol. 1, Número 1. Disponível em: http://www.psiquiatria.com/psicologia/vol1num1/artic2.htm.

A paciente do exemplo, como tantos outros obesos, tem o seguinte pensamento errôneo incorporado: chegar ao peso ideal equivale a poder voltar a comer de tudo. É um pensamento deformado associado a um comportamento de ingestão excessiva. Ela não percebe a contradição em suas palavras, pois para ela a perda de peso é um meio para voltar a comer. Dessa forma, vai recuperar os quilos que emagreceu e todo o trabalho perderá qualquer sentido. *Ela antepõe a perda da comida à recuperação da vida perdida.*

O terapeuta, por sua vez, orienta o pensamento para o sucesso e questiona a noção da paciente sobre a falta. Quando ela entender que, em seu caso, a falta foi de vida e o excesso foi de comida, estará em condições de postular um "Nunca" firme, que não esconda um "Tomara".

Portanto, podemos observar que muitos dos problemas que exigem intervenção terapêutica têm fundamento cognitivo.

Com relação às distorções cognitivas ou crenças irracionais básicas, diversos autores de Psicologia Cognitiva, como David Burns, Aaron Beck, o próprio Albert Ellis e outros, concordam, em sua maioria, e consideram que elas são as principais causadoras do desajustes emocionais e comportamentais. Em linhas gerais, são as seguintes:[11]

1. A ideia de que ser amado e aprovado por praticamente todas as pessoas significativas da comunidade é uma necessidade extrema do ser humano adulto.

2. A ideia de que para que alguém se considere valioso deve ser competente, autossuficiente e capaz de conseguir qualquer coisa em todos os aspectos possíveis.

3. A ideia de que certo tipo de gente é vil, má e infame e que deve ser seriamente culpabilizada e castigada por sua maldade.

4. A ideia de que o fato de que as coisas não sigam o caminho que a pessoa gostaria é horrível e catastrófico.

5. A ideia de que a desgraça humana se origina de causas externas e que as pessoas têm pouca ou nenhuma capacidade de controlar seus sofrimentos e suas perturbações.

6. A ideia de que, se alguma coisa é ou pode ser perigosa, a pessoa deveria ficar tremendamente preocupada com isso e pensar constantemente na possibilidade de que venha a ocorrer.

[11] Ellis, Robert. Disponível em: http://www.cop.es/colegiados/PV00520/TRE7.pdf.

7. A idéia de que é mais fácil evitar que enfrentar certas responsabilidades e dificuldades da vida.

8. A ideia de que a pessoa tem de depender dos outros e precisa de alguém mais forte em quem confiar.

9. A ideia de que a história passada é um determinante decisivo do comportamento atual e que algo que já aconteceu uma vez e foi perturbador vai continuar afetando a pessoa indefinidamente.

10. A ideia de que as pessoas devem se sentir muito preocupadas com os problemas e as perturbações dos outros.

11. A ideia de que, invariavelmente, existe uma solução precisa, correta e perfeita para os problemas humanos e que, se essa solução perfeita não for encontrada, será uma catástrofe.

12. A ideia de que a maior felicidade humana pode ser alcançada por meio da inércia e da inação.

Embora as crenças expostas anteriormente sejam gerais, elas se manifestam de maneiras diversas em áreas específicas. No que se refere à comida e ao peso, os pensamentos distorcidos podem favorecer o consumo excessivo de alimentos e dar lugar a um padrão de respostas caracterizadas por aspectos cognitivos desagradáveis de tensão, tais como: pensamentos de culpa, pensamentos negativos sobre si mesmo, pensamentos irracionais relacionados à comida, aspectos motores como a ingestão compulsiva e aspectos fisiológicos de alta ativação.[12]

Aaron Beck, em seu modelo para o tratamento congnitivo-comportamental da depressão, formulou os três princípios básicos da terapia, a saber:

1. Um paciente tratado por essa terapia deve aprender a distinguir entre a realidade e a percepção dessa mesma realidade.

2. Essa percepção da realidade está sujeita a e é modificada por diversos processos de aprendizagem que são, em si mesmos, fruto do erro.

3. Tais pontos supõem conseguir que o paciente assuma e contemple suas crenças como hipóteses que ele pode transformar em fenômenos sujeitos à verificação, negação e modificação.

Em suma, a Terapia Cognitivo-Comportamental é um tipo de tratamento que se caracteriza por ser ativo, diretivo e por exigir um trabalho conjunto entre

---

[12] Casado, María Isabel *et alii, op. cit.*

paciente e terapeuta. Seu objetivo é que os pacientes descubram seus pensamentos disfuncionais, identifiquem tais pensamentos e comportamentos, na realidade, e construam técnicas mais adaptativas e funcionais de resposta tanto inter quanto intrapessoais. Ela também tem como foco os significados conscientes, e se interessa prioritariamente pelo "como" e pelo "para que", muito mais que pelos "porquês", além de trabalha mais sobre o hoje e o amanhã que sobre o ontem. É uma terapia orientada para a análise dos pensamentos automáticos, dos pressupostos ou das crenças errôneas e da organização das percepções, assim como para a análise minuciosa dos comportamentos e das atitudes sintomáticas.

Aplicamos os conceitos básicos dessa terapia em nosso tratamento, articulados com as noções de Corte, Medida e Distância que, como vimos antes, são os pilares comportamentais que propomos para modificar padrões diários associados à comida, incluindo a quantidade de ingestões durante o dia, a duração das refeições, o estado emocional, a companhia e, sobretudo, o tipo e a quantidade dos alimentos consumidos.

Também incluímos em nossa abordagem alguns conceitos propostos por Albert Ellis, que formulou a Terapia Racional Emotiva Comportamental. Tais conceitos partilham com a TCC a ideia de que a maioria dos problemas psicológicos deve-se a padrões de pensamento equivocados e irracionais, e estes são evidentes nas verbalizações implícitas derivadas das hipóteses ou das suposições que uma pessoa estabelece acerca do mundo e do que acontece com ela.

10.2.2 A instância dialética

Da mesma forma, existe uma corrente derivada também das terapias comportamentais que, embora aplicada a pacientes com transtorno da personalidade *borderline*, inclui estratégias muito valiosas e passíveis de aplicação em outras abordagens. Estamos nos referindo à Terapia Comportamental Dialética, disciplina criada pela dra. Marsha Lineham,[13] que incorpora pontos de vista e técnicas muito díspares: psicodinâmica, cognitivismo, behaviorismo, filosofia oriental e dialética.

A grande novidade desse enfoque é a inclusão da Dialética, disciplina que permite ressaltar a polaridade inerente a cada coisa ou sistema e que, por um lado, é representada por forças polares denominadas "tese" e "antítese", cujo processo

[13] Linehan, Marsha. *Terapia Cognitivo Comportamental para Transtorno da Personalidade Borderline*. Tradução de Ronaldo Cataldo Costa. Artmed: Porto Alegre, 2010.

de transformação leva à "síntese" ou resultado dessas forças. A tensão entre elas é o que promove a mudança, considerada contínua e essencial à vida. Por outro lado, a Dialética constitui um método de diálogo e de relação, do qual derivam as estratégias usadas pelo terapeuta para conseguir a mudança.

A relação terapêutica encontra nesse método uma raiz psicodinâmica, pois ele insiste muito no vínculo paciente-terapeuta e nos conceitos de transferência e contratransferência.

Da mesma forma, a TCD propõe uma noção de comportamento que é mais ampla que a da teoria behaviorista em geral, pois parte da superposição e inter-relação de diversos tipos de comportamentos (verbais, motores e psicológicos, tanto públicos, quanto privados), em que não há um modelo que seja intrinsecamente mais importante que outro.

Portanto, essas estratégias dialéticas são utilizadas pelo terapeuta para buscar o equilíbrio entre as tensões que se produzem na terapia. A persuasão é o recurso implementado para produzir a mudança e chegar a novos significados e se baseia em oposições como nutrir (afirmar, validar, reconhecer) e desafiar (confrontar, interpretar), dando atenção tanto às capacidades, quanto às limitações do paciente.

Por meio da Dialética, o terapeuta tenta fazer o paciente abandonar seu pensamento dicotômico e incorporar uma forma de pensamento que conceba a realidade como algo complexo e múltiplo. Esse processo permite desenvolver maior tolerância em relação às contradições internas.

Observamos, então, que o pressuposto básico da Psicanálise surge novamente, ou seja, que o conflito é inerente à vida e ao ser humano, que não é preciso fugir dele, mas compreendê-lo e aceitá-lo para poder chegar a soluções.

Aplicamos permanentemente as distintas estratégias dialéticas específicas usadas por essa disciplina. E como você já deve ter percebido, essa *teia de aranha alimentar* está repleta delas. São as seguintes:

- **Assumir o paradoxo**: o paciente não é responsável por estar como está, mas é, sim, responsável pela mudança.
- **Usar a metáfora, a parábola, o mito, a analogia e contar histórias:** todos esses recursos são utilizados para que o paciente compreenda algo que, no princípio, é doloroso para ele. Por exemplo, se a paciente diz: "Estou tão gorda que seria melhor estar morta", o terapeuta deve argumenta a favor dessa ideia e sugerir que, assim como isso é verdade para a paciente, também tem de ser verdade para o resto das pessoas, de modo que todos os que apresentam um

sobrepeso deveriam estar mortos. E como cada um tem a sua ideia do que é estar gordo, muita gente morreria.

- **Desempenhar o papel de advogado do diabo**: o terapeuta se coloca na posição de quem defende as crenças disfuncionais do próprio paciente, mas em uma versão extrema.
- **Se a vida lhe deu limões, faça uma limonada**: apontar os problemas como oportunidades para que o paciente se desenvolva.

Por último, a TCD propõe estratégias nucleares para a validação e resolução de problemas, tais como: o treinamento de habilidades comportamentais, emocionais e congnitivas, procedimentos de contingência, exposição e confrontação de situações, comunicação recíproca, assessoramento e supervisão dos resultados.

10.2.3 O poder da palavra

Existe atualmente uma corrente denominada Psicoimunoneuroendocrinologia que postula que tanto os procedimentos psicoterapêuticos farmacológicos quanto os procedimentos psicoterapêuticos produzidos por terapias causariam efeitos biológicos.

Em seu trabalho "Mutações moleculares produzidas pela palavra no Sistema Nervoso Central", a dra. Juana Jaritonsky analisa detalhadamente os mecanismos cerebrais. Ela admite que as mutações moleculares que se produzem no SNC e que, dentro dos neurônios, modificam a expressão genômica das proteínas, dão lugar a um novo estado funcional do cérebro e do indivíduo. Essas mutações se produzem inicialmente em razão de estímulos sensoriais que se transformam em sinais químicos e dão origem a uma cascata de acontecimentos intraneuroniais. Para explicar o modo como a palavra falada produz mutações moleculares no SNC, é preciso fazer um cruzamento teórico entre o simbólico e o biológico, segundo a autora. O nível de representação psíquica dado pela palavra transfere-se para os estratos fisiológicos do cérebro, promovendo acesso a regiões envolvidas na experiência cognitiva dos estados emocionais.

A palavra transformada em estímulo ou sinal químico (*inputs*) chega ao sistema auditivo como informação e é processada em sucessivas regiões cerebrais. Os sinais que chegam do sistema endócrino, do sistema imunitário e de outros sistemas modulatórios modificam, por sua vez, os *inputs* originais e se ligam aos engramas da memória e da aprendizagem do indivíduo. Ao interatuar também com os circuitos do prazer, com os circuitos motivacionais e emocionais e com os circuitos do processamento da ansiedade e do tônus afetivo, produzem a decodificação do símbolo linguístico. Este estímulo produz modificações moleculares como qualquer outro estímulo, gerando mudanças neurofisiológicas que, por sua vez, produzirão alterações sistêmicas que irão traduzir as mudanças psicológicas objetivas em comportamentais com sua expressão social.

Jaronsky também garante que a palavra psicoterapêutica produz algum sinal químico nas vias sensoriais, nos depósitos de memória ou nos diversos circuitos do processamento da ansiedade, do tônus afetivo etc. Reformulada no contexto da psicoterapia, é muito provável que produza mudanças na rede neuronal, sempre que o psicoterapeuta utilizar a palavra certa, no momento certo, administrando, nas sessões piscoterapêuticas, as "doses" necessárias e pertinentes de novas construções, de acordo com as vicissitudes da história pessoal e da experiência vital do indivíduo.

A proposta da psicoimunoneuroendocrinologia abre um caminho de pesquisa extremamente interessante e inovador. O lugar atribuído à palavra como estímulo de respostas cerebrais que afetam os comportamentos humanos constitui um postulado empírico que leva à reconsideração da linguística como instância científica e ponto de partida para a análise de certos fenômenos biológicos e comportamentais. Ao mesmo tempo, define o ponto de partida para a reformulação de certas noções propostas pela Psicanálise, na medida em que a "memória molecular" poderia ser considerada a expressão material de uma entidade que, até então, era considerada abstrata: o Inconsciente.

Para concluir mais uma seção deste capítulo, podemos afirmar que, no caminho de consolidação da mudança que, em nosso caso, culmina na magreza, é fundamental entender o tipo de estrutura vincular que mantemos com a comida. Por quê? Porque é a mesma que mantemos nas nossas relações em geral e, sobretudo, conosco mesmos. Entorpecidos pelo descontrole causado pela ingestão compulsiva, nós nos comemos a nós mesmos e recusamos a oportunidade de aparecer em cena, ocultando-nos por trás daquilo que nos gratifica e que é exterior. Como consequência, nos descuidamos de nosso interior.

A angústia gerada pelo simples fato de pensar em abandonar tal comportamento faz com que, na hora de escolher, as pessoas prefiram continuar gordas apesar de tudo, se refugiem em pensamentos irracionais e comportamentos automáticos e se enganem, acreditando que estes são vitalmente necessários.

As terapias podem ajudar, definitivamente, a nos libertar dessas certezas absurdas que condicionam nossa existência e nos levam a adiar indefinidamente a mudança.

O importante é que, uma vez detectado o nosso lado vulnerável, não tapemos os ouvidos para seus gritos de alarme e cuidemos dele com todas as ferramentas que estiverem a nosso alcance.

Na próxima seção, analisaremos outra ferramenta ou artimanha fundamental para desintegrar a rede aditiva a que estamos presos. Estou me referindo a uma linha de trabalho proveniente da Psicologia Humanista: a Terapia Grupal, instância terapêutica coordenada por especialistas, na qual os pacientes podem compartilhar experiências e consolidar uma via de apoio e de descarga emocional.

Respostas concretas para perguntas possíveis

- Por que as terapias cognitivo-comportamentais são utilizadas no tratamento da obesidade?

Porque não dão prioridade à investigação do passado do paciente "como gordo", mas a seu futuro "como magro". Trabalham com o "aqui e agora" e permitem que o paciente incorpore, por meio de um processo de reestruturação cognitiva, as estratégias comportamentais capazes de ajudá-lo a efetivar a mudança.

O método se concentra tanto nos comportamentos, quanto nas crenças e nos pensamentos errôneos. Em suas variantes Dialética e Racional, incorpora tanto os fatores sociais, quanto os biológicos, linguísticos e comunicacionais associados à obesidade.

- O que é Psicoimunoneuroendocrinologia?

É uma disciplina que atribui à palavra um papel-chave como estímulo de respostas cerebrais que afetam os comportamentos humanos. Constitui um postulado empírico que leva à reconsideração da linguística como instância científica e ponto de partida para a análise de certos fenômenos biológicos e comportamentais como a adição à comida.

TESTEMUNHO

O sabor agridoce de tomar consciência

O que você faria se descobrisse que pode? O que faria com isso? Eu me defrontei com essa certeza no meu primeiro dia na Clínica. Entrei com expectativas, me enchi de esperança ao ver e ouvir e hoje posso dizer com alegria que sou um deles: mais um magro na foto. No caminho, encontrei muito mais gente do que imaginava. Cheguei cheio de "poréns", de "não posso mais", de "a culpa é de...", de "o que acontece é que...", usando uma grande armadura para não ter de sair do lugar em que estava. E estava naquele estado no qual parece que "a vida está passando por cima de você", pois, não tendo controle da comida, não queria desejar o que me parecia impossível para não sofrer mais tarde. Hoje, no entanto, tenho a firme convicção de que "estou de pé diante da vida".

Consegui isso quando *assumi que tomar consciência tem um estranho sabor agridoce*, pois, por um lado, é duro ver onde você foi parar na vida e o que fez com ela e com seu corpo, mas, por outro, é bom perceber que esse é o único ponto de partida real capaz de gerar mudança... Essa mudança não é mágica, mas é aí que reside a maravilha da experiência vivida.

Recordo agora cada momento partilhado, cada lágrima, cada sorriso e, sobretudo, a sensação de não estar sozinho, pois compreendi que o que acontecia comigo acontecia também com muitos outros.

Tenho a gratificante sensação interior de estar fazendo as coisas bem, sem "poréns" e consigo me imaginar no futuro e esboçar um sorriso... No meio: seis meses de grupo, dieta, Máximo, Berta, Ángel e minha entrega.

Diego Rivero

10.3 Os grupos

"Esse adeus não esconde um até logo,
esse nunca não esconde um tomara,
essas cinzas não brincam com fogo,
esse cego não olha para trás."
Joaquín Sabina

Ao pensar no conceito de grupo terapêutico como alternativa válida para desarticular comportamentos arraigados de uma vida inteira, é inevitável abordar um fenômeno que teve grande expansão ultimamente: a autoajuda.

Nas últimas décadas, produziu-se uma explosão de literatura de autoajuda, assim como grande quantidade de grupos, cursos, seminários e gurus dessa prática. Os conceitos básicos da autoajuda orientam a atenção para nossa própria pessoa, nosso ego e vários autores desse método coincidem ao dizer que somos menos que podemos ser e que as debilidades e fortalezas de um indivíduo residem em seu próprio interior e não entre as pessoas.

Sem dúvida, a autoajuda é um fenômeno que se instalou no mundo graças a um profundo vazio terapêutico. Muita gente caiu em suas redes e ficou impossibilitada de se unir a práticas profissionais mais sérias. Foi assim que, em um mundo com uma infinidade de problemas novos, o fenômeno da autoajuda ganhou tamanha difusão.

A cada ano, milhões de pessoas compram algum tipo de livro de autoajuda, cujos temas são tão diversos quanto incrementar nossa economia, potencializar a sexualidade, melhorar as relações de casal ou entre pais e filhos, desenvolver uma relação espiritual, superar nossos medos ou melhorar nossos hábitos. No entanto, se observamos detidamente os resultados, veremos que as pessoas não estão mais felizes: ao contrário, estão cada vez mais dependentes e sedentas de amor. Apesar das centenas de programas garantidos, criados para ajudar a descobrir nosso pleno potencial interior e a viver uma vida maravilhosa, quase todos nós estamos desanimados ou pensamos que não somos tão felizes quanto deveríamos.[14]

É bem verdade que, por diversos motivos (cultura, educação, recursos econômicos), muita gente não tem acesso a terapêuticas de intervenção mais elaboradas. É por isso que o público consumidor de terapias e livros de autoajuda é muito numeroso e bastante instável, pois, não fosse a infelicidade geral, os poucos recursos, a insegurança e a dúvida, o que seria da autoajuda? Podemos constatar que, apesar dos esforços mais louváveis, a autoajuda simplesmente *não ajudou*.

Existem atualmente mais de mil grupos internacionais de autoajuda e estima-se que pelo menos uma em cada cinco pessoas já participou de algum programa desse tipo.

A menos que se adote um enfoque sistemático, includente e cuidadoso a respeito do processo de aperfeiçoamento pessoal, as ideias da autoajuda acerca

---

[14] Pearsall, Paul. *O seu último livro de autoajuda*. Ed. Alegro: Rio de Janeiro, 2006.

da vida podem ser limitadoras e gerar rupturas ou dependências. Um exemplo claro dessas consequências são as palavras a seguir, ditas por uma de minhas pacientes sobre seu marido:

> Acho que a pior fase do nosso casamento foi quando meu marido entrou em um programa de autoajuda. A segunda pior fase foi quando o programa fracassou. Sempre que está ocupado em ser tudo o que pode ser, ele se esquece de tentar ser tudo o que nós podemos ser.

Portanto, uma autoestima alta demais pode ser prejudicial para a própria pessoa e para os que a cercam. Quando alguém carece de autocrítica, pode atropelar os sentimentos – ou os direitos – do outro sem remorso algum.

Além disso, os especialistas em autoajuda tendem a procurar quase todas as dificuldades da vida "dentro" da pessoa e não "entre" todas as pessoas envolvidas. É tentador acreditar que o problema reside no indivíduo e não tem nada a ver com uma dinâmica interpessoal sobre a qual poderíamos exercer alguma influência.

Entretanto, como contrapartida, há quem afirme que a relação com os outros é crucial no processo de crescimento. Daniel Goleman,[15] por exemplo, publicou um estudo no qual aponta claramente que a amizade tem um surpreendente poder curativo. Ele afirma que:

> Pesquisas no campo das conexões entre as relações afetivas e a saúde física estabeleceram que as pessoas com uma rede rica de amizades pessoais – gente casada, que tem uma boa relação com a família e com os amigos, que participa ativamente de grupos sociais e religiosos – se recupera mais facilmente das doenças e vive mais.

Do intercâmbio interpessoal nasce o conceito de grupo de diálogo. Entretanto, embora tenha sido reinventado nos anos 1940 pela psicologia de grupo, sua origem data dos tempos da antiga Grécia e do uso socrático de perguntas e discussões para desmascarar estereótipos e superstições. Embora naquela época não se direcionasse para um tipo de transtorno específico, pretendia-se que as pessoas discutissem entre elas e se conhecessem melhor a si mesmas e aos outros. Sócrates acreditava que essa técnica poderia ajudá-los "a encontrar

[15] Goleman, Daniel. "La amistad tiene um sorprendente poder curativo". Editoria de Ciência/ Saúde do jornal *La Nación*, Buenos Aires, 15 de outubro de 2006.

conhecimentos latentes em cada pessoa e descobrir o bem que existe em todo homem".

Em suas origens, a técnica baseava-se, principalmente, na busca de conhecimentos por meio do diálogo, o que facilitava o desmascaramento de certos preconceitos sociais estabelecidos. O diálogo funcionava, então, como intermediário entre a pessoa e a sociedade e ajudava a derrubar grande quantidade de crenças errôneas.

O enfoque da autoajuda postula, ao contrário, certos mitos e crenças muito arraigadas na sociedade atual, como, por exemplo:

- Se não amo a mim mesmo, nunca vou amar o próximo.
- É preciso reprimir todos os sentimentos negativos.
- A chave para a solução dos meus problemas encontra-se dentro de mim.

No entanto, é preciso levar em consideração os sentimentos negativos, tais como o pessimismo, o medo, a raiva e o pânico, pois são tão legítimos e essenciais quanto a esperança constante. Eles permitem enfrentar nossas fraquezas e perceber que o chão sobre o qual caímos é também o suporte sobre o qual nos erguemos.

Dado que todo processo de mudança ou cura exige diversas combinações de força, inclusive brigar, crescer e, às vezes, simplesmente fracassar, a mensagem centrada no "poder pessoal" exerce tamanha pressão que nos leva a acreditar que não podemos nos abater nunca. No entanto, é muito provável que todos fraquejem em algum momento e, se acreditarmos que isso aconteceu porque não nos amamos o suficiente, o mais provável é que abandonemos o tratamento para nos dedicar a fortalecer nossa autoestima. Na realidade, o processo deveria ser o inverso: fazer o tratamento para, em seguida, fortalecer nossos pontos fracos.

Portanto, tal como argumentamos quando explicamos os enfoques terapêuticos mais adequados para tratar a obesidade, o primeiro passo proposto nos grupos é *Cortar*, no sentido de romper com o objeto aditivo, pois uma mente desintoxicada é essencial para pensar corretamente.

Em segundo lugar, o trabalho se orienta para a desarticulação das travas cognitivas que os pacientes apresentam, colocadas como questões gerais e não como problemas e aflições internas. Por quê? Porque quando o objetivo é potencializar forças internas, ventilam-se questões que interferem na dinâmica de crescimento grupal e não levam a lugar algum. Consequentemente, o grupo se asfixia com a exposição da intimidade de seus integrantes e todos assumem o papel de conselheiros ou guias espirituais e comportamentais, sem que estejam capacitados ou treinados para isso.

Surge daí uma diferença-chave entre os grupos terapêuticos e os grupos de autoajuda: o papel do coordenador. Em geral, os grupos de autoajuda são coordenados pelos próprios pacientes que, cheios de boas intenções, mas sem os fundamentos teóricos e o treinamento adequado para trabalhar com determinadas patologias, tentam oferecer soluções para os companheiros. O paradoxo é que, em vez de gerar mudança e reflexão aprofundada, em geral só conseguem confundir ainda mais as pessoas. Além disso, em certos casos de transferência grupal, a identificação aparece como um fenômeno negativo. Reunir um grupo de autoproclamados bulímicos, cleptomaníacos ou adictos ao álcool para debater suas dores e aflições pode levar o grupo a apoiar o problema, em vez de se concentrar em encontrar uma saída.

Em contraposição, vamos ouvir a opinião de uma paciente a respeito dos grupos que coordeno:

> Quando me perguntam como são os grupos, não consigo explicar como são na realidade. Só vendo o que dizem, sobretudo as pessoas que não têm experiência, mas têm preconceitos vindos de outros tipos de grupos. Não consigo dar uma definição porque você não conhece ninguém e conhece todo mundo, é como ter uma boa relação com todo mundo, mesmo sem saber em que cada um trabalha, o que faz na vida, nem se está casado ou solteiro...

Existe uma boa relação porque ninguém conhece a intimidade dos outros integrantes do grupo. Quando se começa a fuçar a vida do outros, não há mais grupo, não há mais nada, tudo morre.

Um grupo terapêutico não deve ser um "aguentador" de frustrações, lamentos e relatos intermináveis. A ideia também não é "fazer grupo", como se fosse um clube de sócios na desgraça, pois a proposta central é levar os integrantes a caminharem juntos na direção de um objetivo: incorporar um limite aos excessos por meio de um comportamento que reflita essa incorporação através do Corte, Medida e Distância. Ao mesmo tempo, é importante que o terapeuta ofereça ao paciente, por meio do diálogo, a informação verdadeira de que ele necessita para atenuar a preguiça e que aponte tanto os exemplos dos pacientes que fizeram tratamentos bem-sucedidos, quanto os erros dos que recaíram.

Entretanto, a impressão é muito diferente quando alguém consegue falar diretamente com um paciente que foi capaz de modificar seus hábitos e perdeu 130 kg, ouvir como foi o seu trajeto e constatar que é possível se manter magro.

O que interessa aqui é uma mudança de comportamento, um renascimento da própria fortaleza, incluída em um grupo facilitador. Vamos delegar nosso problema por um tempo a outra pessoa, no nosso caso o terapeuta grupal. Os grupos assim elaborados não são grupos em busca de uma terapia emocional: procuram colocar as emoções em seus devidos lugares, com base em um objetivo comum, que é perder peso e experimentar o alívio de não sofrer descontroles.

Além do mais, a terapia grupal alivia, elimina o drama individual ao mostrar que não somos os únicos, nem os últimos, nem os primeiros que enfrentamos esses problemas. Ela nos dá a consciência de ser parte de um todo, o que permite, ao mesmo tempo, eliminar outro excesso: o sentimento de que o problema só acontece com você ou que você é um gordo tão diferente que um tratamento grupal não vai dar conta. Definitivamente, o problema comum é o "comer demais" e esse é o conflito principal a ser tratado.

Por outro lado, a noção de "autoajuda" transcende o âmbito grupal e, graças à extensíssima bibliografia existente, argumenta que é possível alguém se autoajudar na solidão. Do contrário, qual seria o objetivo de livros como *Sete passos para ter sucesso na vida*? Vamos retornar, portanto, à contradição essencial desse método: se uma pessoa está mal, é muito difícil que possa elaborar sozinha as ferramentas para se autoajudar. A ajuda, portanto, deve vir de fora e, mais ainda, de pessoas capacitadas para tanto.

Por esse motivo, o fenômeno da autoajuda fez com que muita gente criasse resistência a começar um tratamento grupal, seja por preconceitos (bem fundados, em alguns casos), seja porque preferem abordar o conflito de forma individual, em uma aliança com a literatura "mágica".

Por outro lado, o fato de participar de um grupo e realizar um tratamento que talvez dure vários meses, exige muito mais energia que ler um livro capaz de oferecer soluções "mágicas". Essa atitude está intimamente ligada ao lema atual do "tudo agora, rápido e sem esforço". Se a vida está organizada em razão do menor esforço possível (as carreiras são mais curtas, o acesso mais rápido, os vínculos mais efêmeros), por que vou dedicar tanto tempo à minha sáude física e mental? E a mensagem da autoajuda reforça essa concepção quando afirma: "Não olhe para lado algum, o problema e a solução estão dentro de você".

No entanto, a experiência demonstrou que a inserção de uma pessoa obesa em um grupo terapêutico bem dirigido é fundamental para sua recuperação. Constitui a maneira mais efetiva de desmistificar certas crenças estabelecidas e adquirir conhecimentos que enriqueçam o comportamento e os vínculos, com base na modificação das condutas excessivas e compulsivas.

O tratamento renova o contrato com a vida, oferece oportunidade de ficar melhor, opera como recordatório do que se perdeu e do que se pode alcançar. É por meio da implantação de técnicas cognitivas, da detecção dos alimentos aditivos e da execução de mecanismos de controle diário que se pode alcançar a magreza e mantê-la ao longo do tempo.

O motor do grupo é capaz de levantar as âncoras individuais e mobilizar forças poderosas inerentes à técnica grupal. A dialética que se gera em um grupo é o vetor dessa força e representa o intercâmbio, o movimento de ideias e a presença real do paciente em tratamento. Implica deixar o próprio problema nas mãos de um outro para poder treinar, enquanto isso, o uso de ferramentas adequadas para sair da posição inicial de vítima, da passividade diante da doença.

Quando a passividade desaparece dos pensamentos e dos comportamentos, o que se torna passivo é o interesse pela comida. Ativa-se, então, tudo o que estava à espera de ser descoberto e não encontrava um caminho para vir à tona. Surge a “atitude da não comida” e se abre um leque de possibilidades muitas vezes desconhecidas pelos pacientes e que permitem diluir ou mesmo desarticular a obsessão.

Da mesma forma, assim que o paciente começa a experimentar a sensação de força mental e física que vai permitir que saia da teia de aranha em que está preso, ele aprende também a conviver com a angústia e o vazio, a suportar os estados de espírito negativos. Sabe que um grande abismo ainda espera por ele, mas o fato de não se sentir sozinho o ajuda a transformar o vazio na energia que permite que comece a mudar de posição. Em que consiste essa mudança? Em *deixar de se sentir vítima* do problema que sofre e *passar a ser responsável* por sua solução, mas, não por meio de um poder interior e sim do trabalho frente a frente com o problema. É absurdo pensar que podemos lutar contra a aranha sem ir atrás dela, sem persegui-la, encurralá-la e, finalmente, aniquilá-la. Se ficarmos parados, trabalhando apenas o nosso interior, o processo será o inverso: ela vai nos encontrar, estender sua armadilha e, por último, nos devorar.

Outro fator importante a ser considerado na terapia em grupo é que os pacientes não reproduzam ali certos comportamentos recorrentes em suas vidas.

Antes de entrar no grupo, precisam se despedir de suas atitudes mais arraigadas: os caprichos, a intolerância, a dispersão, a ansiedade, a obsessão, a negação e outros comportamentos negativos que são um obstáculo para o trabalho. É possível se desfazer deles fechando os olhos para o que viram antes, fechando os ouvidos para os cantos das sereias e deixando de dizer o que sempre disseram. A ideia é gerar um olhar novo, ouvidos mais atentos e uma boca bem fechada, para comer menos e não falar tanto.

A seguinte imagem ilustra esse processo. Qual é o verdadeiro "sábio" entre os três simpáticos macaquinhos? Observe:

Quem fala, come e não ouve: engorda
Quem ouve, mas come e não vê: engorda.
Mas quem tem os ouvidos atentos, o olhar desimpedido e a boca tapada: *emagrece*.

A mudança torna-se mais factível quando se tem o apoio de um sistema que permite compensar os momentos de vazio, pois tanto a restrição alimentar quanto as mudanças comportamentais são difíceis de suportar quando se está só.

É comum que os pacientes considerem a terapia em grupo desnecessária ou antipática. Desprender-se do ciclo autorreferencial em que estão mergulhados é penoso e não é fácil interiorizar o desenraizamento que é necessário para tomar distância do objeto aditivo. Ao mesmo tempo, também é custoso configurar um novo mundo sem tanta comida, porque isso é o que eles conhecem, o que, sem sombra de dúvida, constituiu até aquele momento o seu fio terra para enfrentar os conflitos.

Da mesma forma, os que estão instalados na rotina do aburguesamento, da displicência e da facilidade são os que impõem maior resistência. Tais pacientes não percebem que as dificuldades costumam se eternizar quando não tomamos consciência delas, quando não trabalhamos para enfrentá-las e solucioná-las. Eles ostentam uma onipotência que os condena, pois chegaram definitivamente àquele estado em que a pessoas estão prontas para acreditar que podem conseguir sozinhas. E a realidade é que a única coisa que conseguiram fazer sozinhos foi engordar e desenvolver mecanismos e mais mecanismos para continuar comendo.

A onipotência é superada com a delegação, com a entrega, rendendo-se e pedindo ajuda, pois existem mil coisas que gostaríamos de fazer, mas não podemos porque nos falta a força de um ambiente que nos ajude.

Então, vamos deixar de lado a onipotência, aceitando que somos vulneráveis e vamos depender por um tempo de um sistema que garante que conseguiremos mudar.

Outros dos temores infundados dos pacientes reside na crença de que os grupos geram dependência. No entanto, está comprovado que não é assim, pois quando se consegue desfazer a trama do processo aditivo, modificar os comportamentos e encarar um projeto de vida livre da dependência, a instância grupal é apenas mais uma ferramenta, um lugar de reflexão e, em muitos casos, uma espécie de "serviço" esporádico.

Para os que acompanham os pacientes em sua recuperação é uma grande satisfação ver como eles são capazes de capitalizar os conceitos centrais do tratamento e transformá-los em um estilo de vida. Aprendem a comer e a viver de outra maneira e, o que é fundamental, aceitam que são vulneráveis e, portanto, quando se sentem fragilizados, pedem ajuda. Essa é a maior aprendizagem, pois, na realidade, a independência absoluta é uma ilusão. Todos dependemos da situação do país, do mundo, dos pais quando se é criança, da escola, da universidade, do bem-estar das pessoas que ama.

Definitivamente, a liberdade total não existe, pois se transforma em anarquia. E o retorno não significa sempre uma queda, mas, ao contrário, que aprendemos a detectar os sinais de alarme e a frear o descontrole a tempo.

O fato de saber que você não está sozinho com seu problema, que pode ajudar e acompanhar os outros, é um dos principais estímulos do trabalho em grupo, porque quando a pessoa começa a se sentir um pouco melhor, seu olhar se amplia e ela pode perceber o ambiente que a cerca de outra maneira. A abertura para o outro não significa descuido de si, mas equilíbrio interno, temperança e consideração.

Estar bem significa ser menos negativo, menos ressentido, menos invejoso e mais solidário, mais afetuoso; ou seja, uma pessoa melhor, que se compadece quando outro ser humano não consegue experimentar tais sensações também. Portanto, perder peso enaltece uma pessoa, pois permite que ela saia das trevas em que estava mergulhada e adquira corpo e presença. O corpo magro é o prêmio à constância, ao trabalho, à desarticulação do "não consigo". Todos conseguimos se o objetivo é claro e a ajuda é adequada. Não há gene, hormônio ou centro aditivo que não sucumba diante da vontade firme de mudar de vida.

Os grupos não devem ser "sucessistas", mas obter uma vitória de cada vez; seus integrantes não devem ficar eufóricos, mas contentes. Um grupo eufórico não acompanha, discrimina, não suporta os fracassos dos outros. Um grupo que inclui é aquele que tenta fazer com que os que estão mal fiquem melhor e os que estão bem se mantenham assim.

Sempre há gente que fica pelo caminho, que não consegue incorporar a mensagem e tem uma recaída. Contudo, se não consegue hoje, conseguirá amanhã. No entanto, se não se cuidar, aquele que consegue hoje pode não conseguir amanhã. A passagem do "não consigo" para o "eu posso tudo" é perigosa, é um novo excesso. A Medida é poder dizer "posso um pouco", conformar-se e orientar a energia para as muitas outras possibilidades que a vida oferece.

Assim sendo, muitas das alegrias não dependerão de estar magro, mas do trabalho para manter a magreza. A magreza é mantida com frescor, inteligência, afeto, companheirismo, solidariedade e eficiência. Ela é o sintoma externo de todo um processo de aculturação, enriquecimento, vivência de leis, ordem, satisfação, distensão e alívio. O corpo fala por nós, reflete o equilíbrio interno.

Nossa proposta renega também a noção de "bando". O grupo não é um bando, é uma espécie de associação humana na qual ninguém é cúmplice, mas amigo ou companheiro de estrada. Compartilha-se um caminho e uma meta.

O processo é difícil, sem dúvida. Por quê? Porque quando alguém tem uma história de excesso de comida, tem de aceitar que já tem uma memória e uma certa vida vivida com base no descontrole. Consequentemente, o desafio é conviver com isso e aceitá-lo como se fosse, por exemplo, um país ao qual não queremos voltar, porque não gostamos dele. No entanto, muitas vezes, sem saber como nos encontramos na fronteira desse país, com um pé dentro e o outro fora, resolver que caminho tomar depende de quantas ferramentas capitalizamos para evitar o descontrole.

A ideia não é, portanto, renegar a própria história, mas aprender a dar uma resposta diferente que permita ao paciente escrever uma nova, cheia de dias e dias de magreza. Quando já tivermos escrito muitos dias de magros, podemos tomar uma distância real daquilo que não nos agrada, daquilo que não queremos que volte a acontecer. Só assim nos afastaremos da fronteira e poderemos nos estabelecer nesse novo território que criamos.

É no exercício da profissão que você se torna profissional, não quando obtém seu diploma da faculdade. Portanto, o estar magro vai começar no dia em que tiver o corpo magro e a cabeça preparada para conservá-lo.

O que significa, então, conservar a magreza? Significa, além de pesar sempre o mesmo na balança, ter incorporado uma balança interna que reflita sua atitude diante do excesso, pois quando alguém está magro de corpo, mas gordo de cabeça, a recaída é inevitável.

O seguinte exemplo, extraído de um grupo, ilustra esse conceito:

> *Paciente: – Todos os dias adquiro experiência e vou me capitalizando. Aprendi a não negar as coisas que acontecem comigo, pois agora sei que, quando não as enfrento, elas se desencadeiam em meus comportamentos, o que me leva a um lugar para onde não quero voltar, aos 97 kg, e não quero mais repetir.*
>
> *Terapeuta: – Basicamente, o que você disse foi: "Não quero voltar a isso", o que implica não apenas voltar a ser gordo, mas também voltar a ser desmedido, descontrolado, compulsivo, aquele que sente que nada o atinge, o barril sem fundo que come, come e come.*

Em outras palavras, a magreza em si não tem valor algum se não estiver acompanhada de pensamentos *medidos*. Quando uma pessoa emagrece, não começa a fazer piruetas acrobáticas, mais sexo ou passa a ter uma comunicação melhor com os filhos: é muito provável que leve uma vida normal, de trabalho, dentro de um escritório sem pensar o tempo todo em quanto o seu corpo mudou. O que ela precisa pensar é que, se o corpo mudou, foi porque estava acompanhado de uma cabeça que se alimentou de tudo o que recebeu no tratamento.

Um grupo terapêutico efetivo deve se caracterizar pela intensidade do cuidado que oferece, que, embora pareça generalizado, é personalizado, pois a equipe profissional não trabalha com o grupo como uma entidade fechada, mas com cada um de seus integrantes. Ele também deve postular a ideia de módulo, ou seja, de começo e de fim. Quando dividimos o tratamento em módulos distintos, fazemos isso para torná-lo mais dinâmico: os módulos são obstáculos a superar no caminho até a meta. Se propusermos um caminho interminável, o desalento vai superar a vontade, e o ânimo vai inevitavelmente cair. A soma de vários módulos implica a possibilidade de chegar em muito pouco tempo a um determinado peso e não ter de enfrentar um número gigantesco e assustador. Quando sei que perdi 4 kg em um módulo, sei também que em vários deles poderei perder 30 kg. E isso não é o mesmo que dizer: "Vou perder 30 kg quando Deus quiser e vou aprender a comer para ver se algum dia conseguirei emagrecer".

Da mesma forma, o entusiasmo advém da dinâmica de grupo e não da rapidez. A dinâmica depende tanto da coordenação como do intercâmbio interpessoal. Por conseguinte, o verdadeiro poder não está na pessoa, mas no intercâmbio, pois embora a boa vida seja uma ilusão, uma boa vida partilhada está pronta para ser recebida e "isso acontece quando nos damos conta de que nossos problemas e nossas fortalezas não residem dentro de nós, mas, sim, ressoam entre nós".[16]

O humor também desempenha papel fundamental na dinâmica de grupo. O verdadeiro sentido do humor – dizia Freud – é rir de si mesmo, e é isso que os pacientes e coordenadores conseguem no dia a dia. Temos um momento dedicado especialmente ao riso, o que deixa o ambiente mais relaxado, facilita a incorporação de novos conceitos e permite descarregar a angústia.

Basta, então, mexer um elemento para alterar todo o jogo de relações sobre o qual montamos mecanicamente a nossa existência. Só assim, encontraremos as verdadeiras correspondências e poderemos construir outros cenários de vida, sem miragens que distorçam a realidade.

Quais são as bases de um enfoque grupal bem-sucedido?

A estruturação em:

- Grupos intensivos de assistência diária.
- Trabalho em etapas ou módulos.
- Grupos heterogêneos (jovens, adultos, homens, mulheres).
- Grupos positivos e energizantes.

Para dizer:

- Não à história do gordo (dramas e lamentações).
- Sim ao projeto do magro.

Como?

- Mediante:
- A avaliação permanente da perda de peso.

---

[16] Pearsall, Paul, *op. cit.*

- O aumento da motivação e da energia diária.
- O controle do comportamento.
- A informação.
- A solidariedade.
- O humor e a não dramatização.
- A renovação e o confronto de ideias.
- Os resultados concretos.
- Os modelos a seguir.
- A ênfase no *Corte*, na *Medida* e na *Distância*.

Em suma, poderíamos dizer que esses grupos numerosos funcionam como massa humana.[17] Existe um líder que pode ser o coordenador ou o próprio tratamento, e que, colocado no lugar do ideal que se quer atingir, indica o que se deve ou não fazer. Portanto, essa relação com o tratamento apaga as diferenças individuais, identifica os membros do grupo entre si e cria uma relação fraternal diante do pai da horda, que ordena e limita os participantes.

Quem está em tratamento tem como objetivo mudar e, sendo assim, deve assumir um grande compromisso e se ajustar aos pilares da proposta. A transgressão consiste, dessa vez, em ser magro aceitando as regras propostas.

A nova rede aumenta, adquire formas mais fortes e poderosas. Hábeis tecelãos enfrentam Aracné, intimidam-na com palavras acertadas, repreendem-na com comportamentos medidos, surpreendem-na com sua perseverança. A aranha começa a se afastar timidamente, depois a passos mais velozes. Esconde-se, temerosa, quase sem energia. No entanto, ela espera... mas, já não é pelas vítimas, pois sua rede deixou de existir, foi desintegrada. Espera, resignada e paralisada, pelo fim.

Como já conseguimos paralisar a aranha com nossas múltiplas artimanhas, só nos falta aniquilá-la. Para isso, precisamos ser ágeis, rápidos e estar em boas condições físicas. Chegou a hora de usar a última artimanha que vai nos permitir tecer a nova rede. Qual é ela? A Atividade Física Adaptada. Na próxima seção deste capítulo, você vai descobrir o que é isso.

[17] Tal como explica Freud em *Psicologia das massas e análise do eu e outros textos*. Tradução de Paulo César de Souza. Companhia das Letras: São Paulo, 2011.

- Por que a terapia de grupo é importante no tratamento da obesidade?

Porque o acompanhamento de outras pessoas nas mesmas condições é fundamental para desenraizar os comportamentos negativos e para realizar o trabalho de modificá-los.

A sinergia de muitas vontades que se unem sob um mesmo objetivo é muito estimulante, e se autopotencializa.

A terapia em grupo também é essencial no papel do coordenador, que deve ser um profissional da saúde capacitado para tal. Graças ao uso de estratégias dialéticas, do humor, da confrontação, da solidariedade e do intercâmbio, os grupos se posicionam dentro da abordagem terapêutica como instâncias importantíssimas de reflexão para a mudança.

- Por que os sistemas de autoajuda não ajudam?

Porque os ensinamentos da autoajuda se aproveitam de uma perpétua dependência das ideias alheias sobre como e para que vivemos.

A menos que adotemos um enfoque sistemático, includente e cuidadosamente adequado ao projeto de melhoramento pessoal, as ideias da autoajuda acerca da vida podem ser limitantes e gerar rupturas entre as pessoas, pois se alimentam desmedidamente da autoestima e do ego. Ela tende a ver todas as dificuldades da vida "dentro" da pessoa afetada, e não "entre" todas as pessoas envolvidas. O verdadeiro poder de mudança não é pessoal, mas interpessoal.

10.4. A Atividade Física Adaptada

> "A vida é perda e o obeso não aceita isso. A partir daí, ocorre uma distorção e a negação da realidade. O que o obeso perde é, definitivamente, a consciência de seu corpo, a um custo altíssimo."
>
> *Extraído de um grupo*

A relação dos seres humanos com a atividade física tem demonstrado que ela é, em geral, bastante conflitiva. Não é de se estranhar que, diante de tanto sedentarismo estabelecido, exista uma resistência, do mesmo porte, ao movimento. Em uma cultura atravessada por paradoxos como o culto ao consumo voraz e ao mesmo tempo à magreza, a atividade física surge como uma tarefa deslocada, sem um papel claro no processo cultural. Por quê? Porque os corpos também estão deslocados e respondem a modelos contrapostos ou extremos. O corpo atual oscila entre a magreza extrema, a gordura e a androginia, ou seja, é a expressão palpável dos excessos comportamentais. Por conseguinte, a atividade física como instância saudável perdeu sentido nesse circuito, já que o interesse por ela transformou-se na busca de um modelo corporal perfeito que, em geral, é inalcançável.

A falta de movimentação na vida cotidiana, a ausência de atividade física e de tempo, a contribuição das refeições rápidas também fazem com que exista uma tendência a engordar mais e a permanecer parado.

As estatísticas mundiais demonstram que a tendência atual do ser humano é sedentária e engordante: o corpo é o grande esquecido e o grande condenado por uma pessoa que, indefectivelmente, já está gorda ou ainda vai engordar. É um corpo pouco movimentado e pouco sentido.

Embora os múltiplos benefícios decorrentes da realização séria e constante da atividade física sejam conhecidos por todos, no caso do paciente com excesso de peso encontramos uma grande resistência a tomar consciência do próprio corpo, produto que é das limitações psicológicas e portador de inúmeras "dores" físicas que o intimidam e isolam.

O método do qual falamos incorpora a atividade física como mais um pilar do tratamento. Particularmente, em meu Centro Terapêutico, graças ao trabalho do diretor e criador da Escola de Atividade Física, professor Daniel Meaglia, foi possível complementar os sucessos obtidos com o trabalho nutricional e aquele desenvolvido nos grupos, acrescentando a atividade física realizada em conjunto.

A implementação do plano de Atividade Física Adaptada também permitiu que desmentíssemos completamente os mitos que difundem que o gordo e o obeso são fundamentalmente sedentários, desajeitados e incapazes de realizar atividades físicas. Muito pelo contrário, os resultados têm sido surpreendentes e os pacientes descobriram e experimentaram os benefícios do exercício físico com grande entusiasmo.

O enfoque interdisciplinar que propomos inclui a dieta, a participação nos grupos e a atividade física. Esses componentes são insubstituíveis em uma abordagem integral da obesidade e configuram-se, cada um à sua maneira, frentes de motivação básica para o paciente.

Realizar todos os esforços em conjunto possibilita que o paciente perca peso se sentindo bem, sem irritações, tensões e desânimo, e que consiga desprender-se da noção de "sacrifício", tão comum nas personalidades compulsivas e ansiosas. Sendo assim, nossa postura é bastante rígida a esse respeito: o tratamento se faz integralmente ou não se faz – ou se está ou não se está – porque comprovamos que, quando não se leva a cabo o processo integral, o esforço é definitivamente dobrado e os resultados, medíocres.

Como já foi dito, os comportamentos defensivos que os obesos articulam para poder continuar comendo são infinitos e, quando se trata de se movimentar, eles se desdobram ainda mais intensamente. Na realidade, o verdadeiro esforço passa por assumir que, apesar da onipotência de querer fazer tudo benfeito, se saíram mal na maioria das vezes em que tentaram e, por isso, seus corpos chegaram ao estado em que estão. Ficaram tão gordos porque não conseguiram, não souberam ou não quiseram aplicar todas as ferramentas necessárias para emagrecer. Portanto, seus discursos oscilaram sempre entre o "quero emagrecer sem atividade física" (o que é possível, mas custa o dobro de esforço) e o "quero emagrecer só com atividade física, fazendo a dieta como puder" (e vão conseguir, mas de um modo muito mais lento que aqueles que fazem a dieta e o exercício simultaneamente). Entretanto, há também os que reivindicam: "quero emagrecer sem frequentar grupos" (é possível, mas também é mais difícil). Por último, há os que propõem uma opção menos válida e quase impossível de levar a cabo: "quero emagrecer por conta própria, não quero nem consultar um médico".

O denominador comum é a transgressão, é conhecer a lei e inventar artimanhas para driblá-la. Porque, se o desejo é real, não preciso procurar vias de escape, mas, ao contrário, quando não acredito em minha capacidade de cumprir a lei, preciso desacreditá-la.

Se partirmos de um caso em que há uma vontade firme e decidida de realizar atividades físicas, o plano é o seguinte. Em primeiro lugar, os especialistas têm de avaliar o estado físico geral do paciente, sobretudo se tiver mais de quarenta anos, ou os sintomas físicos associados à gordura, tais como: dores nas articulações, pressão arterial elevada, diabetes, asma ou anemia. É preciso levar em conta também o nível de sobrepeso (15 kg não é o mesmo que 150 kg), se é fumante, se toma medicamentos ou se tem problemas em algum órgão ou deficiência imunológica.

Além de conhecer o estado físico do paciente, é igualmente importante investigar como é a sua relação com seu ambiente social, sua família, e tomar conhecimento de quais são as barreiras psicológicas que o impediram, ou impedem, de se movimentar.

A atividade física deve ser dirigida por um professor de Educação Física, que poderá adaptar o tipo de movimento a cada pessoa em particular, considerando seu estado geral. Entre as atividades propostas, figuram as caminhadas ao ar livre ou na esteira, aulas de ginástica aeróbica sem dor e de baixo impacto, atividades dentro d'água e bicicleta. Em todos esses exercícios, a qualidade é priorizada, não a quantidade. Não são indicados exercícios bruscos que provoquem dor corporal ou falta de ar. Respeita-se um aquecimento paulatino.

As características da atividade física são:

- Possível e factível
- Moderada
- Paulatina
- Diária
- Sem dor
- Sem esgotamento
- Fortalecedora
- Alongadora
- Relaxante
- Tonificante
- Modeladora
- Não repetitiva

Também aconselhamos o paciente a movimentar mais o corpo nas situações cotidianas. Por exemplo: caminhar de forma mais vigorosa até seu destino, descer do coletivo algumas paradas antes e fazer o resto de percurso a pé, usar escadas em lugar de elevadores, fazer as compras a pé e não de carro.

Por outro lado, conseguimos produzir flexibilização no sistema de atividade física, buscando unir diversão e esforço, objetivando parar de dramatizar o sacrifício. Essa mudança de atitude se transfere inevitavelmente para o tema da dieta. O paciente sofre constantemente pesares e mágoas, castigos e sacrifícios imensos. Incorporar o elemento da diversão torna as mudanças mais suportáveis e menos traumáticas.

Somos seres que precisam incorporar o movimento à nossa vida diária. A flexibilidade concebida como plano corporal gera também uma flexibilidade dos pensamentos obsessivos relativos à obesidade. A postura intelectual denigre, esquece o corpo. A falta de visão do próprio corpo é típica de uma personalidade muito pensante.

A mudança sustentada tem a ver com um treinamento e, por isso, é tão importante, como dizem todos os que praticam exercícios. Tudo o que se obtém por meio de atividades físicas se transfere para a vida cotidiana. Por meio dela, rompem-se barreiras e é possível incorporar resistência, tenacidade, competência, esforço e perda do medo da taquicardia. A pessoa começa a alcançar objetivos cada vez maiores, mas não apenas porque queima calorias, mas também porque começa a se afastar do molde em que se estereotipou ou se encaixou.

É bom lembrar que a atividade física que praticamos é uma atividade adaptada às possibilidades de cada um, uma atividade dinâmica e não monótona, na qual ninguém vai se sentir mal. Apesar disso, a maioria dos pacientes não faz todos os exercícios recomendáveis para eliminar os quilos que desejam perder. Esquecer do exercício quando a dieta começa a tropeçar é um grande erro, pois o trabalho físico funciona como ponte para se reconectar ao plano alimentar. A importância de aumentar o gasto energético para perder peso é que o paciente não tem de diminuir constantemente a quantidade de comida.

Outro ponto a considerar é que a crença popular sustenta que as dietas-choque produzem reengordamento e destroem os tecidos. Trata-se de uma falsa crença, pois são muitos os casos de pessoas que perderam muitos quilos rapidamente e gozam de condições físicas ótimas. Nenhuma delas quebrou os ossos, nem teve os músculos perfurados ou as proteínas do corpo destruídas. Ao contrário, com a prática da atividade física adaptada (mesmo moderada), os valores ósseos e musculares se mantêm. Portanto, a única coisa que acontece realmente durante o processo de emagrecimento é a perda de massa gorda do corpo.

O movimento físico também produz diminuição do nível de ansiedade e dos fatores de risco vinculados ao excesso de peso. Uma perda rápida acompanhada de intensa atividade física reduz os fatores de risco notoriamente.

O paciente "tem de" realizar as mudanças, como se fosse uma ordem que no início vêm de fora, para ser internalizada em seguida. Esse "tem de" é uma mola que dispara mudanças as quais, por sua gênese, são produzidas sozinhas e paulatinamente. O "tem de" serve para as ações, mas não para a modificação de estruturas. Serve para dizer "Não" aos excessos e para se colocar a serviço de um "Sim" em equilíbrio.

Para conseguir dizer "Não" à comida, é preciso dizer "Sim" a um monte de outras coisas: sim à saúde, ao movimento, à estética, ao bem-estar. Sim à mudança. Aumentando o gasto energético, a massa corporal se reduz. Aumentando a atividade física, também colocamos a mente em movimento. *Cortando a estagnação física, cortamos também a estagnação psíquica*. Essa é um das poucas verdades palpáveis e é bom se agarrar a ela, mantendo-a como princípio fundamental do programa proposto.

Respostas concretas para perguntas possíveis

- O que é a Atividade Física Adaptada?

É um enfoque que argumenta que, em todo exercício físico, a qualidade da execução é melhor que a quantidade de tempo e espaço. Portanto, um corpo saudável e flexível só é alcançado por meio da atividade física adaptada às necessidades e características do paciente, planejada e conduzida por um profissional de Educação Física que respeite as diversas fases da atividade.

Propomos a seguinte série de conselhos básicos que devem ser colocados em prática na hora de se movimentar:

- Respeitar o aquecimento.
- Começar a atividade em um nível inferior ao realizado anteriormente.
- Usar roupa cômoda e sapatos adequados.
- Não chegar à falta de oxigênio por cansaço.
- Evitar a dor corporal.
- Não se estender em tempo, distância e carga.

TESTEMUNHO

Mudança integral

Conheci a Clínica em um feriado, no dia 9 de julho de 2002.
Entrei cheia de medos, incertezas e com muita vontade de mudar a minha história.
Sentei-me em uma escada e, de repente, Máximo me viu e perguntou: *Acha que vai conseguir*?
Fiquei uns segundos pensando e ele disse, sem esperar a resposta: VOLTE AMANHÃ!!!!!!
E foi assim que tudo começou...

Em pouco tempo, as mudanças foram enormes.

E não era só o meu corpo que mudava, mas meu modo de ver as coisas: minha mente ficava mais clara, mais lúcida à medida que os quilos iam se afastando do cérebro.

Em quatro meses consegui perder 32 kg.

Realmente consegui dar uma reviravolta em toda a minha vida.

Mudei a forma de me olhar e de olhar o mundo.

Mudei a forma de me vestir e de caminhar.

Mudei a forma de me relacionar.

Mudou um monte de coisas.

Tudo mudou para melhor.

Comecei a usufruir o esporte, atividade que nunca tinha praticado com vontade e que, atualmente, é um pilar importantíssimo em minha vida e em minha manutenção.

Fiz coisas que nunca pensei que faria, como correr maratonas. Eu me superava a cada dia, encurtava tempos, aumentava distâncias, experiências novas e fascinantes.

Consegui participar de uma corrida de aventura em Villa Angostura, de 24 km, no meio da neve e da montanha. Subimos e descemos o monte Bayo, algo que antes seria simplesmente impensável para mim. Foi uma viagem inesquecível!

Conheci pessoas maravilhosas, amigos incondicionais, gente que tinha a impressão de ter conhecido a vida inteira pela intensidade do que vivemos juntos e pelos momentos partilhados.

E, entre todas essas grandes mudanças em minha vida, surgiu uma oportunidade maravilhosa: em fevereiro de 2005, o dr. Abel Olkies me convidou para integrar a equipe médica da Clínica, um compromisso e, ao mesmo tempo, uma satisfação incalculável.

Trabalhar no Centro é um privilégio para poucos.

Esse foi mais um presente que a vida me deu, porque, nesse lugar, se trabalha com liberdade, responsabilidade e muito respeito pelos pacientes e companheiros de equipe, que me integraram imediatamente e me receberam de maneira impecável.

Assim, a mudança em minha vida não aconteceu apenas no aspecto pessoal, mas também no profissional. Não poderia pedir mais.

Agradeço à vida por todas as oportunidades que meu deu. Agradeço, em primeiro lugar, à minha família, por me ensinar a caminhar pela vida. A todos os integrantes do Centro, por tornar essa mudança possível. A todos os meus amigos e amigas. E a você, Máximo Ravenna, por ter criado esse sistema, por ter força, integridade, inteligência e uma intuição única... E, principalmente, por ter acreditado em mim e me dado a oportunidade de *mudar minha história*.

Obrigada a todos.

Dra. Gabriela Fedriani Roger

QUARTA PARTE

Tecendo uma nova rede

Capítulo 11

NÃO HAVERÁ MAIS PENA NEM DESCUIDOS

11.1 Plano para começar a sustentar os sucessos

Assim que a pessoa chega a seu peso ideal, começa uma etapa denominada "Pré-manutenção". Os pacientes que chegam a essa instância foram bem-sucedidos no Corte, na Medida e na Distância, e se afastaram da comida. Mudaram seu comportamento e aprenderam a seguir o modelo proposto: fazer a dieta e incorporar o exercício físico, comparecer aos grupos e cumprir o que os especialistas recomendam. Incorporaram um sistema de emagrecimento que, por contar com "explicações claras que organizam e medidas bem delimitadas", garantiu seu êxito.

Se partirmos da ideia de que o corpo é o vaso que contém a pessoa, quando este vaso diminui, o que aumenta é a pessoa, e, então, começa o verdadeiro trabalho corporal de manter os resultados.

Os pacientes chegam a essa nova etapa desfrutando do "estar magro" e com o objetivo de manter e cuidar desse estado no decorrer do tempo. O trabalho de grupo que propomos reside em continuar incorporando ferramentas para alcançar esse novo objetivo.

O conceito de "pré-manutenção" é novo em nosso sistema. Foi incorporado quando percebemos que a passagem imediata para a manutenção era contraproducente em muitos casos. O entusiasmo gerado pelo fato de ter um corpo novo muitas vezes dispara atitudes dispersivas. O paciente chega a essa etapa depois de um período de extrema contenção e acompanhamento e, de um momento para outro, percebe-se sem essa contenção diária, pois já não participa dos grupos diariamente, mas apenas semanalmente ou até de forma esporádica.

Ao mesmo tempo, o objetivo de quem já alcançou seu peso ideal e colocou a comida em seu devido lugar é conseguir, paulatinamente, incorporar mais alimentos à dieta. Portanto, a orientação por parte de um especialista é fundamental no processo.

Por outro lado, não devemos descuidar do exercício físico e do plano para manter os resultados obtidos.

O plano contempla também o trabalho com a pessoa que aparece quando se tira o excesso de gordura corporal e de comida.

Os pacientes que iniciam essa etapa costumam dizer que "é aqui que começa o verdadeiro trabalho". O que é esse trabalho? Trata-se de registrar, estando magros, onde devem se apoiar os eixos do Corte, Medida e Distância, a fim de tornar possível a manutenção do novo estado.

Nessa etapa, o Corte continua a ser a ferramenta fundamental a ser implementada diante de qualquer irrupção do descontrole no comportamento.

A Medida, até o momento igual para todos, passa a ser pessoal, ou seja, cada um tem de construir a sua e transferi-la para outras áreas da vida. Esse pilar se transforma em uma espécie de molde que deve ser preenchido com conteúdos distintos que, por sua vez, serão a sustentação de um novo estilo de vida.

A Distância da comida se encurta à medida que mais alimentos serão incorporados à dieta. Esse aumento pode provocar sensações de medo, que precisamos acompanhar.

A chave para começar a manter os resultados reside, portanto, em tecer uma nova rede, cujo apoio é a magreza alcançada. É importante reconhecer que esse novo estado alcançado não é "de uma vez e para sempre" e que, para mantê-lo, é necessário um trabalho cotidiano. Por esse motivo, criamos essa etapa anterior à manutenção em si, na qual se renova o contrato com base na ressignificação do ato de comer. Ao ressignificar o vínculo com a comida, é possível pensar de outro jeito, projetar e descobrir novos caminhos para transitar na vida. Essa etapa ordena, organiza o processo a ser seguido, permite reduzir os níveis de ansiedade ou medo que toda experiência nova gera e preparar-se para encarar a manutenção da magreza a longo prazo.

11.1.1 Superar a insegurança

Os pacientes alcançam seu peso ideal no mínimo de tempo possível para seu caso, graças ao cumprimento de dietas hipocalóricas. E em decorrência do fenômeno da acidose, perdem peso sem sentir fome. É nesse momento que eles podem afirmar que "perderam peso rapidamente, sem fome e conseguiram esquecer a comida", sensações extremamente tranquilizadoras que produzem um estado de adesão ao tratamento total e satisfatória.

Em muitos casos, os pacientes também experimentam, pela primeira vez na vida, a sensação de poder originada pelo controle na relação com a comida. E, em geral, nem conseguem acreditar.

Embora isso seja trabalhado nas reuniões, para que o paciente não ache que esse poder é o fim de um ciclo, mas perceba que se trata apenas da primeira etapa do tratamento, o resultado chega, em geral, de mãos dadas com a euforia.

Nesse ponto, é necessário diferenciar a euforia da motivação. É por isso que a passagem para a dieta de manutenção se realiza de maneira gradual e se divide em etapas controladas de perto por médicos, nutricionistas e psicólogos.

A ênfase, portanto, é dar a quem ganhou o "hoje" graças a muito esforço e constância, a possibilidade de ganhar o "para sempre".

A comida já está em seu lugar, mas o paciente não conta mais com a ajuda da acidose da fase de perda de peso. Em compensação, pode contar simplesmente com o corpo que sempre desejou, esse corpo que lutou tantas batalhas e que agora também está finalmente em seu lugar. Contudo, ele ainda não sente que esse corpo é realmente seu e precisa se apropriar de suas novas formas. Para isso, terá de trabalhar as novas sensações relacionadas às mudanças físicas para poder canalizá-las da maneira correta. A sexualidade, o ideal estético, a relação com a roupa, o olhar dos outros, o humor, o amor e também os medos serão seu novo campo de exploração e trabalho.

Todavia, nessa experimentação das novas sensações, o paciente tem de ficar muito atento para não se descuidar do novo corpo, pois, embora a qualidade de vida alcançada signifique muito mais que o peso, ela estará perdida se ele voltar a engordar. O estado geral de bem-estar permite que o paciente renove diariamente o seu compromisso com a medida justa. Nos grupos de manutenção, essa noção é sustentada e simbolizada pelo corpo: a medida é, agora, do corpo. Portanto, o corpo é para a manutenção o que a acidose foi para o emagrecimento: responsável por tirar a fome.

E, então, na alegria do caminho desandado, grama após grama, a gordura se dilui e chega a hora de pensar o que fazer com o resultado obtido, ou seja, como aproveitar o novo corpo, como movê-lo e para que ele pode servir.

Milhares de perguntas se intercalam com outras tantas respostas: a troca valeu a pena? Meu corpo ficou tal como eu sonhava? Depositei expectativas demais no emagrecimento e os problemas mais importantes eram outros? Todas essas dúvidas têm a ver com o medo e a insegurança gerados pelo fato de ter ganhado algo que pode ser perdido de novo.

Embora seja óbvio que as vantagens comparativas são incontáveis, o medo cega e, por alguns momentos, desorienta. O resultado é gratificante, mas estabilizá-lo não é tarefa simples. Por isso é tão importante partilhar a experiência com seus pares no âmbito de um grupo: para construir novas ferramentas com base na confrontação de experiências semelhantes.

O objetivo a ser perseguido, quando se chega ao peso ideal, é manter a mesma atitude positiva e um comportamento parecido. Atitude significa atenção, energia, lucidez, manter-se longe de distrações perigosas, partindo dos sinais de risco (internos ou externos), de traços de fraqueza, insegurança, excesso de confiança ou negligência.

Um projeto claro e uma meta sempre visível são os elementos que devem estar sempre presentes para que o paciente viva essa experiência como ela realmente é: uma nova forma de viver e sentir.

A modificação básica é, portanto, relativa ao desejo: o paciente passou de viver em razão dessa ou daquela comida para sustentar um corpo e um resultado obtido.

Em suma, os pacientes chegam à etapa de manutenção felizes com o que alcançaram, mas ficam assustados diante da descoberta de que o caminho a seguir já não será marcado pelos outros, mas está, agora, em suas próprias mãos. E, em suas mãos, está também a liberdade de escolher o que comer, já que tudo é permitido dentro de uma medida que cada um terá de construir. No entanto, muitas vezes essa possibilidade se transforma em pânico e tem, ao mesmo tempo, um aliado nefasto: a sensação de fome que a saída do efeito de acidose produz, motivada principalmente pela incorporação dos carboidratos à dieta.

A instância de pré-manutenção constitui um elemento de ligação para as pessoas que estão chegando ou já chegaram a seu peso e não sabem como lidar com esse novo estado que, por si só, desperta medos intensos e pode, em certos casos, embotar a lucidez alcançada com o emagrecimento.

ESSAS SÃO, PORTANTO, AS NOSSAS PROPOSTAS:

- Um espaço de contenção, orientação e assessoria, com o objetivo de evitar a deserção e o efeito sanfona.
- Trabalhar com os medos específicos suscitados pela introdução de mais comida na dieta.

- Informação acerca das modalidades de manutenção.
- Ajuda para transitar do luto pelo corpo perdido para a adaptação ao novo corpo com suas mudanças.
- Integração das diversas áreas (corpo, mente e comportamento), com base em um enfoque multidisciplinar (nutrição, psicoterapia, ludoterapia, ginástica e estética corporal).
- Insistência na modificação dos comportamentos e na sustentação dos novos hábitos para produzir mudanças nos pensamentos e nas emoções.
- Interiorização e treinamento do método do Corte, Medida e Distância.

PARA ALCANÇAR:

- A liberdade e a responsabilidade necessárias para poder decidir sobre os próprios atos.
- O desenvolvimento de recursos preventivos que permitam agir de maneira diferente.
- O reencontro com a sexualidade.
- A construção de uma nova identidade.
- A abertura para poder encarar o erro e a dificuldade.
- O cuidado com o corpo de forma integral.
- O equilíbrio entre o fazer, o pensar e o sentir.

11.2 A perseverança

Acostumar-se ao bem-estar também é um trabalho. Embora possa parecer que cuidamos de tudo que nos faz felizes, você sabe que não é bem assim. Em geral, nos autoenganamos, somos vulneráveis e, às vezes, até ingênuos.

Todo plano integral tem de levar em conta, portanto, esse lado vulnerável, e agir em conformidade com isso. Em nosso caso, a instância da manutenção se articula com esse objetivo e se coloca como um espaço no qual aprender a "estar magro" permite chegar a "ser magro".

Manter-se magro ao longo do tempo é uma experiência desconhecida para muitos, que torna possível adequar as relações de contexto aos novos desejos (e não os desejos ao contexto, como no processo de engorda) e assumir a responsabilidade pelas decisões antes postergadas, ou seja, tomar a rédeas do próprio destino e modificar questões encravadas na memória ou no comportamento.

Propomos, então, os grupos de *manutenção* como um espaço indicado para a reflexão conjunta e o exercício da perseverança.

Em que consiste a *manutenção*? É um trabalho que cria ferramentas diferentes para isolar momentos de descontrole e impedir que a vida, em sua totalidade, seja um descontrole. A atenção constante e a reflexão permitem localizar uma medida e abandonar os mecanismos impulsivos e automáticos. A passagem do "preciso disso já" para o "vou trabalhar para conseguir" facilita a transferência de conceitos concretos (medida da refeição) para conceitos mais abstratos ou valores que podem se sustentar no tempo.

O trabalho constitui também um processo de adaptação ao novo corpo e exige que o paciente se despoje de uma imagem que, em muitos casos, não coincide com a realidade e que, ao mesmo tempo, adapte a realidade à imagem desejada.

Com base nessa perspectiva, entendemos a manutenção do estado de magreza como a manutenção de estados, tais como:

- O humor.
- A paciência.
- A capacidade de usufruir.
- A tolerância.
- O pertencimento.
- A estabilidade.

É manter aquela "linha tênue" que separa:

- A medida do excesso.
- O comer do não comer.
- O cuidar-se do não se cuidar.
- O estar bem do estar mal.
- O estar contente do estar triste.
- O que quero do que devo.
- Os impulsos dos limites.
- A tranquilidade do medo.

Os pacientes que estão em processo de manutenção descobriram que se trata de pertencer e permanecer, que "estar e trabalhar" é o segredo e que "sentir e refletir" fornecem os recursos para fazer, ou seja, para sustentar a magreza ao longo do tempo.

Definitivamente, a manutenção é a chave para construir a *história do magro.*

11.2.1 Trabalhar com cautela

Com cerca de 50% de pacientes obesos desde crianças, a manutenção enfrenta o problema da falta de referências de imagem magra para sustentar a nova identidade.

O trabalho de manutenção realizado pelo paciente que recuperou um peso que já teve anteriormente é facilitado pela lembrança de como era seu corpo antes de engordar. Recordar certas sensações, gostos e preferências e, às vezes, até uma roupa guardada, facilita enormemente a nova adequação ao corpo magro.

No caso dos pacientes que estão magros, pela primeira vez na vida, as coisas são diferentes, pois existe uma sensação de instabilidade e a terapia deve aprofundar o trabalho de contenção e apoio diante das novidades, para que sejam recebidas com alegria e sem falsos temores. Esses pacientes também costumam criar muitas expectativas em relação ao que vão viver e passam por uma grande excitação nesse âmbito.

Parte do trabalho dos grupos de manutenção consiste em desfazer os mitos acerca do estado de magreza que essas pessoas acalentam, o que é muito facilitado pelo intercâmbio de perfis e experiências que a dinâmica de grupo possibilita. Homens e mulheres, jovens e não tão jovens, realizam exercícios de confirmação da própria imagem e resolvem em conjunto as próprias angústias e inquietações. Eles trabalham a favor do "Eu magro".

A situação do paciente que sempre foi obeso tem as implicações da generalidade, mas também as particularidades de cada indivíduo. O importante é ele entender que deve seguir as indicações que recebe dos profissionais encarregados de sua manutenção e não esquecer que a obesidade é um problema que *se manifesta quando estamos sozinhos, mas que se resolve estando acompanhado.* Só assim as pessoas que sempre foram obesas poderão, um dia, viver como magros com a mesma naturalidade com que conviviam com sua gordura. Mais ainda: descobrirão que "a obesidade é uma muleta desnecessária para uma invalidez que não existe", já que comprovaram na própria carne que a magreza é possível.

Em suma, na manutenção:

- Trabalha-se com a "pessoa".
- Enfatiza-se o Corte.
- Aponta-se o caminho para a mudança de comportamentos, pensamentos e sentimentos.
- Trabalha-se de dentro para fora.
- Focaliza-se o mal-estar inerente aos comportamentos de descontrole e aditivos.
- Realiza-se a integração a um grupo de pertencimento a um estado, para cumprir com uma ética de vida.
- Amplia-se a possibilidade de escolha.
- Confia-se mais em si mesmo.
- Trata-se de manter uma ordem interna que se harmonize com um estilo e uma medida pessoais.
- Destaca-se a diferença.
- Constroi-se a "história do magro".
- Trabalha-se com a prevenção.

Os grupos de manutenção são, por tudo isso, o ponto de condensação de todo o processo percorrido na desarticulação do comportamento aditivo. Ao *cortar* com a comida e revelar o efeito-droga que ela pode ter, ao estudar minuciosamente cada um dos mecanismos e armadilhas que perpetuam o circuito aditivo, ao trabalhar com os comportamentos e os pensamentos errôneos que levam a comer demais, podemos tecer essa nova rede de contenção que, ao contrário da teia de Aracné, permite que as pessoas se desprendam para dar o salto em direção a uma vida na qual a comida e o corpo ocupam seu devido lugar.

Respostas concretas para perguntas possíveis

- Quais são as chaves para a manutenção bem-sucedida?

A magreza como prêmio ao trabalho realizado é muito gratificante, mas, no entanto, estabilizar os resultados obtidos não é nada simples. Só é possível com atenção, energia, lucidez e evitando-se as situações perigosas. O trabalho nos grupos de manutenção é centrado na detecção dos sinais de risco internos e externos, no aprofundamento da análise dos traços de debilidade, insegurança, excesso de confiança ou negligência. A base desse programa é *apropriar-se de um novo corpo e iniciar uma nova vida com base nele, cuidando-o e mantendo-o.*

TESTEMUNHOS

Minha história de perda de peso e manutenção

Meu nome é Héctor. Perdi 97 kg até conseguir ser um magro de 78 kg. De todos esses quilos, perdi 40 kg na *ALCO** ao cabo de 23 anos. Os 57 kg restantes eu perdi com o Dr. Ravenna, em seu Centro Terapêutico, ao cabo de cinco meses, depois de ingressar em 8 de abril de 2004.

* A *Fundación ALCO* (*Anonimos Luchadores contra la Obesidad* – Lutadores Anônimos Contra a Obesidade) é uma instituição de autoajuda que oferece apoio a pessoas com obesidade. Foi fundada em Buenos Aires, em 1967, pelo dr. Alberto Cormillot, que a dirige até hoje (N. do T.).

Esse método me deixou assombrado, pois parei de sentir que perder peso era uma luta, algo impossível. Chamou minha atenção a tranquilidade que gerou, desde que comecei a não ter fome.

Em 6 de setembro de 2004, passei para a manutenção, para o "Grupo Prêmio" de segunda-feira, com Berta. Estou em manutenção há dois anos. Durante essa etapa, mantive meu peso entre 78 kg e 82 kg. Há pouco, em decorrência de alguns imprevistos que fizeram a tensão em minha vida aumentar, acabei prestando menos atenção do que deveria ao projeto e meu peso subiu para 92,5 kg. Fiz o último VALE-CHAVE e perdi 6 kg. Agora estou com 84 kg e em perfeita acidose.

Esses comentários visam compartilhar com vocês a descoberta de que é na manutenção que a gente se conhece em profundidade. É quando sinto que tive de pegar papel e lápis e começar a escrever minha própria história, dessa vez em um estado de lucidez. Tenho uma cabecinha meio travessa, que carrega algumas *rotinas de pensamentos* praticadas durante quase 53 anos e que me levam a *botar para quebrar* diante da menor sensação de tensão ou incerteza. Sem dúvida, agora trato de *me surpreender* e fazer o contrário do que mandam os impulsos. Não quero dizer com isso que esse *princípio de contradição* tenha de ser aplicado em sua totalidade a todos os pensamentos, mas com certeza a alguns pensamentos disparadores de tensão, segundo os quais *diante do novo, eu me angustio e como.*

Atento para não habilitar pensamentos que me levem a comer, minha cabeça está limpa e dá lugar a outros pensamentos ou ações criativas, realmente inovadores. (O projeto de cantar em um coral ou o grupo de bossa nova e jazz moderno que criei com minha filha, por exemplo).

Em alguns momentos, isso gera um certo desconhecimento, mas aprendi e aprendo diariamente que não posso dar a tais situações novas um caráter de ameaça.

Finalmente, considero que essa etapa é muito enriquecedora e de grande utilidade, sobretudo, nas reuniões periódicas com meus companheiros de grupo, nas quais posso me identificar com eles. Assim fica mais fácil dar uma dimensão real a minhas inquietações e continuar minha aprendizagem. Agradeço a Máximo e sua equipe, pois permitiram que conhecesse esse método.

Um abraço.

Héctor.

Entendi que a comida não era o centro de minha vida

Oi, meu nome é Ignacio, tenho 16 anos e sou paciente do Centro Terapêutico Dr. Máximo Ravenna há pouco mais de um ano. A mãe de uma amiga me incentivou a começar o tratamento, que ela já tinha feito e obtido resultados muito bons. Eu já havia tentado emagrecer algumas vezes, mas sem sucesso, e continuava procurando uma solução para o meu problema.

Na clínica, perdi 25 kg. Faz um ano que estou em manutenção e, apesar de ter tido alguns altos e baixos com o peso ou, o que é mais perigoso ainda, com a atitude, sempre posso dar uma passada no Centro, onde sei que vou encontrar a contenção necessária para poder seguir adiante.

Além desses altos e baixos serem muito naturais e só acontecerem muito de vez em quando, não posso esperar, depois de 15 anos de excesso de peso e comportamento alimentar muito ruim, reverter tudo completamente em apenas um ano de magreza. É por isso que nunca perco o contato com a Clínica e apareço sempre, para jantar, fazer um lanche ou, simplesmente, para visitar todo mundo que conheci ali e que me ajudou durante todo o tempo de tratamento – e que continua me bancando agora. Parece que essa é uma boa forma de manter a cabeça fresca e de não perder a boa atitude com a comida.

Meu tratamento durou quatro meses, período em que complementei a dieta com a participação nos grupos de adolescentes. Devo a eles grande parte do meu esforço e de minha constância na dieta, assim como aos coordenadores, Ale e Cande.

Agradeço acima de tudo pela mudança que conseguiram realizar em mim quando me fizeram entender que a comida não era o centro de tudo, porque, inconscientemente, para mim ela era. Por exemplo, quando saía para comer com meus amigos, em vez de curtir a companhia deles, só curtia mesmo comer.

Durante todo o percurso do tratamento, descobri uma nova forma de vida e aprendi a dar importância a coisas que antes eu sequer olhava, porque o fato de estar tão acima do peso não me permitia.

Quando falo de uma nova forma de vida, quero dizer que pude conhecer uma parte de mim que desconhecia. Porque o que aconteceu comigo não foi só uma mudança física, foi também uma mudança no meu humor, na forma de pensar e na maneira de me relacionar com os outros.

Obrigado.

Ignacio Virzi

QUINTA PARTE

O canto do obeso ilustrado

Capítulo 12

VÍNCULOS ALARMANTES: A BULIMIA E A ANOREXIA SÃO CAUSADAS POR DIETAS?

Em nossa época, e com maior intensidade entre as mulheres, *ser magra ou ser magro* adquiriu caráter de obsessão. Essa obsessão pode ser perigosa quando assume as formas-limite da bulimia ou da anorexia, doenças que afetam 7 milhões de mulheres e 1 milhão de homens em todo o mundo. E há um dado que é realmente surpreendente: depois do Japão, o país em que moro, a Argentina, tem a maior incidência desses distúrbios em todo o mundo.

Muito já se disse a respeito desses dois graves transtornos alimentares, mas creio que é conveniente esclarecer que, embora os números de casos aumentem cada dia mais, esse quadro sempre existiu na história da Humanidade. Talvez o que tenha mudado realmente sejam os motivos que levam uma pessoa a ser bulímica ou anoréxica ou os dois ao mesmo tempo. Sabemos que o imperativo social da magreza, modelo estético atual, não é o que sempre imperou, e houve épocas em que, por exemplo, deixava-se de comer por amor, tristeza ou resignação.

Os dados revelados pelos serviços de nutrição de diversos hospitais e clínicas da Argentina indicam que,[1] se antes o fantasma da obesidade aparecia nas mulheres aos 14 anos, agora "ser magra" é uma obsessão que já começa aos 11 anos, na pré-adolescência, idade na qual a mudança nas formas femininas por aumento do tecido adiposo, fundamentalmente nas coxas, nos glúteos e nos quadris, é natural e prepara o corpo para o desenvolvimento. A falta de cintura e o arredon-

[1] Selser, Claudia. "Ser flaca, uma obsesión que ya empeza a los 11 años". *Clarín*, Buenos Aires, 6 de junho de 2003

damento repentinos são transitórios e necessários, já que cada quilo que se ganha nessa etapa significa um centímetro crescido após a menstruação.

Além do mais, fazer dietas para emagrecer nessa fase da vida implica riscos, tais como: osteoporose precoce, anemia e atrasos no desenvolvimento.

Em nossa experiência, recebemos meninas que chegam preocupadas com sua imagem, seu peso, seus pneuzinhos ou sua barriga. Vêm ao consultório acompanhadas de suas mães, que também "acham que elas estão gordas". É aí que podemos observar como o mercado, em sua ganância por lucros, opera sobre o desejo das meninas, empurrando-as para um ideal de tal maneira que, em muitos casos, as faz saltar etapas e comportarem-se como adultas, quando na verdade ainda não o são. Entretanto, esse fenômeno não atua diretamente sobre a mente das meninas, mas age sobre os ideais da cada família, por meio de uma trama muito complicada da qual as mães e os pais também são vítimas.

O fenômeno se produz em todos os níveis sociais: como a magreza é uma meta que está diretamente relacionada a uma concepção de sucesso, torna-se obrigatório ser magra, alta e loura. Então, para as meninas de menos recursos, o culto ao corpo é um meio de ascensão social, pois na sociedade em que vivemos as meninas magras e bonitas levam vantagem. Por outro lado, para aquelas que têm tudo, é uma forma de não serem discriminadas. Portanto, todas as meninas são vítimas de um ideal de perfeição extremamente superficial e arbitrário, que acaba por colocá-las em situações de risco para a saúde.

Estou me referindo à fase da pré-adolescência porque, de acordo com os dados, esse comportamento de se cuidar de forma extremada torna-se mais agudo na adolescência, idade em que se registra o maior número de casos de bulimia e anorexia. A porta de entrada para esses transtornos da alimentação é, sem dúvida alguma, a adição às dietas.

O que é transtorno de alimentação? Pode ser definido como uma doença caracterizada por distúrbios psicológicos e comportamentais relacionados ao peso e à comida. Na realidade, não são doenças absolutamente puras, pois ocorrem muitas vezes em combinação (anoréxicos com acessos de bulimia e bulímicos com períodos de anorexia).

No entanto, é importante fazer a seguinte distinção: nem todas as pessoas que fazem dieta sofrem de um transtorno alimentar e nem todas as que sofrem de um transtorno alimentar são bulímicas ou anoréxicas, pois existem diferenças de graus. Portanto, a adição às dietas, que em muitos casos surge na pré-adolescência, acaba por se acentuar na adolescência, época em que as oscilações da personalidade em formação levam a comportamentos extremos e a uma percepção muitas vezes exagerada, o que faz com que, por exemplo, os adolescentes tomem os anúncios publicitários como um mandamento que, se não for cumprido, determinará o fracasso de suas vidas.

E como já dissemos no caso das pré-adolescentes, a pressão familiar também é determinante: muitos pais intervêm negativamente no vínculo de seus filhos com a comida e se fixam de maneira excessiva no que eles comem ou deixam de comer. Outros têm hábitos alimentares desordenados, comem fora de hora e não fazem distinção entre os alimentos. Há também os que transformam a hora das refeições em um ringue de boxe, envolvendo os filhos: ficou comprovado que muitos pacientes com transtornos alimentares vêm de lares em que as brigas na hora da refeição são comuns ou de famílias que nunca se reúnem para comer.

O mandamento social, a pressão familiar e a própria estrutura da personalidade levam os adolescentes – sobretudo, os que têm autoestima muito baixa – a estabelecer relações conflitivas com seu corpo, que, em muitos casos, se transformam em quadros de bulimia e anorexia. Segundo os especialistas, nas mulheres esses distúrbios estão mais ligados à questão da imagem; nos homens,[2] são acompanhados por processos de depressão, e em ambos os sexos, por um grande medo de crescer.

A SEGUIR, AS CARACTERÍSTICAS GERAIS DESSES TRANSTORNOS ALIMENTARES:

ANOREXIA NERVOSA: consiste em uma alteração dos hábitos e/ou comportamentos envolvidos na alimentação. As pessoas atingidas deixam de comer e dedicam grande parte de seu tempo a assuntos relacionados a alimentos e dietas. A preocupação com a comida e o medo de engordar são características essenciais desse transtorno, combinados com uma importante distorção da imagem corporal (a pessoa se vê gorda mesmo que sua aparência seja esquelética).

Quais são as consequências físicas da anorexia?

Baixo peso corporal, falta de menstruação (amenorreia) e impotência nos homens, queda de cabelo, desaparecimento das características sexuais nas mulheres (mamas e glúteos) e deterioração física em geral: palidez, debilidade, enjoos, dedos azulados e sensação de frio.

---

[2] Iglesias, Mariana. "La anorexia y la bulimia avanzan cada vez más entre los hombres". *Clarin*, Buenos Aires, 23 de novembro de 2003.

Os anoréxicos apresentam tendência marcada à inanição, acompanhada por um temor irracional dos alimentos. Negam-se a comer, têm pavor de ganhar peso, contam as calorias de tudo e usam laxantes e diuréticos para "purgar" o corpo. No entanto, são incapazes de reconhecer os riscos que sua atitude envolve e oscilam permanentemente entre a hiperatividade e a depressão.

BULIMIA: quem sofre de bulimia não consegue dominar a necessidade de ingerir compulsivamente grandes quantidades de comida e perde o controle do que já ingeriu. Esses acessos duram menos de duas horas e são seguidos pela autoindução de vômitos e pelo consumo de laxantes e diuréticos.

Ao contrário da anorexia, o peso não é um sinal distintivo nessa patologia, pois os bulímicos geralmente apresentam um peso adequado, um pouco acima ou abaixo da norma. Contudo, as grandes e rápidas variações de peso são típicas da bulimia (2 kg a 10 kg por semana).

Os sintomas mais comuns nos pacientes bulímicos são a inflamação das parótidas, pequenas rupturas vasculares no rosto e sob os olhos, irritação crônica da garganta, fadiga, dores musculares e perda de peças dentárias. É frequente que essas pessoas tenham alterações de caráter (depressão, sentimentos de culpa ou de ódio de si mesmas, angústia, descontrole) e necessitem da aprovação permanente dos outros. Tanto que sua autoestima varia segundo o aumento ou a diminuição do peso corporal.

A incidência de bulimia é maior que a da anorexia em uma proporção de quatro por um.

Por outro lado, podemos dizer que os altos índices de bulimia na Argentina[3] se devem a estatísticas mal elaboradas e a conceitos errôneos a respeito da própria doença. Muitos bulímicos estão simplesmente passando por uma fase mais fragilizada da adolescência, com um sintoma bulímico. Outros indivíduos compulsivos, sujeitos a grandes comilanças (como quase todos os gordos), são catalogados como bulímicos, embora não haja culpa posterior.

Meu parecer a respeito desta questão é que se trata de uma aberração científica, uma agressão que estigmatiza aqueles que são condenados por

---

[3] N. do editor: assim como no caso da Argentina, também no Brasil os casos de distúrbios alimentares crescem a cada ano, apesar da subnotificação (muitas pessoas preferem esconder a doença) tornar difícil a divulgação de estatísticas precisas. Para maiores informações acesse o site do Ministério da Saúde sobre o assunto: <http://portal.saude.gov.br

diagnósticos catastróficos sem motivação e sem base. Repito: ter compulsões e comilanças, por maiores que sejam, não é elemento suficiente para diagnosticar bulimia. Portanto, tenha muito cuidado e preste atenção em quem está lhe passando essa informação e porquê.

Por outro lado, os riscos desses transtornos da alimentação são proporcionais à intensidade e duração da doença. O tratamento deve ser multidisciplinar: clínico, com terapias individuais, familiares e grupais e, eventualmente, internação.

No que diz respeito à duração do tratamento, o normal é um período inferior ou igual a seis meses, podendo chegar a alguns anos em certos casos.

Tanto na bulimia quanto na anorexia, o corpo é agredido, destruído, despojado de sua materialidade em uma corrida vertiginosa para a morte. E não é brincadeira: a Organização Mundial de Saúde (OMS) afirma que essas doenças também já alcançaram níveis epidêmicos e que sua taxa de mortalidade já chegou aos 20%. Esse número está aumentando e já não distingue sexo ou idade e, quando os psicólogos afirmam que os dois distúrbios são biombos que escondem uma enfermidade mais profunda, ficamos nos perguntando se essas doenças não seriam, talvez, uma discriminação massiva criada pelo próprio homem, com seus modelos inalcançáveis de sucesso, beleza e poder.

12.1 Outras obsessões

Embora a bulimia e anorexia sejam as mais conhecidas e frequentes, estes não são os únicos comportamentos atípicos do corpo relacionados à comida. Existem outras tendências que, embora não sejam vistas como doenças pela comunidade científica, estão sendo analisadas como possíveis transtornos. Estou me referindo à permarexia, ortorexia e vigorexia.[4]

Permarexia é o nome dado ao comportamento que consiste em viver permanentemente de dieta. Observa-se principalmente em mulheres que, mesmo sabendo que são magras, não conseguem parar de fazer dieta, atitude que pode ser expressão de algum tipo de transtorno psicológico. Ocorre, sobretudo, entre pessoas compulsivas, obsessivas e inseguras e entre mulheres com insatisfações profundas. Por quê? Talvez porque seja mais fácil se preocupar com a comida que encarar os problemas reais que cada um tem. Também é um comportamento

---

4 Pintos, Mechi. "Permarexia: la manía de vivir a dieta" *Para Ti*, Atlántida, Buenos Aires, 23 de abril de 2004, número 4.266.

típico de pessoas que não gostam da imagem que o espelho lhes devolve, pois consideram seu corpo pouco harmônico.

A ortorexia é a adição à comida saudável. Muitas pessoas só comem frutas e verduras, comportamento que pode ser prejudicial para o organismo porque pode, por exemplo, causar anemia. É uma tendência de origem psicológica capaz de se tornar física quando o corpo começa a rejeitar outro tipo de alimento.

E, por último, existe uma outra tendência que é produto da pressão social, que se observa, especialmente, nos homens e se denomina vigorexia. Consiste no cuidado excessivo com o corpo e na obsessão por ter um corpo atlético e exageradamente marcado, aspirações que exigem dedicação intensa e muitas horas na academia de ginástica.

O excesso aparece novamente como signo distintivo de determinados comportamentos humanos: viver "de dieta", comer "só saudável", esculpir o corpo nos menores detalhes. São vias de escape ou tentativas de integração? Talvez as duas coisas ao mesmo tempo, pois, com base nelas, são gerados novos discursos, novos intercâmbios, embora limitados e empobrecidos por um único interesse maníaco e recorrente.

Anexo I

O CORTE A DISTÂNCIA

A teia de aranha também pode ser rompida a distância. Nossa proposta, surpreendente e inovadora, visa incorporar os conceitos de atenção, cuidado, alerta e não permissividade, de tal maneira que eles possam ser aplicados na prática sem uma intervenção terapêutica constante.

A experiência mostra que, com dois ou três dias intensivos, muitos pacientes de todas as províncias do interior da Argentina conseguiram manter seus resultados e, ao mesmo tempo, gerar um circuito emagrecedor próprio, em parte com leituras, em parte por saber que, já que não podiam ter contato permanente com os terapeutas e com a instituição, teriam de duplicar seu nível de atenção.

Às vezes, ficamos impressionados ao ver como a ocasião faz o ladrão, pois quando alguém tem algo muito perto de si, curiosamente não consegue aproveitar o suficiente; talvez por comodidade ou por saber que pode contar com aquilo sem grandes esforços. Entretanto, ao contrário, se alguém só pode contar com aquilo periodicamente, ao retornar à origem ou fonte da renovação, da contenção e do controle terapêutico, cuida mais do que está obtendo.

De fato, tem gente do interior do país que perdeu até 120 kg, comparecendo apenas três ou quatro vezes no período de um ano e meio. Esse é um assunto que merece ser estudado, a fim de averiguar exatamente o que foi incorporado a distância e de tal maneira que foi capaz mudar a mentalidade e gerar um sistema de cuidado e autogestão que, sem dúvida, é extremamente importante. Muitas vezes trata-se da mesma pessoa que, ao iniciar o tratamento, se queixava de não poder contar com a facilidade de permanecer o tempo todo em contato com o sistema e com o método.

Ao que parece, existe algum mistério que faz com que o conhecimento e sua aplicação se sustentem ao longo do tempo, apenas com pequenos retoques pontuais e muito esporádicos. E isso nos leva a questionar se, na realidade, a característica dependente ou aditiva do paciente não é favorecida pela quantidade de ofertas à sua disposição, o que faz com que fique displicente e, em muitos casos, acabe por desperdiçá-las. Por outro lado, quando essas ofertas não estão tão disponíveis e próximas, talvez o paciente compreenda que encontrou um sistema muito bom e é provável que se dedique mais a ele.

Com base no que foi relatado, cabe perguntar se o paciente é um obeso compulsivo ou, na realidade, um comodista mimado. Quando alguém não está por perto, não pode ficar inventando histórias de tipo "não posso isso, não posso aquilo" por puro capricho.

Seria uma condição *sine qua non* que a esposa de um piloto de avião ou de barco, por exemplo, deixe de amá-lo e tenha de traí-lo só porque ele está longe? Ou o fato de saber que está de posse da chave e a fechadura significa que a pessoa vai fazer bom uso delas, mesmo a distância? Muitas vezes os relacionamentos de casais que vivem muito próximos se deterioram, ao passo que o daqueles que vivem separados pela distância se fortalece.

E como a relação que cada pessoa estabelece com a comida, com seu corpo e com sua decisão de viver de maneira diferente é como um relacionamento a dois, temos de assumir que a lembrança dessa ligação volta à mente de vez em quando. Portanto, as pessoas que cortam a distância são as que se nutrem mais profundamente, as que não desperdiçam o que ganharam e não se arriscam a comer um pouco mais, pois sabem que esse é o princípio do fim e o encadeamento de um processo de reengorda.

A palpabilidade do do tratamento a distância

Tal como podemos observar nos mapas e gráficos a seguir, grande quantidade de pacientes do interior da Argentina[55] experimenta a eficácia do método, realizando o contato de forma bastante esporádica e ocasional.

---

[5] N. do editor: reproduzimos aqui os resultados obtidos na Argentina, local de origem do método, uma vez que as clínicas brasileiras são demasiado recentes para que se possa conduzir esse tipo de pesquisa.

Argentina

Quantidade de pacientes por província

Período: 3 anos (2004-2006)

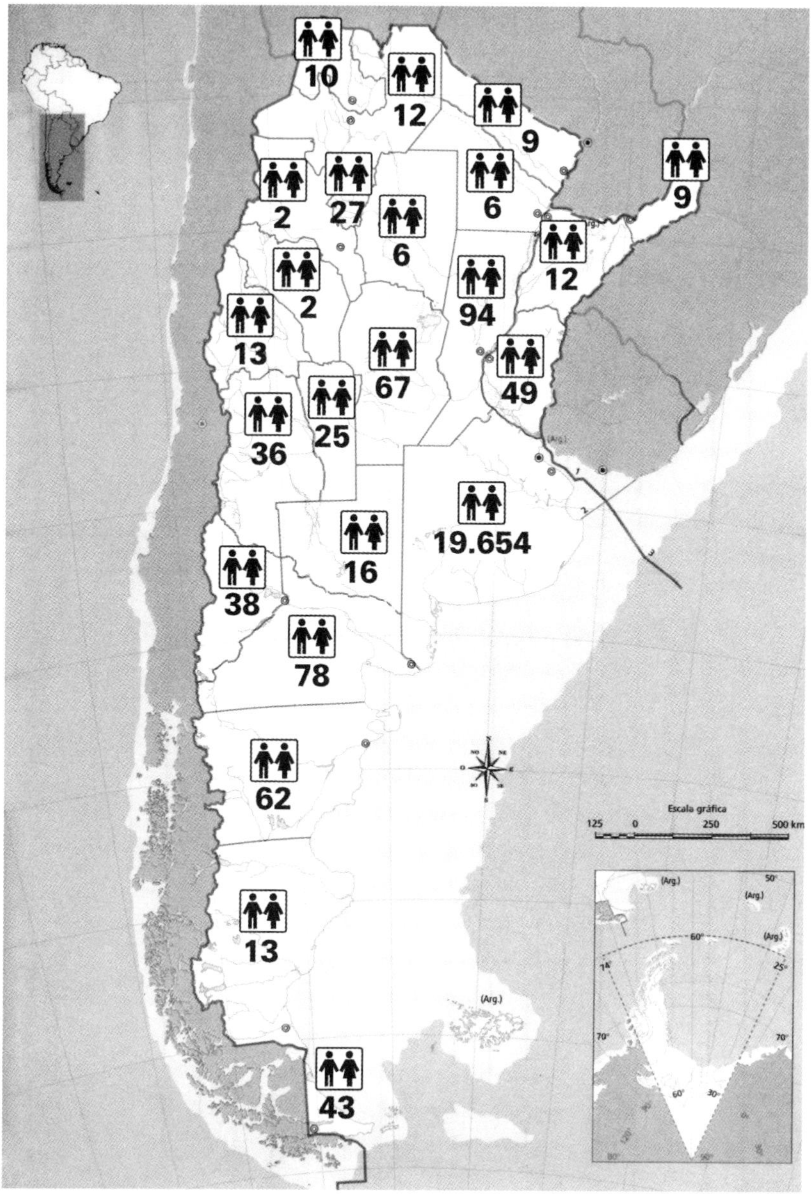

Argentina

Quantidade de pacientes por província

Divisão por sexos

Período: 3 anos (2004-2006)

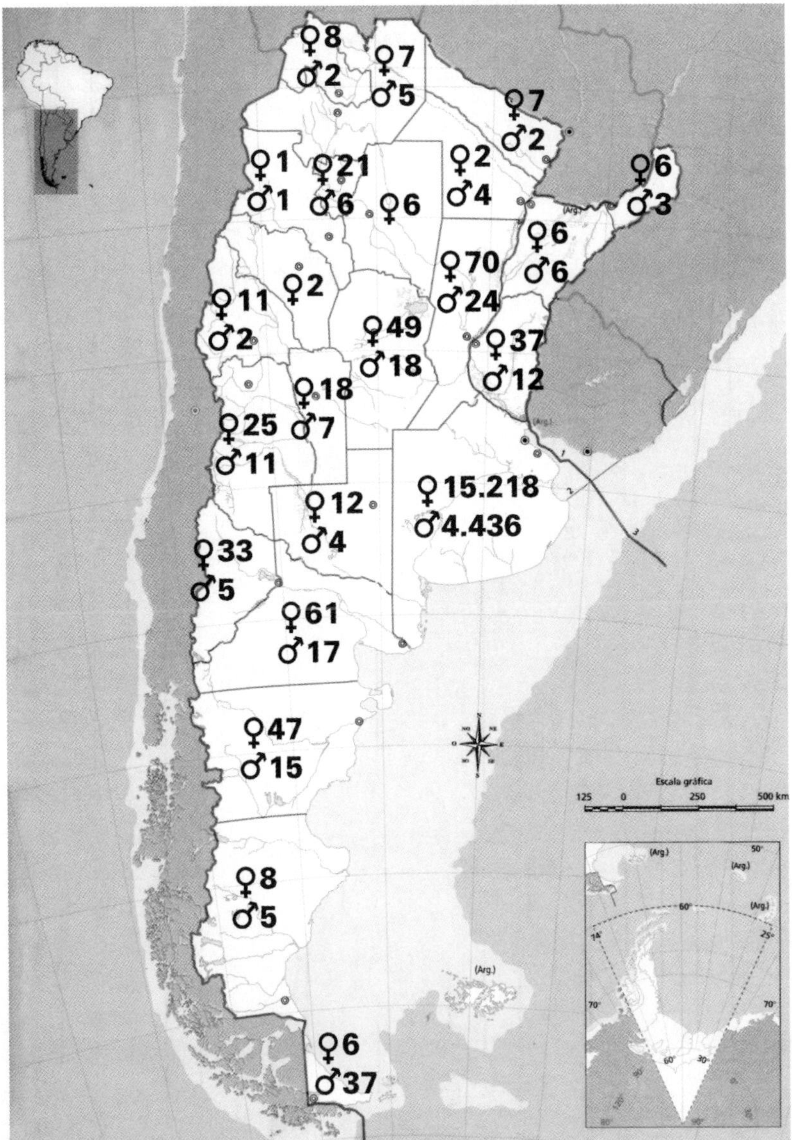

Argentina

Quantidade de pacientes do interior do país
e quilos perdidos por província
Período: 3 anos (2004-2006)

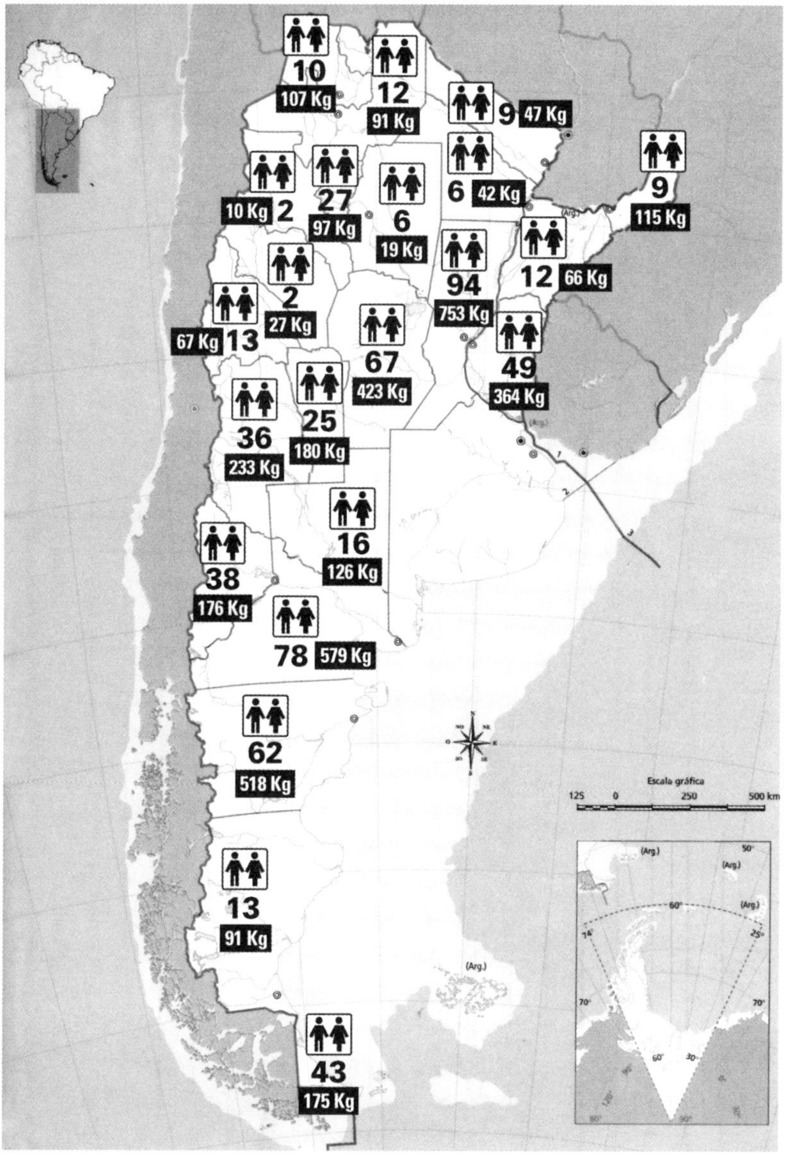

Quantidade de Pacientes Homens

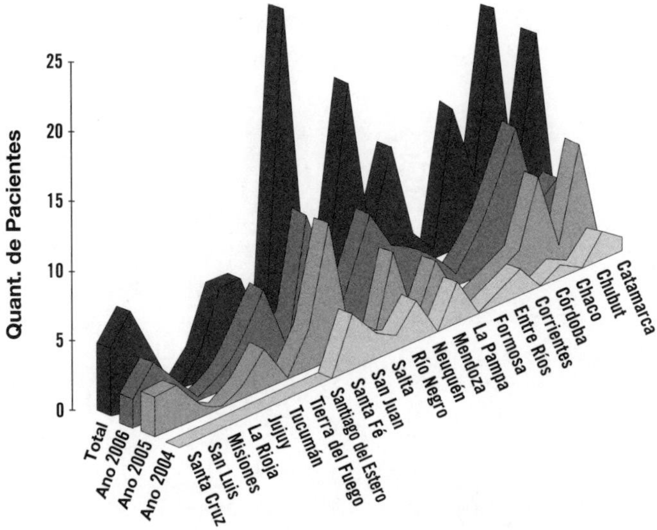

Quantidade de Pacientes Mulheres

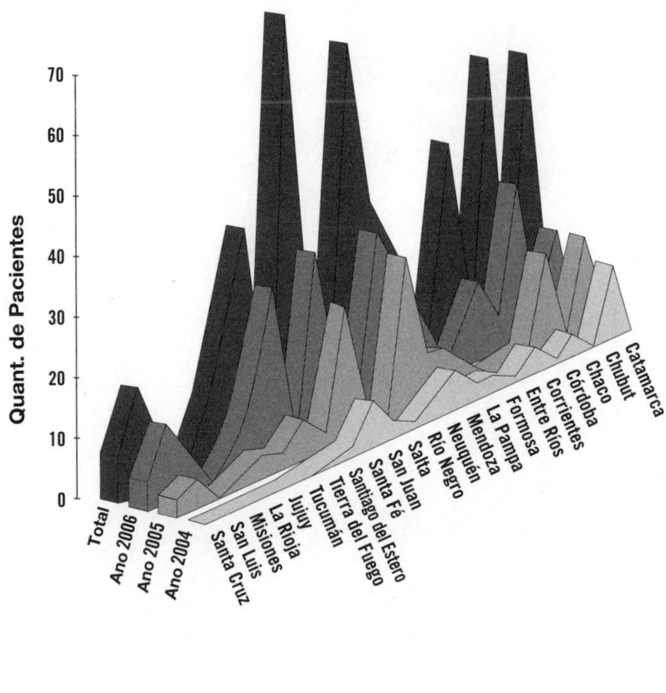

As estatísticas revelam que um número cada vez maior de argentinos do interior do país que apresentam problemas de obesidade procura o Centro. Esses pacientes realizam um trabalho intensivo (frequente nos finais de semana) e alcançam resultados assombrosos, comparáveis e até melhores do que os obtidos por muitos vindos da capital.

A palpabilidade do tratamento a distância se sustenta mediante a aplicação das seguintes ferramentas:

a) Ler os livros e o material escrito pelo dr. Ravenna.
b) Pariticipar dos grupos de autogestão (duas ou três vezes por semana).
c) Manter a Medida.
d) Conservar o baixo Índice Glicêmico.
e) Praticar atividade física diária.
f) Fazer as refeições propostas pelo método.
g) Participar de videoconferências.
h) Ouvir os CDs dos grupos da Clínica.
i) Manter contato via e-mail.

É possível, portanto, criar redes de contenção à distância, as quais se provaram altamente efetivas.

Estar longe não significa não poder. Ao contrário, como já foi dito, o nível de atenção duplica e os resultados são ótimos.

TESTEMUNHOS

A única responsável fui eu

Meu nome é Rosana, perdi 46 quilos e há três meses estou em manutenção. Antes de 4 de novembro de 2005, eu estava arrasada, sentia-me uma morta-viva. Minha capacidade de raciocinar, de decidir, estava anulada. Precisava de uma mudança urgente, mas não sabia por onde começar. Alguém resolveu por mim e, quase obrigada, compareci a uma reunião de um grupo coordenado por um médico que, segundo diziam, oferecia uma solução quase mágica para as pessoas com o meu problema.

Ouvi a verdade mais cruel dita na minha cara e aceitei um desafio. Foi assim que teve início meu processo de mudança. Passei a participar dos grupos de apoio, onde conheci pessoas que tinham encontrado seu caminho e me deixei guiar, sendo obediente e constante. Comecei, então, a desandar um outro caminho muito conhecido: o caminho do excesso e do descontrole.

As mudanças foram imediatas e muito evidentes. Pela primeira vez, assumi que a única culpada por ter chegado no ponto em que cheguei era eu mesma e parei de botar a culpa nos outros. À medida que ia perdendo peso, muitas coisas começaram a se mobilizar dentro de mim. Foi muito impactante perceber que aquilo que durante anos, quase uma vida inteira, parecia impossível, estava se transformando em realidade: eu ia ser MAGRA... e entendi que daquela vez seria para sempre. Tive de aprender a conhecer essa nova pessoa que renascia em mim e a reconhecer um corpo totalmente diferente no espelho. Comecei a ter sensações novas... Pela primeira vez, pude gostar de mim, me ver bonita, sensual, de bom humor, com vontade de fazer as coisas e de não perder mais nada. A mudança foi tão grande que ainda é difícil assumir, mas estou totalmente feliz. Sou uma nova Rosana, plena, e não troco essa sensação por nada nesse mundo.

Rosana Remenar
Perdeu 46 quilos.
Vive em Trelew

Estou aprendendo a ser magra

Essa é a minha noite mágica. Meu coração bate com força. Faz uma semana que me preparo para essa noite, a do meu primeiro ano de vida, um ano de sobriedade. Estou aprendendo a ser magra... Nesses 12 meses, aprendi a valorizar três palavras que eram novas para mim: Corte, Medida e Distância. Palavras que fui incorporando à minha vida e que me permitiram ir abandonando a gorda ridícula em que tinha me transformado, a que se deixava humilhar, a que se transformava no palhaço das festinhas, cujos movimentos desajeitados eram motivo de chacota para todos.

Em 16 de outubro de 2005, fui ao médico que, depois de me pesar (apenas 156 kg), me passou um grande sermão, que esqueci assim que atravessei a porta do consultório. No entanto, naqueles dias, ouvi no rádio que chegaria à cidade um outro médico, que vinha dar uma conferência sobre obesidade e... fui. Grande foi a minha decepção quando cheguei ao lugar marcado e dei de cara com o salão estava cheio e não dava para entrar. Quando estava para ir embora, percebi um burburinho entre as pessoas que, como eu, estavam do lado de fora. Estava chegando o dr. Máximo Ravenna e, embora meus olhos não pudessem vê-lo, me aproximei como pude e peguei sua mão... a única coisa que consegui dizer foi: "Deus o abençoe, doutor."

Na noite seguinte, fui ouvi-lo e foi nesse exato momento que minha vida mudou.

Nos dias seguintes, me incorporei ao grupo MaRa, coordenado por José, e comecei a aprender e a praticar esse método que me levou a pesar, atualmente, 85 quilos. Ainda tenho de perder alguns quilos, mas hoje, mais do que nunca, sei que vou conseguir.

Mabel López
Vive em Trelew

Anexo II

A CEGUEIRA SELETIVA

Enquanto a teia de aranha aprisiona e a comida vai se introduzindo, um fenômeno ocular se agrega a toda essa trama confusa e asfixiante.

Os olhos já não veem como antes.

Surge a vista cansada diante da balança, a miopia em frente ao espelho e a cegueira diante do tamanho da roupa, que aperta o corpo cada vez mais e mais.

A gente não vê o que não quer ver e, caso perceba algo, a denegação afasta imediatamente o conflito.

Desse modo, o conhecido ditado "O que os olhos não veem, o coração não sente" se concretiza: o afeto se bloqueia, os sentimentos são tênues e as emoções se afastam.

É, então, que a realidade, marcada pelos números, pela imagem e pela medida, cai vítima da adição: balança, espelho e roupa já não conseguem frear o descontrole.

Epílogo

Como figuras em um tapete, as ideias se alinharam nessa *Teia de aranha alimentar,* com o objetivo de destrinchar os infinitos labirintos da mente humana.

Uma ávida e estranha hóspede, Aracné, desenrolou suas redes e nelas sucumbiram as mais distintas vítimas. De um lado, aqueles que, já mergulhados no circuito aditivo, nem sequer perceberam a viscosidade à qual estavam presos; do outro, aqueles que foram seduzidos pelos encantos da teia de aranha e ficaram presos. Nosso trabalho consistiu, portanto, em desembaraçar os fios e enredá-los novamente em um discurso que aponta para a *construção de vias de saída*.

Depois de investigar as características gerais da noção de adição e as suas tramas, tais como as substâncias, os comportamentos e a personalidade aditiva, estendemos uma a uma as redes que levam a considerar a obesidade uma doença genética, metabólica ou psicológica. Também batemos o pé quanto à tremenda influência exercida sobre esses fatores tanto pelo ambiente, quanto pelo "interior" que se adapta a ele. Observamos como o contexto propõe a pressa, os tempos curtos, a agitação e o estresse e como o "interior", por sua vez, se adapta à dinâmica externa e tenta seguir a corrente dominante. E, assim, deixamos de viver uma vida autêntica e representamos um drama circense: **vestimos a fantasia de gordos**, compulsivos, **adictos** e atuamos uma e outra vez em um espetáculo sem fim, no qual impletamentamos um sem-número de comportamentos de autoengano, que não permitem a destruição da barreira de cimento que nos cobre. Ao mesmo tempo, **enredamos os outros** em nossos mecanismos vorazes, tornando-os **codependentes** de nossa adição. E, para terminar, quando a paralisia não nos deixa agir, **recorremos às redes secretas**, farmacológicas e cirúrgicas, sem prever suas impiedosas e desmedidas consequências.

No entanto, nem tudo está perdido para quem consegue vislumbrar uma luz no fim dessa trama, para quem assume que não pode lutar sozinho contra a aranha e procura ajuda para elaborar as artimanhas capazes de aniquilá-la. Quando aplicar essas artimanhas? Em princípio, quando decidimos começar um tratamento e incorporamos as noções de **Corte, Medida e Distância** que, como vimos, são os pilares que nos ajudam a cortar pouco a pouco os fios de rede, para nos desprender e dar um salto seguro para longe dela. Em seguida, é hora de articular essas três ferramentas, em um processo integral de recuperação sustentado por um NÃO firme às tentações: **a dieta, as terapias comportamentais, a atividade física e o processo grupal**.

A perda rápida de peso, acompanhada pela mudança de comportamentos e crenças errôneas enraizadas, permitem-nos instaurar um antes e um depois em nossas vidas. Aprendemos a comer, a nos movimentar, a nos vincular de maneira saudável com nossos pares, a lutar juntos para tecer, entre todos, pacientes e terapeutas, uma nova rede que nos leve à sustentação da magreza ao longo do tempo.

Por fim, fizemos a exposição de um **método** que, ao mesmo tempo em que **destece** as fibras da viscosidade e da dependência, tece caminhos que conduzem ao **verdadeiro bem-estar**, tanto físico quanto emocional.

Pois bem, tal como afirmamos na Introdução deste livro, seríamos demasiado arrogantes, se considerássemos que nossa tarefa termina aqui, que o êxito do nosso método fala por si e que o trabalho chegou ao fim. Ao contrário, consideramos que esse é apenas o começo de uma busca intensa para elucidar os diversos aspectos envolvidos em todo processo aditivo ou de dependência extrema. Até o momento, só o que conseguimos foi desembaraçar alguns fios do imenso novelo e ainda temos um longo caminho a percorrer.

Embora saibamos que qualquer tentativa de mudar o mundo é uma utopia, consideramos que é possível parar de reverenciar o modelo que a sociedade tenta nos impor por alguns momentos. Pelo contrário: se em certo sentido somos vítimas de um ambiente que estimula a consumir cada vez mais, isso não nos obrigada a apoiá-lo, ao contrário, pode nos levar a criar propostas diferentes, anticorpos contra o vírus social que impõe ansiedade, pressa e dependência. Em resumo: pode nos ensinar a buscar, dentro desse mundo, **micromundos** em harmonia com o equilíbrio, a profundidade, a reflexão e o avanço sem pressa.

É nesse ponto que reside a essência de nossa pergunta inicial: **Quem come quem?** A teia de aranha é externa, mas se alimenta do interior e vice-versa. O mundo nos tenta, mas somos nós que criamos os objetos, os prazeres e ativamos os comportamentos que, ao mesmo tempo, nos levam à tentação. E a trama básica da rede se dispõe sobre um elemento-chave: a incomunicação que nos afasta dos outros e, portanto, de nós mesmos. Cada vez nos conhecemos menos e cada vez temos menos tempo para nos encontrar com os outros.

Esses pobres vínculos interpessoais e intrapsíquicos produzem, na maioria dos casos, buracos que preenchemos com gratificações momentâneas que ganham vida por meio de objetos, tais como: os carboidratos, o álcool, a droga, o jogo, as compras, isto é, o consumo excessivo de tudo que estiver a nosso alcance. Em suma, nos faltam alguns elos para que nossa corrente funcione e se pareça com uma dinâmica de vida eficaz. Então, é provável que coloquemos, entre um elo e outro, um pouco de comida, um pouco de cocaína, um cigarrinho, um pouco de autismo, um pouco de pressa e um pouco de incerteza.

O homem está sozinho, tem medo, está muito isolado e agita-se como pode para superar essa solidão e esse medo. Como não consegue se aproximar das pessoas, trata de manipulá-las e se isola, cobrindo-se com prazeres imediatos, que fazem com que se sinta seguro, ao mesmo tempo em que o afasta de seus medos e suas depressões. Em outras palavras: nessa sociedade existe muito medo, mas ninguém vê; existe muita depressão, muitas fobias que não são percebidas ou são negadas e há também muito isolamento e atordoamento.

É necessário, portanto, exorcizar as dores antigas e profundas, dar lugar ao luto e botar um freio nas obsessões, compulsões e negações. Só quando assumirmos a responsabilidade por nossas vulnerabilidades, estaremos, de fato, aptos, a encontrar a fortaleza que vai nos permitir dar início à mudança.

E o desafio é contínuo, pois estamos sempre lutando, tentando equilibrar a disparidade existente entre a nossa criança interior e o adulto, entre nossos instintos e a razão, entre o impulso e o domínio. Assim, enquanto nosso intelecto pensa, nossa criança brinca; enquanto o adulto percebe, o inquieto interior fica cego. Enquanto analisamos, o diabinho se solta e nos sentimos instáveis, inquietos, cheios de culpa e preocupação.

Estaremos, por acaso, à mercê dessa criança irreverente, cheia de caprichos, sem limites? Por quê? O que nos desacomoda quando queremos nos organizar e alinhar nossos pensamentos? No entanto, não seria justo reprimir quem ainda não pode ser responsabilizado. É bem verdade, que a gente tenta. Em algumas circunstâncias, os adultos são rígidos, preconceituosos; repetimos padrões aprendidos, desconfiamos, evitamos e castramos essa criança interior porque não sabemos o que fazer com ela.

Quando devemos deixá-la brincar? Até quando? Quem determina a norma do bom e do mau, do conveniente e do perigoso? Quando é preciso limita-la, freá-la, educá-la ou fazer com que nos acompanhe, dando-nos aquele toque de frescor, irreverência, graça e alegria que nos faz tão bem diante dos duros controles do superego ou da razão, das redes pegajosas dos "devo", "preciso" e "tenho de"?

Talvez o mais importante seja a *Medida* de cada coisa que incorporamos. A *Distância* adequada diante de cada situação também é importante. O *Corte* também é fundamental: dizer "Não!", "Chega!".

Se formos capazes de transitar por essa linha tênue sem grandes sobressaltos, a consequência será a quase certeza de manter uma vida plena, adequada, clara e rica.

Entretanto, se isso não funcionar, adulto e criança entabulam uma relação mais destrutiva que saudável, sustentada por reclamações insistentes e por condescendências ou compensações oportunistas e culposas. E é com base nesse vínculo que se forma a sociedade aditiva, manipuladora, excessiva, voraz e descontrolada. É então, quando as energias se esgotam, quando surge a necessidade de escapar das pressões e obter uma pausa, que ganha fôlego a vontade de se lançar na comida, na droga, no jogo e outros "alívios". E finalmente... é a escravidão. Você está à mercê do caos e tudo o que passava por socializar-se, responsabilizar-se, ser solidário, consequente e cuidadoso desaparece engolido pelos impulsos descontrolados. É assim que nosso corpo físico, nossa mente e nossos valores começam a sucumbir.

A descoberta do adulto "repressor" que existe em nós vai permitir **desestruturar o rígido, flexibilizar o dogmático e esvaziar os preconceitos**. A criança, então, pode brincar, ser travessa, ser ousada, meio impulsiva; mas não se prejudica, nem prejudica o adulto ou seu ambiente: ela tem limites, não limitações; é capaz de colocar um limite sozinha e de dar conta. O adulto acompanha, aconselha, se deixa levar, brinca. Refresca sua imagem tirânica, trocando-a por uma firme. Vai se formando entre os dois aquela tênue linha entre o excesso e o excesso: **excesso de loucura e excesso de sufocação**.

A gargalhada se transforma em sorriso. A reprimenda e o castigo, em conselhos e freios. A vida vale mais a pena assim, você não acha?

Portanto, o trabalho deve abarcar tanto a superfície quanto as profundezas. Na superfície, precisamos nos libertar da dependência, aliviar os danos causados pelo "prazer" imediato, sentir o orgulho de não seguir a cadeia aditiva, a trama asfixiante. Nas profundezas, é importante começar a equilibrar nossa vida, a usar o "tempo livre", que nos sobra quando eliminamos as idas e voltas circulares e oscilantes, para voltar a crescer.

Em resumo, quando o ciclo aditivo se repete uma e outra vez, a marca implacável deixada pelo excesso fica incorporada como um estigma não apenas em nossa personalidade, como também em nossa química cerebral, gerando, dessa vez, um transtorno de ausência-presença, prêmio-castigo biológico. E esse é um ponto-chave que deve ser levado em conta nas pesquisas futuras.

Por isso, nossa proposta consiste em tirar o que é demais e acrescentar o que falta para alcançar, de uma vez por todas, a calma e o "prazer" duradouros que só o equilíbrio proporciona.

Esperamos que esse a leitura deste livro permita que os que se sentem desorientados e presos nas redes de Aracné abram as portas para um novo percurso. Porque consideramos que SÓ DESTRUINDO AS TRAMAS COMPLEXAS DA APARÊNCIA É QUE A ESSÊNCIA PODE VIR À LUZ.

Posfácio

Agora que chegamos ao final, desejo transmitir-lhes que:

Essa senhora que chega a cada manhã para começar bem o dia...

Esse senhor que, em vez de ir diretamente para casa depois do trabalho, comparece aos grupos três vezes por semana...

Essa pessoa que vive a 2.800 km e, tendo estado conosco apenas uma vez, perdeu 50 kg porque incorporou a ideia, não especula e cuida dos resultados...

Esse menino de 11 anos que hoje, com 16 kg a menos, pode praticar todos os esportes que sempre apreciou...

Essa mulher na menopausa que rompeu mitos quando recuperou o peso que tinha aos 30 anos...

Esse adolescente que já pode usar o jeans da moda e se vestir como qualquer outro jovem de 18 anos, pois venceu todos os quilos que o incomodavam...

Essa grávida que passeia com um corpo harmônico e um sobrepeso sensato...

E tantos homens e mulheres que, diariamente, podem desfrutar da vida de outra maneira, sem deixar de ser o que sempre foram ou desejaram ser...

... são os que demonstram que conseguiram entender que o problema não é a comida, pois ela é ótima, mas o vínculo que estabelecemos com ela em maior ou menor grau.

E que uma vez recolocada essa situação,
não importa o quão longe ou perto estivermos,
com muito tempo ou quase sem,
sem o limite que a idade marca.

TODOS podemos obter o que tanto desejamos: ser magros e saudáveis.
Até breve.

Dr. Máximo Ravenna

Um destino inexorável?

Já vimos como o ser humano engorda.
Este livro é uma aposta para reverter
a sensação de inexorabilidade
que existe na gordura.

No entanto, existe uma aposta maior, que nos afeta
a todos por igual: a imobilidade inquieta, a hiperatividade
sem vínculos, incomunicada, estática...

O desafio está em nossas mãos...

O método Ravenna no Brasil

Se para algum leitor ainda restam dúvidas de que o sonho é transformador, acredito que, ao acabar de ler esse pequeno texto, ele terá uma pequena noção do quanto cada sonho carrega a possibilidade de se tornar realidade, neste caso uma realidade com forma, medida, peso e repercussão na vida de milhares de pessoas.

Há 30 anos eu lutava para emagrecer. Já havia tentando as mais diversas dietas e tratamentos até que, em 2007, aos 45 anos, morando por um tempo em Buenos Aires, conheci o Método Ravenna. Em sete meses, tempo necessário para reduzir 47 quilos, fui testemunhando a mudança em minha vida a cada novo reconhecimento da minha imagem no espelho. Enfim, um sonho muito antigo se realizou, chegar ao meu peso ideal, que mantenho há quatro anos.

Emagrecer foi uma situação nova, surpreendente e reveladora. A balança, inimiga de tantos anos, enfim me provou o quanto posso ser forte, capaz e determinada. A balança, logo ela, provou que eu era capaz de mudar o jogo.

A certeza de que o Método Ravenna traça um caminho possível de sucesso para quem contabiliza fracassos diante da mesa me fez passar a nutrir outro sonho: trazer o Método Ravenna para meu país. Transformei a vitória sobre o sofrimento de ser obesa em energia de realização, em alegria de viver. Meu desejo não estava mais na geladeira, e sim em trabalhar todos os dias para tornar essa vitória possível para outras pessoas.

Então, no dia 20 de março de 2009, realizei outro sonho. Nesta data abrimos as portas do Centro Terapêutico Máximo Ravenna Bahia, em Salvador, cidade em que resido. O Método Ravenna foi apresentado inicialmente a 26 baianos e 33 argentinos, durante um SPA. Hoje, cerca de 4 mil pacientes já passaram pela clínica.

Vida nova para milhares de pessoas. E meu sonho se realizou mais uma vez, à medida que ia vendo outras pessoas realizarem seus sonhos também. .

Mas o desejo era de ver ainda mais brasileiros resgatarem sua auto-estima e transformarem seus corpos num condutor de conquistas. Veio daí a coragem para mais um importante passo na expansão do Método Ravenna no Brasil. No dia 11 de outubro de 2010 inauguramos o Centro Terapêutico Máximo Ravenna São Paulo, e logo passamos a ouvir que a nossa chegada estava deixando a maior metrópole brasileira mais leve e mais magra.

Traduzir este livro para o português é mais uma costura do nosso empenho diário de tecer uma rede de alerta para as armadilhas que rondam o hábito de comer. É mais uma ferramenta para reconhecer a obesidade como um risco iminente numa sociedade em que se come a cada dia em maior quantidade e pior qualidade. O excesso de peso é um gerador de incapacidades e de perda de saúde. Este livro é um convite a refletirmos sobre esse assunto e nos tornamos mais preparados para lidar com a Teia de Aranha Alimentar.

Espero que tenham gostado da leitura e bom emagrecimento!

Moema Soares – Diretora Executiva do Método Ravenna no Brasil
www.maximoravenna.com.br